[山西财经大学学术文库]

本书受到以下项目的资助：
教育部人文社会科学研究规划基金项目（16YJA630051）
国家社会科学基金项目（17BGL109）

非国有企业员工总体报酬及其结构对工作绩效的影响研究

Research on the Effect of Employees' Total Rewards
and Its Structure on Job Performance in
Non–state–owend Enterprises

王红芳 ◎ 著

Written by Wang Hongfang

中国财经出版传媒集团
中国财政经济出版社

图书在版编目（CIP）数据

非国有企业员工总体报酬及其结构对工作绩效的影响研究／王红芳著.—北京：中国财政经济出版社，2017.12
ISBN 978-7-5095-7950-3

Ⅰ.①非… Ⅱ.①王… Ⅲ.①劳动报酬-影响-企业管理-人事管理-研究-中国 Ⅳ.①F279.23

中国版本图书馆 CIP 数据核字（2017）第 315201 号

责任编辑：周桂元　牛婧丽　刘　畅　　　　责任校对：黄亚青
封面设计：孙俪铭　　　　　　　　　　　　版式设计：张　娟

中国财政经济出版社 出版

URL：http://www.cfeph.cn
E-mail：cfeph@cfeph.cn

（版权所有　翻印必究）

社址：北京市海淀区阜成路甲 28 号　邮政编码：100142
营销中心电话：010-88191537　北京财经书店电话：64033436　84041336
北京财经印刷厂印刷　各地新华书店经销
787×1092 毫米　16 开　17.75 印张　270 000 字
2017 年 12 月第 1 版　2017 年 12 月北京第 1 次印刷
定价：62.00 元
ISBN 978-7-5095-7950-3
（图书出现印装问题，本社负责调换）
本社质量投诉电话：010-88190744
打击盗版举报热线：010-88191661　QQ：2242791300

序

　　非国有企业是中国吸纳农业劳动力,进行二元经济结构转化、推进农村工业化与城市化的主要组织,是中国经济的重要组成部分。探索新时代中国特色社会主义的非国有企业高效发展之路是持续推动中国工业化、城镇化、信息化与农业现代化的迫切需要。

　　改革开放近40年来,非国有企业人力资源管理主要采取了压低工资的"传统大棒式"管理下的劳动密集型与资本密集型两种管理战略,这两种战略实现了非国有企业的粗放发展。伴随劳动供求总量与结构变化,非国有企业依靠低工资获得竞争优势的模式受到了严峻挑战,出现了"用工难"、劳资关系紧张、劳资冲突频发、劳动者积极性与创造性持续降低等问题。如何充分发挥工资的激励职能、提高人力资源管理效能,就成为理论研究工作者与企业管理者必须面对和解决的现实问题。

　　20世纪90年代,西方学术界和企业界从员工体验的角度,提出了有效激励员工的总体报酬概念,美国薪酬协会在此基础上提出了总体报酬的结构模型。但由于中西方文化的差异与社会经济发展水平的不同,员工的需求也会有所不同。以美国为背景提出的总体报酬模型是否适合中国的非国有企业;这些报酬要素在总体报酬框架下如何影响员工的工作绩效(即影响的方向与程度);非国有企业在有限的支付能力下如何有效分配各种报酬形式,从而提高报酬的激励效果和组织的运营效率,都是需要深入探讨的理论与现实问题。

　　本书是我的博士研究生王红芳在其博士学位论文基础上,针对以上问题开展的研究。作者试图从我国非国有企业员工的需求出发,构建适合中国国情的非国有企业员工的总体报酬模型,进而结合个人—环境互动因素,探讨总体报酬不同要素对员工工作绩效(包括任务绩效、关系绩效、学习绩效和创新绩效)的作用机制,在以人为本的新劳动密集型人力资源管理战略的基础上提出非国有企业实施"人本管理下的以员工需求为导向的效率驱动型总体报酬战略"的总体思路，并提出提升报酬激励效率与发挥人力资源效能的措施。

该书尝试实现以下创新：（1）考察了美国薪酬协会第二代总体报酬模型在中国的适用性，探究了薪酬水平、要求—能力匹配对工作满意度的影响；（2）在借鉴美国总体报酬理论的基础上，从中国实际出发，识别了中国非国有企业员工总体报酬的结构和维度；（3）综合分析了中国非国有企业员工人口统计特征对其总体报酬感知、工作满意度、敬业度和工作绩效的影响；（4）探索了敬业度在总体报酬感知、工作满意度与工作绩效关系间的传导机制；（5）探明了总体报酬感知对工作满意度、敬业度及工作绩效的影响机理；（6）确认了个人—工作特征匹配对总体报酬感知与工作满意度、总体报酬感知与敬业度的关系的调节作用。

该书所做的尝试和取得的进展，对于深化报酬理论和激励理论的研究具有一定的学术价值，对于促进新时代中国特色社会主义市场经济的非国有企业提高报酬激励效能和实现人工成本投入产出的最优化决策具有重要的实践意义，也显示了作者从中国管理现实问题出发，对已有理论进行发展与完善的态度和勇气。当然，这些尝试与进展还需要进一步的讨论与完善。

值得一提的是，王红芳在博士毕业后的两年内，接连立项了国家教育部与国家社会科学基金两个国家级项目，2017 年又取得了留学爱尔兰科克大学资格，她孜孜不倦的探求精神令人敬佩。我愿意向读者推荐此书，以期抛砖引玉，引起更深层次的讨论，共同为探索新时代中国特色社会主义市场经济下的管理理论作出贡献。

杨俊青

2017 年 10 月于山西财经大学

摘　要

随着经济的发展与体制改革的不断深入，非国有企业已成为中国吸纳农业劳动力，进行二元经济结构转化，实现农村工业化、城市化的主要推进组织。但近年来，随着"人口红利"的逐渐消失和经济环境的变化，中国非国有企业长期赖以生存与发展的盈利模式——依靠低工资获得竞争优势，受到了严峻的挑战，出现了"用工难"，劳资关系紧张、劳资冲突频发，员工工作满意度和敬业度持续下降，劳动生产率趋向世界较低水平等问题。在当下的中国，这意味着压低劳动力报酬的"大棒式"粗放管理已经失效。如何充分发挥报酬的激励职能，提高员工工作满意度、激励员工工作积极性，进而提升员工敬业度和工作绩效，提高人力资源管理效能就成为理论研究者与企业管理者必须面对并解决的现实问题。对这一系列课题的现有研究主要探讨了总体报酬中某一特定报酬类型对个体态度和行为的影响，而很少以不同工作情境下的个性化员工需求为导向对非国有企业员工总体报酬、工作满意度、敬业度与工作绩效进行系统研究，弱化了总体报酬的激励职能。因此，系统而深入地探讨不同工作情境下总体报酬、员工工作满意度、敬业度和工作绩效的关系，为非国有企业在相同人工成本下提升人力资源管理效能和员工幸福感提供理论指导，对于丰富报酬激励理论，帮助中国非国有企业解决用工难、人工成本居高不下，劳资关系紧张、劳资冲突频发问题，激励员工积极性，进而很好地实现经济社会发展新常态，持续推进工业化、城镇化、信息化与农业现代化具有重要的理论意义和实践应用价值。

本书沿循心理学中的个体"认知—态度—行为—结果"的经典研究框架，引入人—组织匹配理论构建了两个模型：一是员工报酬感知、薪酬水平和要求—能力匹配对工作满意度的影响模型；二是以员工需求为导向的总体报酬感知、工作满意度、敬业度、个人—工作特征匹配和工作绩效的关系模型。运用现代激励理论、社会交换理论、资源保存理论、自我决定理论以及实证研究已经得出的结论，推演了模型中各变量间的关系假设。首先通过对中国385家非国有企业1259名员工的实地调研，使用主观感知评价与客观薪酬水平相匹配的数据进行实证分析；然后再采用配套问卷的调查方法，在中国25个省份149家非国有企业调查后得到565套有效问卷。基于调查数据，在考察中国非国有企业员工总体报酬维度结构的基础上，运用回归分析和结构方程模型对提出的关系模型和相关假设进行了检验，根据实证检验结果得出了研究结论，提出了非国有企业实施人本管理下的以员工需求为导向的效率驱动型总体报酬战略、提升报酬激励效率和发挥人力资源效能的对策建议。本书在以下六个方面实现了创新：

第一，考察了美国薪酬协会第二代总体报酬模型在中国的适用性，借助总体报酬理论和人—组织匹配理论，探究了总体报酬对工作满意度的作用机制。在我国非国有企业中，依据美国薪酬协会第二代总体报酬模型编制的问卷进行调查，因子分析结果表明原有的5个维度并不明晰，而初步命名为薪酬、福利、职业发展、绩效认可与工作环境5个维度较为适宜。同时发现总体报酬各维度对工作满意度的影响存在差异且要求—能力匹配对工作满意度有显著正向影响，并在总体报酬与工作满意度的关系中起到调节作用，即企业员工的要求—能力匹配度越低，总体报酬中绩效认可、职业发展和薪酬3个维度对工作满意度的影响越大，而福利对工作满意度的影响越小；薪酬水平与工作满意度呈先扬后抑的关系，不同薪酬水平下，总体报酬感知各要素对满意度的影响存在差异。

第二，识别了我国非国有企业员工总体报酬的结构和维度。从我国实际出发，将与非国有企业员工需求相匹配的总体报酬划分为6个维度，即薪酬、福利、工作条件、职业发展、自主与认可、工作关系。在此基础上开发了总体报酬感知测量量表，该量表具备良好的信度与效度。这一结果丰富了总体报酬的研究成果，为总体报酬的后续研究提供了分析基础。

第三，综合分析了我国非国有企业员工人口统计特征对其总体报酬感知、工作满意度、敬业度和工作绩效的影响，并得出以下结论：①农村户籍员工的福利感知和工作条件感知、所表现出的敬业度都显著差于城市户籍员工；②女性的任务绩效和学习绩效显著高于男性；③未婚员工的学习绩效显著高于已婚员工；④薪酬感知、福利感知、职业发展感知、个人—工作特征匹配、工作满意度、敬业度和学习绩效随着年龄的增长先升后降，在25~29岁年龄段均值最高；⑤福利感知、工作条件感知、学习绩效随着学历的提高而上升，而职业发展感知、个人—工作特征匹配和工作满意度随着学历的提高先升后降，本科学历员工的均值最高；⑥薪酬感知、福利感知和工作条件感知三项外在报酬感知随着工龄的延长而提高，而敬业度和关系绩效随着工龄的延长先升后降，5~10年工龄员工的均值最高。这一研究区别于以往的分离式研究，所得结论充分说明每个员工都是独立的个体，为我国非国有企业实行以人为本的自助式弹性薪酬制度和灵活的人力资源政策提供了理论依据。

第四，探索了敬业度在总体报酬感知、工作满意度与工作绩效关系间的传导机制。敬业度在总体报酬感知与工作绩效、工作满意度与工作绩效之间起着完全中介作用，这一结论揭示了总体报酬感知和工作满意度通过敬业度影响工作绩效的传导机制，不仅为报酬的作用机制提供了新的理论视角，对报酬影响过程的深化具有理论建构意义，而且打开了美国薪酬协会第二代总体报酬模型中关于工作满意度和敬业度的黑箱，明晰了"快乐的员工就是高效率的员工"这一因果关系形成的机理，为解决现有文献中关于工作满意度与工作绩效关系的争论提供了有力的证据。同时表明，在中国情境下，工作满意度是员工敬业的基础，工作满意度向工作绩效的转化还依赖于敬业行为的催化。

第五，探明了总体报酬感知对工作满意度、敬业度及工作绩效的影响机理。总体报酬感知6个维度与工作满意度、敬业度和工作绩效显著正相关，但作用程度存在差异。①显著影响工作满意度的首要因素是薪酬感知，之后依次是自主与认可感知、工作关系感知、职业发展感知和工作条件感知，福利感知对工作满意度的正向影响不显著，表明就非国有企业员工而言，激励因素既包括高层次需要，也包括低层次需要；②工作关系感知与职业发展感知是显著影响敬业度和工作绩效的两项要素，薪酬感知、福利感知、工作条件感知和自主与认可感知四项要素与敬业度和工作绩效正相关，但影响作用并不显著，表明只有那些满足员工内在需求的报酬感知才会形成内在动机，促成工作行为和绩效；③综合考虑人口统计特征变量及总体报酬感知各要素对员工工作态度和行为的影响，发现员工敬业在很大程度上由后天培养而成，非国有企业在人工成本受限的情况下，不仅可以通过优化组合各种报酬要素，同时提高员工的工作满意度、敬业度和工作绩效，而且能够通过充分发挥职业发展和工作关系两项报酬要素的内在激励作用，促进工作满意度转化为敬业度，达到劳资双方的和谐共赢。以上发现从关注和满足员工需求的视角综合考量了各类报酬要素的激励作用，不仅对赫茨伯格双因素理论的跨文化应用进行了拓展，而且进一步扩充了总体报酬、敬业度和工作绩效的研究范畴。

第六，确认了个人—工作特征匹配对总体报酬感知与工作满意度、总体报酬感知与敬业度的关系具有调节作用。个人—工作特征匹配不仅对工作满意度、敬业度和工作绩效有显著正向影响，而且对总体报酬感知与工作满意度、总体报酬感知与敬业度的关系具有调节作用，即随着个人—工作特征匹配程度的提高，福利感知、工作条件感知、职业发展感知和工作关系感知4类要素对工作满意度的正向作用更强，薪酬感知、工作条件感知与工作关系感知3类要素对敬业度的正向作用更强。这一研究注重了总体报酬研究的情境化，透析了各类报酬要素与工作满意度、敬业度关系的边界条件，同时也说明，员工的行为受到周围环境与个人—环境互动因素的交互影响，因而在很大程度上弥补了人与环境匹配调节效应检验研究的不足。

关键词： 非国有企业　总体报酬感知　工作满意度　敬业度　工作绩效

ABSTRACT

  With the development of economy and the continuous deepening of system reform, the non – state – owned enterprises have become main boost organizations to absorb the agricultural labor forces, transformed dual economic structure, and realized rural industrialization and urbanization in China. But in recent years, with the "population dividend" gradually disappearing and the change of economic environment, profit – modal of pattern of long – term survival and development of the non – state – owned enterprises based on low – wage – competitive advantage, has been challenged: "recruitment difficulties", labor relations issues, employee job satisfaction, continuous declining of employment, the labor productivity trending to the world low level. This means that, at present, Chinese low labor remuneration extensive management of "big – stick – way" has been a failure. Thus, how to give full play to the incentive functions of the rewards, improve employee job satisfaction, inspire employee work motivation, and then promote employee engagement and job performance, and the implementation of human resource performance management, all these become practical problems that we must face and solve. Existed researches are mainly to explore the influences of total rewards of the individual's attitude and behaviors in a specific types of rewards, rarely to explore the employees' demand – oriented of total rewards system of non – state – owned enterprises in China, it weakens the overall rewards incentive function. As such, at the same effective use of tools, artificial cost, in order to provide theoretical guidance, enhance the human resource effectiveness and employee well – being of the non – state – owned enterprises in China, the study makes a systematic investigation on antecedents of the relationships among the total rewards system, employee job satisfaction, employee engagement and job performance, to enrich the research on the related in the field of China's non – state – owned enterprises, to help solve problems of the "labor shortage", labor costs higher, the relations of tension of labor with capitalism, and frequent conflicts between labor and capital, and employee motivation, so as to realize economic and social development in the new normalway, to continuously promote industrialization, urbanization and agricultural modernization, information. All these are of great theoretical value and realistic significance.

This book constructs two models, one is the the relationship model of employee rewards perception, salary level and requirement – ability matching and job satisfaction, another is the relationship model of total rewards for employees demand – oriented perception, job satisfaction, engagement, person – job feature matching and job performance by following the classical research frame of "cognition – attitude – behavior – result" in psychology and introducing the theory of person – organization fit; and then uses the modern motivation theory, social exchange theory, conservation of resources theory and self – determination theory etc, and conclusions that has been drawn from the empirical studies to deduce the relation assumption among the variables in the model. First of all, the data matching the subjective perception evaluation and the objective salary level, through the field investigation of 1259 employees in 385 non – state – owned enterprises, were used for empirical analysis. And then, questionnaire survey methods were adopted to get 565 valid data of 149 of non – state – owned enterprises of 25 provinces and autonomous regions nationwide. Based on the survey data and the investigation of total rewards dimension structure of non – state – owned enterprises, this study uses the methods of regression analysis and structural equation model to test the relationship between the model and the hypotheses proposed. According to the results of empirical test, the book reaches conclusions and proposes, implementing employee demand – oriented efficiency of the management of people under the driven of total compensation strategy, and some operable reward management countermeasures about improving the overall train of thought of reward incentive efficiency and giving full play to human resource management effectiveness of non – state – owned enterprises in China. The innovations of this book are summarized in the following six aspects:

First, this book examines the applicability of the second generation of total rewards

ABSTRACT

model of the American Compensation Association in China, and explores the mechanism of the total rewards on job satisfaction based on the total rewards theory and the person – organization fit theory. According to the American Compensation Association second generation total rewards model compiled by questionnaire in China's non – state – owned enterprises, the results of factor analysis showed that the five dimensions are not clear. The total rewards of non – state – owned enterprises in China can be roughly divided into five dimensions including pay, benefits, career development, performance and recognition, and work environment, and degree of each dimension effect on employee job satisfaction is different. Demands – abilities fit is positively related to employee job satisfaction, and moderates the relationship between total rewards and employee job satisfaction, that is, the relationships of career development, performance and recognition, pay and employee job satisfaction, are weaker for high demands – abilities fit than for low demands – abilities fit, but the relationship is stronger between benefits and employee job satisfaction. The relationship between the income level and job satisfaction of employees is then ascending prior to declining, and the income level moderates the relationship between total rewards perceptions and job satisfaction, there are differences in each factor of total compensation perception of satisfaction.

Second, the book identifies the structure and dimensions of employee total rewards in non – state – owned enterprises. The matching demands of total rewards of employees of non – state – owned enterprises in China can be divided into six dimensions, namely, compensation, benefits, working conditions, occupation development, autonomy & recognition and work relations, on the basis of total rewards perception develops measurement scale, the scale has good reliability and validity. This result enriches the research results of total rewards in China, provides analysis basis for the follow – up study of total rewards.

Third, the book makes a comprehensive analysis of the effects of demographic statistical characteristics of the employees in non – state – owned enterprises toward the job satisfaction, employee engagement, total reward perception, work performance. (1) What perception of the rural household registration staff on the benefits and working conditions exhibits the engagement is significantly lower than that of city household registration staff; (2) Task performance and learning performance of female is higher than male; (3) Unmarried staff learning performance is significantly higher than married employees; (4) The compensation perception, benefits perception, occupation development perception, and the person – job feature matching, job satisfaction, engagement and learning performance for employees in non – state – owned enterprises will show the trend from rise to decline, the average value will be on the top during the age from 25 to 29; (5) Benefits perception, working conditions perception, learning performance will increase according to educational degree and occupation career perception, person – job feature matching and job satisfaction will show the trend from rise to fall , undergraduate employees are the top; (6) External reward perceptions such as compensation perception, benefit perception and working conditions perception will increase with the prolongation of working years, engagement, relationship performance show the trend from rise to fall, employees working for 5 to 10 years are the top. These conclusions provide the theory basis for non – state – owned enterprises to implement people – oriented self – help type elastic compensation system and flexible human resources policy.

Fourth, the book explores the conduct system of engagement to total rewards perception, job satisfaction and job performance. Engagement plays full intermediary role between the total rewards perception, job satisfaction and job performance. This conclusion reveals the total rewards perception and job satisfaction through the conduction mechanism engagement affecting work performance, not only provides a new approach to the mechanism of reward, also has the theoretical construction of meaning about deepening of process of reward effectiveness, and opened black box on the satisfaction and engagement of the second generation of total rewards model in the mechanism in the WorldatWork, makes clear the formation of causal relations of the "happy employees is the staff of the high efficiency" , provides the strongest evidence to solve the argument on the relationship between satisfaction and performance of the existing literature. At the same time, in China's situation, job satisfaction is the basis of employee engagement, job satisfaction transforming to the job performance also depends on the catalytic of professional behavior.

Fifth, the paper demonstrates the effective mechanism of total rewards perception to

ABSTRACT

job satisfaction, engagement and job performance. The six dimensions of total rewards for employee job satisfaction, engagement and job performance have significant positive correlation, but there are different functional degrees. (1) The significant factors influencing satisfaction first is compensation perception, then in turn, is autonomous & recognition perception, working relationships perception, career development perception and working conditions perception, but benefits perception has no significant positive influence. This indicates that in terms of the staff of non – state – owned enterprises in China, motivating factors include high – level needs, also lower needs. (2) Working relationships perception and career development perception have significant impact on engagement and working performance. Four elements of compensation perception, benefits perception, working conditions perception and autonomy & recognition perception are significantly positively related to job performance and engagement, and but the effect is not significant. These show that only those which meet the internal demands of employees, the reward will form the intrinsic motivation, facilitate work behavior and performance. (3) Comprehensively considering the influence of demographic variables and total rewards of various factors on employee attitudes and behavior, found that employee engagement, to a large extent by the acquired training. Non – state – owned enterprises, in constrained situation of the labor cost, not only by optimizing the combination of various payment factors, at the same time, improves employee satisfaction, employee engagement and job performance, but also can fully play the role of intrinsic motivation through occupation development perception and working relationship perception between two kinds of rewards, promotion satisfaction into engagement, achieves a harmonious and win – win both sides of labor and capital. The above conclusions from attention and meeting the demands of staff from the perspective of comprehensive consideration of the incentive effect of compensate factors, not only develop the cross – cultural application of Herzberg's two – factor theory, and further expand the research category of total rewards, engagement, and job performance.

Sixth, the book identifies the adjustment functions of person – job feature matching toward total rewards perception to job satisfaction and total rewards perception to engagement. Person – job feature matching not only has a significant positive effect on employee attitudes, behavior and outcome variables, but also have a regulatory role in the overall relationships between the total rewards and satisfaction, total rewards and engagement. That is, as person – job feature matching degree of the staff increases, the positive effectiveness of four kinds of reward factors of benefits perception, working conditions perception, occupation development perception and working relationship perception on employee job satisfaction is stronger. Positive effectiveness of three kinds of compensatory factors of the compensation perception, working conditions perception and the working relationship perception on employee engagement is stronger. This research focuses on the context of total rewards study, dialyzes on boundary conditions of the relationships among the various factors of job satisfaction and engagement; also reveals the employee's behavior influenced by the surrounding environment and personal interactions with the environment factors, which, to a large extent, makes up for the lack of testing study on moderation effect of human and environment.

Keywords: Non – state – owned Enterprises; Total Rewards Perception; Job Satisfaction; Employee Engagement; Job Performance

目　录

第 1 章　导　论　　　1
1.1　选题依据和研究背景 …………………………………… 1
1.2　国内外研究状况述评 …………………………………… 10
1.3　研究的理论意义和实践应用价值 ……………………… 37
1.4　研究内容和方法 ………………………………………… 40
1.5　主要工作和创新 ………………………………………… 43

第 2 章　相关概念界定与理论基础　　　47
2.1　相关概念界定 …………………………………………… 47
2.2　理论基础 ………………………………………………… 54
2.3　本章小结 ………………………………………………… 63

第 3 章　非国有企业员工总体报酬及其结构研究　　　64
3.1　美国薪酬协会第二代总体报酬模型在中国的适用性 … 64
3.2　总体报酬、薪酬水平、要求—能力匹配和工作满意度关系的模型构建 …………………………………………… 67
3.3　非国有企业员工报酬构成与期望调查 ………………… 85
3.4　总体报酬感知调查问卷的编制 ………………………… 87
3.5　总体报酬感知量表的建构效度与信度检验 …………… 91
3.6　本章小结 ………………………………………………… 97

第4章 总体报酬对工作绩效的作用机理与模型构建　　98

4.1 总体报酬感知与工作满意度、敬业度、工作绩效的关系 …… 98
4.2 工作满意度与敬业度、工作绩效的关系 ……………………… 106
4.3 敬业度的中介作用 …………………………………………… 107
4.4 个人—工作特征匹配的调节作用 …………………………… 110
4.5 总体报酬感知与工作绩效关系的理论模型 ………………… 112

第5章 研究设计　　115

5.1 研究变量的测量 ……………………………………………… 115
5.2 研究数据收集和分析技术 …………………………………… 122
5.3 研究样本 ……………………………………………………… 125
5.4 变量的建构效度和信度分析 ………………………………… 132
5.5 本章小结 ……………………………………………………… 138

第6章 员工总体报酬、满意度、敬业度与工作绩效现状分析　　140

6.1 非国有企业员工总体报酬感知现状分析 …………………… 140
6.2 非国有企业员工工作满意度和敬业度现状分析 …………… 143
6.3 非国有企业员工工作绩效和个人—工作特征匹配现状分析 …… 146
6.4 人口统计学变量对总体报酬感知、工作满意度、敬业度、
个人—工作特征匹配和工作绩效的影响分析 ……………… 148
6.5 本章小结 ……………………………………………………… 165

第7章 总体报酬对工作绩效作用机理的模型检验　　167

7.1 主要变量的相关分析和区分效度检验 ……………………… 167
7.2 总体报酬感知与工作满意度、敬业度、工作绩效关系的
假设检验 ……………………………………………………… 171
7.3 工作满意度与敬业度、工作绩效关系的假设检验 ………… 176
7.4 敬业度与工作绩效关系的假设检验 ………………………… 180
7.5 敬业度的中介效应检验 ……………………………………… 181
7.6 个人—工作特征匹配的调节效应检验 ……………………… 187

7.7 研究结果 ····· 195
7.8 本章小结 ····· 202

第 8 章 提升非国有企业报酬激励效率的对策建议　203
8.1 现阶段非国有企业提升报酬激励效率的总体思路 ····· 203
8.2 提升非国有企业报酬激励效率的管理举措 ····· 204
8.3 本章小结 ····· 211

第 9 章 结论与展望　212
9.1 研究结论与贡献 ····· 212
9.2 研究局限 ····· 217
9.3 未来展望 ····· 219

附录 ····· 220
附录 1 调查问卷 1 ····· 220
附录 2 调查问卷 2 ····· 222

参考文献 ····· 231

后记 ····· 263

第1章 导 论

本章首先通过分析中国经济发展现实和理论研究背景，聚焦研究的核心问题。其次通过述评国内外相关研究文献找到深化研究的切入点，进而阐明研究的理论意义和实践应用价值。最后在确定研究内容和理论模型的基础上选择适当的研究方法，明晰研究的整体思路和技术路线，归纳研究的主要工作和创新之处。

1.1 选题依据和研究背景

1.1.1 选题依据

非国有企业是中国吸纳农业劳动力，进行二元经济结构转化，实现农村工业化、城市化的主要推进组织（杨俊青，2010）[1]。但近年来，随着"人口红利"的逐渐消失，非国有企业长期赖以生存与发展的盈利模式——依靠低工资获得竞争优势，受到了严峻的挑战，出现了"用工难"，劳资关系紧张、劳资冲突频发，员工工作满意度和敬业度持续下降，劳动生产率持续处于较低水平等问题。这就意味着，在当下的中国，低劳动力成本时代已经过去，薪酬决定机制正在发生变化——由企业说了算到劳资双方协商，企业对员工普遍激励不足，企业管理方式亟待转变。转变企业管理方式，其本质就是转变劳资关系，迈向以人为本的和谐劳资关系（苏明 等，2014）[2]。因此，改善劳资关系，提高员工工作满意度，吸引和留住员工，激励员工提高敬业度和工作绩效就成为非国有企业人力资源管理的第一要务。影响员工工作满意度、敬业度和工作绩效,以及劳资关系的因素有很多,但从微观的角度看,最直接、最主要的动因在于增加经济收益。社会交换理论(Homans,1958[3];Blau,1964[4])指出,人的行为总是受到某种能带来奖励和报酬的交换活动的支配,而这种交换活动的持续要建立在相互信任和自愿的基础之上。可见,报酬和绩效集中反映了劳资双方的利益诉求,是劳资双方的对等承诺和双向实现(唐镰,2014)[5]。大量研究表明,报酬是企业吸引、激励和留住人才的重要途径。总体报酬理论(Gerhart et al.,1993)[6]把报酬划分为货币报酬和非货币报酬两部分。从薪酬支付看,中国非国有企业对员工的付酬和激励长期以货币报酬为主,在当前经济社会发展转型时期,人工成本持续上涨与企业支付能力不足的矛盾更显突出,陷入了总体"激励不足"与"激励失效"的困境。这说明,薪酬支出是企业总成本的主要部分(Gerhart et al.,2003)[7],一味地增长薪酬,企业难以承受,对员工的激励作用也很有限。事实上,经济的发展使人们在追求物质享受的同时更注重自我价值和幸福的实现,货币报酬已很难满足这种多样化的心理需求,员工内心会对实际获得的各类薪酬产生认知偏差(Kahneman et al.,1979)[8]。而当员工心理账户对收入的感知价值小于企业客观支付的经济价值时,薪酬激励效果就会打折(Thaler,1999)[9],出现薪酬的心理折扣现象,且薪酬水平越高,心理折扣相应越大(贺伟 等,2011)[10]。因此,货币薪酬的增长对员工的激励作用越来越小,而非货币报酬的激励效果可能更加显著。如何在同等人力成本支出下提高报酬的激励效果就成为理论界探索的热点问题。但遗憾的是,现有的研究大多以某一特定的薪酬类型为研究对象,缺乏对企业报酬体系的整合性与系统性研究,制约了相关研究成果对企业薪酬管理实践的指导意义(龙立荣 等,2010)[11]。

现代管理理论之父巴纳德的组织平衡理论(1938)与美国薪酬协会(WorldatWork,WAW)提出的第二代总体报酬模型为解决以上问题提供了理论基础和可行的思路。组织平衡理论表明,组织的平衡就是贡献与诱因的平衡,只有当贡献小于等于诱因时,组织才能存续和发展;就组织内部平衡而言,有效地分配各类诱因(经济物质方面的报酬和非经济物质方面的报酬),尤其重视发挥主要诱因——非经济物质报酬的作用,确保每个成员诱因与贡献的平衡,才能持续激励成员的协作积极性，提高组织的劳动生产效率①。第二代总体报酬模型表明，员工认为有价值的东西都可以作为报酬；各种报酬要素的优化组合能够吸引、激励和保留员工，降低人工成本，提高企业在劳动力市场上的竞争力和盈利能力（美国薪酬协会，2012）[12]。但其中至少有以下问题需要进一步研究：一是中国与西方国家经济发展水平不同，社会文化因素相异，以美国为背景提出的总体报酬模型是否适合中国的非国有企业；二是将员工得到报酬后形成的工作满意度和敬业度置于一个黑箱中，而它们是两个不同的概念，它们的关系究竟如何，还不明确；三是从成本效益的角度考察，非国有企业如何有效分配经济诱因和非经济诱因，才能在成本约束条件下提升报酬的激励效果，提高组织的运营效率，即总体报酬对工作绩效的作用机制尚待系统地探讨。因此，组织平衡理论还需要完成从理论到实践的探索，总体报酬模型还有待于从报酬的内容以及报酬要素的堆积效应，向报酬的激励效应进一步完善。

不同所有制形式的企业由于制度安排不同，在此基础上所形成的组织文化相异（谢西庆 等，2012）[13]，致使各类企业薪酬体系结构存在差异（王凌云 等，2007）[14]，而企业长期推行的各种薪酬制度与薪酬体系会影响员工对薪酬的态度反应（Graham et al.，1999）[15]。例如，国有企业的人才吸引战略在于稳定性与高福利，非国有企业大多采取"打包工资"的薪酬支付方式，将许多福利项目变成现金的形式一次性付给员工，导致国有企业员工对"企业自主福利"的偏好水平显著高于非国有企业员工，非国有企业员工对"工资类收入"的偏好水平要显著高于国有企业（龙立荣 等，2010）[11]。相比较而言，国有企业员工更注重稳定的工作机会和完善的社会保险机制，更看重通过正常工作关系建立的企业归属感和工作保障性，而非国有企业员工更注重职业机会和发展空间，更依赖于通过私人关系网络建立的企业归属感和工作保障性（刘志强，2014）[16]。关于报酬对工作绩效的影响，中国研究者多选择国有企业高管、上市公司高管为研究对象；关于敬业度的研究，又多选择教师、研发人员等知识型员工，或者服务员、警察等助人行业的人员为研究对象，很少关注非国有企业的一线员工。而在中国社会转型发展时期，非国有企业已成为中国经济的重要组成部分，非国有企业员工在中国企业中数量巨大，又属于基层工作者，他们的工作满意度、敬业度

---

① 转引自刘延平：《组织理论代表人物评析》，经济科学出版社2010年版，第128-129页。

和工作绩效关系到国民幸福感指数和生产效率，关系到整个社会的稳定和经济的持续发展，亟待引起学术界的关注。因此，有必要深入研究非国有企业员工的需求和对报酬的偏好，建立与之相匹配的总体报酬体系，并在总体报酬框架下探讨报酬体系各要素对其工作满意度、敬业度和工作绩效的影响机制。

学术界和企业界普遍认为各类报酬会使员工对工作产生满意或不满意两种态度（Herzberg et al., 1959[17]; Locke, 1969[18]; Lawler, 1971[19]），但关于这两种态度对工作绩效的影响却持有不同的观点。有些学者认为员工工作满意与其绩效之间有着直接的关系（Judge et al., 2001）[20]，员工工作满意度高的组织更有效（Harter et al., 2002[21]; 韩翼, 2008[22]），快乐的员工就是高效率的员工，但这种因果关系产生的机理并未梳理清楚（罗宾斯 等, 2008）[23]。也有研究表明二者之间相关性并不高（Vroom, 1964）[24]，还有研究者发现工作满意度和工作绩效之间没有关系，甚至许多绩效很低的员工，工作满意度很高（马明 等, 2005）[25]。针对这样的矛盾结论，有学者指出，工作满意度与绩效之间存在一些未知的中介变量或调节变量在起作用。例如，工作挑战性，对于高挑战性的工作来说，工作满意度与绩效正相关，但对于低挑战性的工作来说，二者关系尚不确定（罗宾斯, 2002）[26]。

从研究的内容来看，已有的研究至少存在两方面不足。一是现有研究多是对报酬、工作满意度、敬业度和工作绩效两两关系的分段式研究，将报酬、工作满意度、敬业度和工作绩效纳入一个体系，深入探究总体报酬各要素对工作绩效各个维度影响作用机理的研究还很少见；二是大多数学者研究报酬对行为影响的范式不科学，很少将员工对报酬的态度作为自变量，而实际上，报酬与个体产出之间的关系以个体对报酬的态度为中介（Williams et al., 2006）[27]。

因此，本书确定以"非国有企业员工总体报酬感知、工作满意度、敬业度和工作绩效研究"为主线进行分析和探讨。

1.1.2 研究背景

（1）避免"中等收入"陷阱，中国经济须转型发展

自 1978 年改革开放以来，中国经济年均增长率达到 9.4%，是同期世界经济年均增长率的 3 倍多。2010 年，中国 GDP 总量增至 5.879 万亿美元，占到全球 GDP 的 9.5%，初次超过日本跃居世界第二位；人均 GDP 达到 4384 美元，首次

越过世界银行当年界定的中高收入国家3976美元的分界线,正式跨上了"上中等收入"新台阶,昭示着中国改变了四分之一人类的生活状态和生活方式,创造了世界经济发展史上的奇迹。然而,中国城乡居民收入增速与经济发展增速并不同步,据统计,1979—2012年,中国城镇居民人均可支配收入和农村居民人均纯收入年均增长7.4%,低于人均GDP增速2个百分点,且呈逐年下降趋势;最终消费占GDP的比重从2000年的65%下降到2011年的43%。其中,居民消费从占GDP的46%跌至36%,远低于全球消费率平均水平(77%),内需不足突显(胡怀邦,2013)[28]。2013年,中国居民消费对国内生产总值的贡献率为50%,拉动率仅有3.9%①,呈现持续降低的态势。

一方面,收入差距过大、收入分配不公、社会保障不健全等经济社会发展过程中积累的各种矛盾与问题逐渐进入高发期,中国人民的幸福感指数未与GDP同步提升,敬业度居全球最低水平②。依据诺贝尔经济学奖获得者阿马蒂亚·森所概括的"经济发展意味着人们自由的提高,是人感受到的幸福水平的增进",中国经济发展状况正如美国康奈尔大学经济学教授,前IMF经济学家艾斯瓦·普拉德所言:"过去没有哪个有如此之大且居于领先水平的绝对产出国家,却在人均收入和其他发展指标上远远落后于其他国家。中国在人均收入方面和发达经济体相比,仍有相当大的差距。即使按照目前的增长轨迹,中国还需要一代人的时间去实现发达经济体当前的发展水平"。另一方面,2008年全球金融危机的爆发及其影响深刻改变了全球经济格局,过去支撑中国经济高速增长的外部环境和内部条件均发生较大变化。例如,外需拉动作用减弱,投资拉动效能降低,人口红利减退,资源环境约束强化,技术创新乏力导致内生动力不足等。这些变化致使中国自21世纪以来经济高速增长的脚步逐渐放缓。2012年和2013年GDP增速均保持在7.7%的水平,2014年GDP的增速则下降为7.4%。中国社会科学院人

---

① 数据来源于国家统计局《2014中国统计年鉴》。
② 全球管理咨询公司Hay(合益)集团2012全球员工有效性调研结果显示,2011年全球员工敬业度为66%。其中,南美洲员工敬业度最高,为74%,中国员工的敬业度比全球平均水平低15个百分点,仅为51%。盖洛普公司公布其2011—2012年对全球雇员对工作投入程度的调查,在142个国家和地区中,只有13%的员工是真正敬业的,63%的员工漠不关心,24%的员工消极怠工。敬业程度因地而异,东亚地区敬业率最低(6%),不到世界平均水平的一半,所调查的东亚4个地区中,中国(包括中国香港地区)最低(6%)。调查认为,东亚敬业度之所以为6%,很大程度上是被中国拉低到这一数值的。

口研究所所长蔡昉（2012）[29]依据当时中国社会已呈现出的"未富先老"① 的发展特征进行推算后指出，"十二五"时期中国潜在增长率（生产要素供给和生产率提高所能支撑的正常经济增长速度）将降到7.2%，"十三五"时期则会降到6.1%，中国经济正面临着"中等收入"陷阱。北京师范大学中国收入分配研究院李实教授（2014）认为[30]，增加掉入"中等收入陷阱"风险的因素有三，即收入差距过大和收入分配不公、缺乏创新能力和教育发展滞后。就收入分配来讲，中国个人收入差距有扩大的趋势，收入分配不公也在不断恶化。

如何跨越"中等收入陷阱"，经济学家们给出了相同的建议。诺贝尔经济学奖得主美国经济学家索洛于1956年定义了高收入发展阶段的新古典经济增长，指出这个阶段经济增长的源泉来自于劳动生产率（或技术进步和创新），虽然其速度不会很快，却是可持续的经济增长。卢卡斯（1988）将人力资本引入索洛模型，认为人力资本是索洛模型中"技术进步"的另一种增长动力形式，指出人力资本就是体现在劳动者身上的可用于生产产品或提供各种服务的智力、技能以及知识的总和，人力资本增值就是通过对人力资本的积累、投资和扩充，促使人力资本的价值得以提升。人力资本积累并使之内生化、具体化为个人的、专业化的人力资本，是经济长期增长的决定性因素，是经济增长的真正源泉。不同的国家，由于所积累的人力资本不同，对相同的知识的使用可以产生完全不同的收益，进而导致经济增长率和人的产出不同。因此，应该鼓励人们投资于教育和学习，积累更多的人力资本，以此获得经济的增长。David Romer（1990）的内生增长模型强调以创意或知识产品为基础来理解经济增长和发展的机制，指出一些国家之所以长期处于低水平的增长路径上，就是由于对知识生产部门的投资不够，技术进步率太低。因此，发展中国家为了实现长期的经济增长，应该具备一种使新设计或创意能产生和使用的机制，政府政策的制定必须重视教育发展和科技投入、激励和保护创新[31]。经济学家吴敬琏（2011）[32]主张，转变经济发展方式是中国未来发展的主线，即中国经济增长模式或者经济发展方式的内容应从主要靠资源投入（包括投资和劳动力投入）驱动的增长转变为靠效率提高驱动的增长，也就是说现代经济增长模式或集约型增长模式将是中国未来经济发展的主线。蔡昉（2013）[33]指出，"跨越'中等收入陷阱'，从经济大国走向经济强

---

① 未富先老，即在较低的人均收入水平上迎来了老龄化和人口红利的消失。

国,根本上要靠效率驱动、创新驱动和内生增长驱动";杨宜勇(2013)[34]呼吁,"要将调整收入分配放在更加重要的地位,将控高、扩中与提低协调进行,努力实现人民收入增长和经济发展同步、劳动报酬增长和劳动生产率提高同步"。反观中国经济发展现实,尽管近年来国家全员劳动生产率逐年提高,但劳动生产率增长速度却持续下降。① 因而,创新驱动和效率驱动的经济增长必须引起足够的重视。李克强总理在2015年的政府工作报告中指出,新常态下中国经济增长的双引擎应该是"大众创业、万众创新"和"增加公共服务与公共产品"。

(2) 作为中国经济重要组成部分的非国有企业,转型发展势在必行

1984年中共十二届三中全会以来,中国非国有企业历经了飞速发展,不论在数量上还是经济贡献上,都已经成为中国经济的重要组成部分。2015年末,中国非国有企业数量已达12459623个,占全国法人企业总数的98.93%;吸纳劳动者人数11854.2万人,占法人企业劳动者总人数的65.63%;固定资产投资422288.5亿元,占全社会固定资产总投资的75.14%。② 2015年,全年国内生产总值689052亿元,我国非公有制经济贡献占GDP的比重已超过60%,对税收和就业贡献率已分别超过50%和80%。③ 经济学家张维迎在2010年《财经》年会上表示,预计我国国有企业对GDP贡献的比重,在未来30年会降到10%以内。④ 换言之,未来30年,非国有企业对GDP贡献的比重将会超过90%。中国人民政治协商会议全国委员会(以下简称"政协")常务委员、经济委员会主任周伯华在全国政协十二届二次会议记者会上指出:"要实现李克强总理在政府工作报告中提出的今年GDP增长7.5%的目标,必须要依靠改革强大的动力激活各种所有制的积极性,特别是非公有制经济"。

然而,非国有企业在较快较稳的发展过程中,由于内外经营环境的变化,面临着重重障碍与挑战。为了应对这些挑战,非国有企业不断调整着自己的发展战

---

① 2016年,中国全员劳动生产率94825元/人,同比提高6.4%;2015年,同比提高6.5%;2014年,同比提高6.9%;2013年,同比提高7.29%,2012年,同比提高7.32%,2011年,同比提高9.1%。2012—2016年,中国全员劳动生产率增速呈现持续下降的趋势。以上依据国家统计局《2016年国民经济和社会发展统计公报》数据计算得出。
② 中华人民共和国国家统计局:《中国统计年鉴2016》,中国统计出版社2016年版。
③ 2016年3月3日,习近平总书记在全国政协十二届四次会议中国民主建国会、工商联界委员联组会上发表的重要讲话《毫不动摇坚持我国基本经济制度推动各种所有制经济健康发展》,新华社北京3月11日电。
④ 张维迎:《未来30年内国企占GDP比例将降至10%以内》,和讯网,2009年12月18日。

略以适应环境的变化。在改革开放之初的1978—1991年，非国有企业主要实施市场补缺和劳动密集型发展战略，在人力资源管理上采取"传统大棒式"管理下的"劳动密集型"管理方式，即依靠大量投入似乎取之不尽的廉价农村剩余劳动力而对技术和设备依赖程度很低，将劳动者等同于其他物质生产要素，通过压低、克扣、拖延劳动者工资的形式来获取利润，实现资本积累；1992—2002年，为了与国有企业抗衡，非国有企业实施了市场跟随和资本密集型管理方式，在人力资源管理上采取"传统大棒式"管理下的资本密集型管理方式，即依靠大量资本投入，对技术和设备依赖程度较高，依然将劳动者等同于其他物质生产要素，通过压低、克扣、拖延劳动者工资的方式获取盈利（杨俊青，2007）[35]。但由于融资难、高新技术短缺、技术管理人才缺乏等原因，这一战略使非国有企业自身发展缓慢。同时，"传统大棒式"管理下的"劳动密集型"管理方式也使中国非国有企业自2003年起遭遇了全国性的"用工荒"。杨俊青（2007）[35]针对这一问题提出，非国有企业应该选择"人本管理"战略下的"新劳动密集型战略"，即充分发挥工资的激励职能，通过提高工资，改善生产和生活条件来激励劳动者的积极性，进而提高其劳动生产率。而生产率的提高，又可以增加厂商的利润，从而实现劳资关系的和谐共赢。这一战略模式对于建立新型合作的劳资关系无疑是有效的。但近年来，经济形势巨变，中国非国有企业面临着更为严峻的考验。从企业外部来看，融资难、生产要素成本上升、负担重、政策歧视、环境动荡、多头管理牵制甚至设障等束缚了中国非国有企业的快速发展；从人力资源管理角度看，表象上员工流失严重、缺乏创新、人工成本大幅度上升、员工敬业度差、效率低等制约了中国非国有企业的可持续发展，实质上以知识和服务为基础的新经济模式在逐渐取代传统经济的过程中，企业和员工之间的关系已经发生了根本的变化。一方面，随着雇用市场化程度的不断加强，工作流动性逐渐取代了稳定性，企业与员工之间的关系日益脆弱；另一方面，企业竞争对优秀人才的依赖程度不断增强，员工不仅是生产要素，更是伙伴，是绩效的驱动力。由此可见，随着人口红利的消失，生产方式的改变，企业的盈利模式必须转变，可行的途径只能是依赖效率提高利润。在这样的背景下，用什么来吸引、保持并使员工自发努力，在节约成本的同时提高组织的运营效率，就成为企业战略人力资源管理必须思考和亟待解决的问题。

此外，中国非国有企业员工年均工资普遍低于国有企业和全国平均水平。

《2016中国统计年鉴》数据显示，2015年中国就业人员的年平均工资为62029元，国有企业高于此水平5.2%，达到65269元，而非国有企业中，除了股份有限公司（员工年均工资为72644元）和外商投资企业（员工年均工资为72644元）外，其他类型企业均低于全国平均水平。例如城镇集体企业（员工年均工资为42742元）、其他内资企业（员工年均工资为46945元）、联营单位（员工年均工资为50733元）、有限责任公司（员工年均工资为54481元）、股份合作企业（员工年均工资为60369元）、港澳台商投资企业（员工年均工资为62017元）。总体而言，中国非国有企业在应对持续发展所面临挑战的同时，还肩负着提高低收入群体薪酬水平的重要使命，在减少国民收入差距、和谐劳动关系等方面责任巨大，转型发展势在必行。

（3）非国有企业转型发展须实施总体报酬战略

就非国有企业自身而言，转型发展首要思考与研究的问题，是如何提高创新能力和员工劳动生产率。这一问题的解决依赖于员工的敬业精神。敬业驱动卓越，员工的态度和行为与其所在公司的运营状况联系紧密。正如杰克·韦尔奇所言，在竞争全球化、人口结构变化等导致竞争越来越残酷的环境中，想要取胜的公司必须设法使每个员工敬业。但员工敬业不是靠强迫和人力资源政策的表面改进就能获得，企业的人力资源管理系统在培养雇员敬业方面可以起到核心作用（德勒斯，1994）[36]。韬睿惠悦咨询公司"人才与奖酬"咨询业务全球负责人朱莉·盖博尔（2014）[37]以全球员工意见调查表为基础，通过对涉及多个行业的8家高敬业度大型公司的分析，概括出提升员工敬业度的关键内容：了解员工、培养员工、激励员工、员工参与和员工奖励。总体报酬战略包含了这些内容。

总体报酬（Total Rewards）是20世纪90年代西方学术界和企业界从员工体验角度出发提出的有效激励员工的报酬概念，其中包含了企业在解决人力资源问题方面的所有投资和员工在雇佣关系中认为重要的（包括物质和精神在内）所有要素。美国等西方发达国家过去几十年的管理实践证明，从员工激励体验角度设计的总体报酬被证实是最好的吸引、使用和保留人才的方法（美国薪酬协会，2012）[12]。朱飞等人（2013）[38]也指出，在经济亟待复苏、人员流动率高企的时候，有效管理总体报酬，是企业在市场激烈竞争中胜出的关键。以员工需求为导向、与企业人力资源战略和组织战略相匹配的总体报酬战略更能将企业有限的资源用于激励员工创造价值，支持企业在劳动力相对短缺的竞争中获得人才优势

(熊通成 等，2008)[39]。如今，员工的需求越来越多样化，货币报酬的激励作用越来越小，过度依赖经济性因素激励员工，不仅会把企业和员工之间的关系简化为一种经济交易关系，削弱员工的内在动力，使激励效果持续时间短且充满不确定性，还加重了企业的财务负担。因此，非国有企业在资源有限的情况下，更需要优化报酬要素、以较小的投入尽可能换取员工的努力和成果，这就要求非国有企业首先转变观念，以员工需求为导向实施总体报酬战略。而实施总体报酬战略，非国有企业面临的问题是，哪些报酬要素对于员工是重要的，如何将这些要素有效地融合在一起，以充分挖掘员工的潜能和激情，并将其转化为公司的竞争优势和卓越绩效，最终实现企业和员工价值的最大化。这正是有待于学术界和企业界深入探究的课题，也是本书试图解决的核心问题。

1.2 国内外研究状况述评

1.2.1 总体报酬及相关研究

总体报酬一词最先由古典经济学家亚当·斯密提出，原指劳动者所得货币工资中包含着与职业相关的多个因素。例如，职业本身的愉悦性、职业所负担责任的大小、职业学习的难易程度、职业的安全性和职业成功的可能性等（Armstrong et al.，2012)[40]。后来这一词组被美国薪酬协会（WAW）赋予了新的内涵，指"用以交换员工时间、天赋、努力和成果而提供给员工的货币形式和非货币形式的回报，这些回报包括员工认为有价值的所有事物"。自此以后，总体报酬战略在西方企业界得到了广泛的运用，但总体报酬的概念并未被国内外主流学术杂志的研究文献明确提及，这可能是由于总体报酬的范畴较多地与其他概念发生重叠，使得总体报酬理论处于一种边缘化的研究状态（李燕萍 等，2008)[41]。然而，丰富的报酬理论为总体报酬研究的开展奠定了坚实的基础，沿着报酬理论的发展轨迹可以探寻到总体报酬研究的脉络。

（1）国外总体报酬研究述评

综合分析组织成立以来经济学、管理学和心理学有关报酬的理论，可以发现，经济学的报酬理论多属于报酬的决策理论，着重研究报酬差异的影响因素；管理学与心理学的报酬理论，则把微观企业报酬体系的构成、各类报酬要素对员工的激励作为研究的重点，多属于报酬的激励理论。本研究关注薪酬水平、总体报酬的结构以及总体报酬感知对员工工作满意度、敬业度和工作绩效的影响，因而需要从经济学和管理学两个领域对相关的报酬理论进行梳理。

首先，对经济学的报酬理论进行回顾与梳理。经济学的分析立足于人是"理性的经济人"这一假设基础之上，该假设源于亚当·斯密的思想，即在资源稀缺的情况下，人们作出任何一项经济决策时都会进行成本和收益核算，企图用最小的成本获取最大的收益。人们把斯密的这种思想引伸为人都是为了经济报酬而工作，经济利益是驱动个体行为的唯一诱因。因而，经济学的报酬理论多以工资理论的形式出现，集中讨论两个问题，一是工资的决定机制，即研究员工从工作中获取的货币薪酬及其决定因素；二是工资与就业的关系，即从宏观经济问题切入，讨论如何通过工资变化实现充分就业（甄朝党 等，2005）[42]。

古典经济学工资理论（斯密，1776；李嘉图，1817）[43]认为，"工资是劳动的价格，是一种货币形式的报酬，其大小取决于资本的数量和市场供求关系"。马克思（1875）的工资理论则主张，"工资是劳动力的价值或价格的转化形式，其形成与决定受到供求规律和竞争规律的制约和影响"①。19世纪末，约翰·贝茨·克拉克提出了边际生产力工资理论，主张工资的大小取决于劳动的边际生产力。②新古典经济学奠基人阿弗里德·马歇尔（1890）[44]首先提出商品的价值由其效用与稀缺性决定，工人工资的支付必须基于市场，工资构成应该包括物质和精神两个方面，即货币工资和闲暇效用，货币工资在吸引和激励员工方面具有局限性。20世纪60年代末，随着企业所有权和控制权的逐步分离，委托代理理论作为最重要的契约理论被提出并不断得以发展。该理论主张，委托人对代理人的激励措施涵盖影响其效用的各种因素，包括物质激励（短期激励和长期激励）和非物质激励（职位消费和精神激励）。相对而言，员工更喜欢固定工资。在利益冲突和信息不对称的环境下，委托人可依据产出设计最优契约激励代理人，使代理人在追求自身效用最大化的同时，实现委托人的效用最大化（聂志红，2008）[45]。可见，委托代理理论更注重发挥绩效工资对代理人的引导和激励作用。同时，知识经济引发的劳动方式变化使得人力资本理论兴起并逐渐成为西方主流经济学研究个人收入分配问题的重要理论基础。人力资本理论将资本划分为

---

① 转引自杨俊青：《人力资源管理——宏微观人力资源管理相通探索》，经济科学出版社2009年版，第226页。

② 转引自杨俊青：《工资管理学》，中国商业出版社2003年版，第36页。

人力资本和物质资本，认为人力资本由投资形成，体现在医疗保健、各种教育、劳动力流动等方面，其对经济增长的作用，远高于物质资本的增加。一个人的技术含量越高，其劳动生产率就越高，边际产出的价值也越大，应该得到较高的报酬（Schultz，1960）[46]。20世纪70年代，新凯恩斯主义经济学家提出并发展了效率工资理论，认为高工资具有激励效应、分选效应、劳动力流动效应和社会伦理效应，员工获得的薪酬水平与其努力程度正相关。从信息不对称的角度看，企业支付给员工高于市场工资率的工资，就能提高员工的劳动生产率（杨业芳，2004）[47]。

随着整个社会物质财富的增长，家庭在社会生活中的地位日益重要，加里·贝克尔（1981）[48]提出了家庭经济理论，主张把一个人的时间分为工作、家务劳动和闲暇娱乐3个部分，以家庭利益最大化为前提找出最佳的劳动供给水平和相应的工资率。例如，兼顾工作家庭的弹性工作时间，对员工来说，无疑相当于提升了工资的效用。这正是近年来西方国家在总体报酬中推出家庭与生活平衡计划的依据。同一时期，面对经济社会中凯恩斯宏观经济理论难以解释的滞涨现象，马丁·L.威茨曼（1984）[49]提出，以分享制代替工资制，将工人的工资与企业效益相联系，不仅有利于激励效应和劳资相融效应，而且完善了市场经济的报酬调节机制，具有扩大生产，实现充分就业，从根本上抑制通货膨胀的作用。在管理实践中，依据分享比例和类别的不同，分享制有完全分享和混合分享，员工持股计划、利润分享制或收益分享制、劳动管理的合作制和有差别的劳动资本合伙制等多种形式。其中，员工持股计划和利润分享，已经成为现代企业激励、留住员工的有效报酬方式。近年来，随着幸福经济学的兴起，经济学家逐渐从简单的关注收入决定的效用或幸福转变到关注心理学所倡导的主观幸福感，收入满意度（Income Satisfaction）则被作为居民幸福满意感的重要影响因素（Easterlin，2006）[50]。

其次，对管理学的报酬理论和心理学的报酬理论进行回顾和梳理。在管理学研究视角下，人是影响组织生产率的主要因素，报酬既是组织激励员工的有效工具，也是组织主要的成本支出。因此，围绕着对人的劳动态度和需求的不同认识所构建的丰富的管理学报酬理论与心理学激励理论有着天然的联系。

在前工业革命时期，雇主认为"最饥饿的工人就是最好的工人"，人是被动的，金钱是激励人类行为的主要因素（麦格雷戈，1957）[51]。20世纪初，针对企业中劳资冲突加剧、生产效率低下的问题,泰勒(1911)[52]提出实行每日工作定额和差别计件工资制,用金钱来刺激工人的生产积极性,将员工个人所得与其绩效相联系,开创了可变薪酬的起源。在此基础上,甘特(1916)[53]发现如果将报酬和生产更进一步联系,雇员的产量将更多,发明了"完成任务发奖金给员工及其直接管理者"的制度,首次对管理者实施了激励。法约尔(1916)在其著名的14条管理原则中指出:工人的报酬方式有按劳动日付酬、工作任务付酬和计件付酬3种,其具体形式包括奖金、分红、实物补助和精神奖励,不管采用什么报酬方式,都应该保证公平、合理,能奖励有益的努力和激发热情。① 韦伯(1921)的行政组织体系理论指出:组织根据成员的工作成绩与资历条件决定其晋升加薪与否,组织中人员之间的关系完全以理性准则为指导,采用固定的货币薪金和退休金这种老年保障的形式支付工作人员报酬。② 然而,由于历史的局限性,古典管理理论把人看作是机器的附属物,看成是完全理性的经济人,而忽视了人的主观能动性,忽视了人际关系、集体环境对人的心理和行为的影响。因此,在西方的教材中,1920年以前的薪酬主要指按天计酬且鲜有福利的wage。

20世纪20年代前后,学者们开始从生理学、心理学、社会学等方面研究企业中有关人的问题,思考如何按照人的心理发展规律去激发人的积极性和创造性。梅奥(1933)认为,工人并非是把金钱当作激发积极性唯一动力的"经济人",他们有着寻求友谊、安定、归属感和受人尊敬等社会和心理方面的需要,这些因素所形成的动力对效率的影响较工资、作业条件更大。③ 组织在设计薪酬结构时要从员工的需求出发,不仅考虑包括公司政策与管理方式、上级监督、工资、人际关系和工作条件等属于工作环境的保健因素,更要关注成就、认可、工作本身、责任感、发展与成长、参与管理、情感归属等来自于工作本身和工作内容的激励因素,促使员工发挥最大的主动性、天资禀赋,从而达到组织的目标(Herzberg,1966)[54]。超Y理论(摩尔斯和洛希,1970)进一步指出,组织中员工的需要是复杂多变的,组织应善于发现员工内在动机、能力和个性方面的差异,采用灵活的管理方式和奖酬方式,才能取得最佳的管理和激励效果。④ Ad-

---

① 转引自刘延平:《组织理论代表人物评析》,经济科学出版社2010年版,第63页。
② 转引自刘延平:《组织理论代表人物评析》,经济科学出版社2010年版,第91页。
③ 转引自刘银花:《薪酬管理》,东北财经大学出版社2007年版。
④ 转引自郑国铎:《企业激励论》,经济管理出版社2001年版,第35页。

ams（1963）的公平理论[55]认为，人的行动以自己的感受为基础，对奖励倾向于一种多重的观点，即奖励可以是有形的，也可以是无形的。报酬分配的合理性和公平性对员工的生产积极性有很大影响，组织在薪酬决策时要基于员工自己对产出的感受，同时考虑内部的一致性、公平性和外部的竞争性，否则可能导致员工绩效水平不高甚至关键员工的流失。然而，这一阶段企业的薪酬制度依然是以企业（或雇主）为导向，薪酬内容主要还是工资、福利和奖金，由于无法满足员工多层次、多方面的需求而显示出越来越多的弊端。在这一时期，西方教材中的薪酬更多使用 salary 一词，主要指按月计酬且鲜有福利的薪酬制度。

20 世纪 90 年代，随着经济全球化步伐的加快和知识经济的发展，企业人才竞争日益激烈，如何有效激励和保留核心员工，有效降低人工成本和提高人员绩效，成为企业面临的主要问题。为了解决传统付酬模式"激励不到和激励不足"的弊端，学者们先后提出了以员工需求为导向的区别于传统的报酬方式——整体薪酬（Total Compensation），以指代所有人的收入中奖金和福利所占的比重增加。同时，企业界也进行了积极的探索，由于薪酬和福利已难以彰显企业的特性（Gerhart et al.，2003）[7]，越来越多的企业也把非经济性回报列入了报酬范围。约翰·特鲁普曼（1990）在《报酬方案：如何制定员工激励机制》[56]一书中首创自助式报酬理念，较为完整地提出了定制性和多样性相结合的整体薪酬计划，主张在员工充分参与的基础上，为员工建立个性化的动态的薪酬组合系统，这个系统既包括各项工资和福利等现金报酬，也包括晋升和发展机会、心理收入和生活质量等无形报酬。约瑟夫·马尔托奇奥诺（2001）[57]进一步探索了该理论，认为"整体薪酬是雇员因完成工作而得到的内在和外在的报酬"。成立于 1955 年的美国薪酬协会于 2000 年更名为 Total Rewards Association Worldatwork，并总结性地提出了总体报酬的概念和第一个总体报酬模型，指出"总体报酬"就是员工在雇佣关系中认为所有重要的东西，包含企业为了交换员工的时间、才能、努力和成果而提供给员工的货币形式或者非货币形式的所有回报，创造性地将"非货币收入形式的回报"纳入框架中。总体报酬模型则聚焦于 4 个要素，即薪酬、福利、学习发展和工作环境。其中，薪酬和福利是基础性的因素，在人力资本成本中占据着最大的份额；学习发展和工作环境发挥着重要的杠杆作用，包括成功计划、培训、工作与生活平衡、绩效管理、绩效支持、职业发展、领导关系、组织文化等要素，报酬的三大功能是吸纳、保留和激励员工（宋洪峰，2007）[58]。作为全球薪酬领域中的权威,美国薪酬协会的新名字中突出了"Total Rewards"这一概念,足以看出总体报酬正得到越来越多的重视与关注。

2001—2006年,关于总体报酬的研究与实践发展迅速。学者们运用问卷调查、实地研究、实验和二次分析的方法,从多样化的视角对总体报酬涵盖的各个要素及其对员工心理、态度、行为和组织绩效的影响进行了研究,涉及的内容可以归纳为外部经济环境、工作环境报酬、学习与发展报酬、内部报酬几个方面(Kantor et al., 2004)[59]。其中,关注较多的依次是工作环境报酬和外部经济报酬,而对内部报酬、学习与发展报酬的关注不足(李燕萍 等,2008)[41]。同时,越来越多的企业谋求布局总体报酬战略(Long, 2006[60]; Milkovich et al., 2005[61]; St-Onge et al., 2006[62])。美世咨询公司2007年的一项调查表明,55%的北美企业采用了包括直接工资、额外的福利、职业发展和其他内在报酬在内的报酬方式,一些标杆企业如IBM、3M、Marriot等关于总体报酬的实践应用也取得了成功。综合这些研究成果,美国薪酬协会于2006年对第一代模型进行了修正,提出了作为整合业务战略重要组成部分的包括总体报酬背景、内容和贡献的第二代总报酬模型。该模型把总体报酬划分为"薪酬、福利、工作与生活平衡、绩效认可、发展和职业机会"5个维度,突出强调了工作与生活平衡以及绩效与认可,得到了普遍的认可和广泛的应用(阿姆斯特朗,2008)[63]。2007年以后,关于总体报酬研究的重点是员工个体对总体报酬各要素的偏好(Vandenberghe et al., 2008)[64]以及总体报酬中的不同要素对员工工作满意度、组织承诺、离职倾向等心理、态度和行为方面的影响和作用机制。其中,被关注较多的是外在报酬中的收入(Claudia, 2008[65]; Kristensen et al., 2009[66]; Gao et al., 2009[67])和内在报酬的晋升(Vasilios, 2011)[68]等因素,将内在报酬与外在报酬结合起来实证分析它们对工作满意度等结果影响的研究还很少见(Linz et al., 2012)[69]。2015年,美国薪酬协会又提出了最新的总体报酬模型,包括薪资、福利、工作与生活有效性、绩效、认可和人才发展6个方面,报酬的功能也发展为4个方面,即吸纳、激励、保留和参与。这一模型与2006年提出的第二代总体报酬模型不同的是,将工作与生活平衡变为工作与生活的有效性,强调工作与生活两个方面的质量。这种变化也反映出总体报酬越来越关注员工工作生活质量及对工作的体验和由此带来的幸福感,并随着员工需求变化而调整的特点。

(2) 国内总体报酬研究述评

中华人民共和国建国以来，收入分配以社会主义工资理论为指导。马克思的按劳分配理论及设想是社会主义工资理论形成与发展的基础。1978年以前，中国全社会实行低工资、多就业、高福利的政策，以高积累、低消费的方式完成工业化的原始资本积累，企业所有制形式以国家和集体为主。1978年改革开放以后，企业逐步拥有了工资和奖金分配的自主权，员工工资水平的高低取决于其劳动贡献和所在企业的经济效益，国家只是以一定的经济和法律手段对微观经济的工资运行进行宏观调控。1984年中国共产党第十二届中央委员会第三次全体会议提出了允许私人在一定范围内办企业，放宽了对私营企业的限制，非国有企业才逐渐发展兴盛起来。20世纪90年代中期至90年代末，部分企业对管理者实施限定范围的年薪制，对一般员工采用基于绩效的付酬制，既加大了对企业家激励的力度和经营行为的约束，又调动了员工的工作积极性，但企业薪酬制度的改革还停留在分配方式的层面上，真正的薪酬管理体系尚未建立和完善（赵曙明，2009）[70]。2000年以后，中国企业对人力资源管理的认识发生了本质的变化，薪酬管理方式也趋向于多样化，非国有企业员工的报酬类型日趋丰富，包括了固定薪酬、可变薪酬、带薪假期、福利、额外补贴等在内的经济性报酬和非经济性报酬，但仍以经济性报酬即薪酬为主，结构单一，薪酬支付效率和激励效率较低。自2003年起，中国非国有企业开始面临全国性的"用工荒"、人工成本急剧上升但员工工作满意度持续走低等问题。

中国国内学术界对薪酬的广泛关注和研究始于改革开放以后。20世纪90年代中期以前，一些学者将西方心理学理论和人力资源管理理论引入中国，丰富了中国薪酬管理的理论基础。这一时期，关于薪酬的研究主要集中在薪酬激励机制和经营者薪酬两个方面，研究方法更倾向于定性研究，定量方面的实证研究并不多（朱晓妹，2007）[71]。2000年，《经理人》期刊首先介绍了总体报酬的概念，认为总体报酬就是直接薪酬与间接薪酬的共同给付。之后，学者们对总体报酬在中国的传播与应用作出了积极的努力。吴志华（2003）[72]在辨析国外著名学者有关总体报酬外延认识的基础上，指出总体报酬包括经济报酬（薪酬与福利）和非经济报酬（工作特征与工作环境）两大系统4个部分，指出对知识型员工要通过总体报酬实施全面激励。冉棋文（2004）[73]也认为，传统薪酬激励因手段单一、灵活性差等局限，已难以调动知识型员工的创新主动性和工作积极性，建议把薪酬激励、福利激励、成就激励和组织激励4个部分整合构成完整的全面报酬战略，建立知识型员工的激励机制。刘爱东（2004）[74]通过分析跨国公司全面薪酬管理实践和国有企业薪酬体系，提出了全面薪酬的涟漪式扩散模型，这一模型从核心到边缘依次由薪酬、福利、事业成就感和工作环境组成。2006年以后，一些学者将美国薪酬协会的第二代总体报酬模型引入中国并加以诠释。刘爱军等人（2010）[75]认为，美国薪酬协会的第二代总体报酬模型虽然较为恰当地界定了报酬的涵义与构成，传递了报酬与组织绩效间的关系，但并不完全适合中国的国情，还需要在借鉴的基础上加以修正。还有学者进一步采用问卷调查型、实地研究型、建模型、二次分析型等多种方法，从外部经济性报酬、工作环境报酬、学习与发展报酬、内部报酬、多维度5个领域对总体报酬进行了较为广泛的研究（李燕萍 等，2008）[41]，研究内容涉及报酬中的实际薪酬水平、收入内部结构（工资、福利）、中国情境下报酬的影响因素和影响结果（贺伟 等，2011）[76]，研究成果较为丰富。

（3）总体报酬的结构分类

迄今为止，国内外学术界对总体报酬的构成尚未达成共识，比较有代表性的观点有以下几种。

二分法。Gerhart等人（1997）从4个不同的角度将总体报酬分为：货币报酬（Monetary Rewards）和非货币报酬（Non-Monetary Rewards），外在报酬（Extrinsic Rewards）和内在报酬（Intrinsic Rewards），个体报酬和集体报酬，固定报酬和可变报酬。Milkovich等人（2005）[61]把货币报酬分为直接薪酬（Direct Compensation）和间接薪酬（Indirect Pay）。直接薪酬即现金薪酬，包括基本工资、绩效加薪、生活成本调整、长短期的激励（例如，可变工资、股权或期权等）；非直接薪酬即福利，包括各种保险、雇主提供的其他养老计划包、津贴、带薪休假、工作与生活平衡服务（例如，满足特殊需要的服务、弹性工作安排等）。非货币报酬即相关性回报（Relational Returns），包括给予员工的全范围的内在因素（A Gamut of More Intrinsic Factors）。例如，工作环境、富有挑战性的工作、社会交往、就业保障、认可与社会地位、晋升等。St-Onge等人（2006）[62]认为外在报酬即为直接薪酬和间接薪酬，直接薪酬是用现金支付的薪水、奖金、可变报酬等，间接薪酬是非现金组成的部分，包括额外的福利、休假、辅助福利、工作条件等；内在报酬则包括工作的自主权、成就感、安全感、自尊感、教会组织的尊重、同事的尊重以及轮岗或使人兴奋的工作机会等。由此可见，二分法的4种分类存在重叠，学者们研究时只能采用其中的一种再进行细分。

三分法。Chen 等人（1999）[78]在 Gerhart 等人研究的基础上将总体报酬分为内在报酬、外在货币性报酬和社会情感性报酬三大类，并进一步按照个体性或集体性将这三类报酬最终细分为五种报酬因素，即个体内在报酬、集体货币报酬、个体固定的货币报酬、个体可变的货币报酬和个体外部社会情感性报酬，同时还开发了涵盖23个题项的总体报酬测量量表。这一分类法避免了二分法造成的每类报酬间的大量重叠。

四分法。O'Neal（1998）[79]认为，总体报酬应该涉及员工工作的各个方面，概括分为工资、福利、学习发展与工作环境。工资包括基本工资、可变工资、奖金、嘉奖；福利包括健康照顾、退休计划、储蓄、带薪休假；学习与发展包括职业发展、学习经历、绩效管理、培训、辅导和指导；工作环境包括组织气候、领导、绩效支持、工作与生活平衡、工作的挑战性、组织声誉和同事关系等。这一分类法涵盖了员工的全面价值构成，与美国韬睿咨询公司1997年的社会调查结果一致，并得到一些学者后续研究结论的支持（Kantor et al.，2004[59]；Medcof et al.，2007[80]）。

五分法。美国薪酬协会（2006）把总体报酬分为"薪酬、福利、工作与生活平衡、绩效与认可、发展和职业机会"5个维度。其中，薪酬指组织因个体提供服务（时间、努力和技能）而付给员工的工资，包括固定薪酬（固定工资）、可变薪酬（风险报酬）、短期激励薪酬（1年内的奖励）和长期激励薪酬（超过1年期的激励，例如股权计划、绩效分享等）；福利是员工得到的现金报酬之外的补充，包括社会保险（失业、补偿、社会保障、残疾）、团体保险（医疗、退休、储蓄等）和非工作时间报酬（工作时的休息时间和非工作假期）；工作与生活平衡是使员工兼顾工作和家庭2个方面的一系列组织实践活动、政策、项目和理念，大致分为"工作场所弹性、带薪假期和非带薪假期、健康和情绪状态、子女关怀、财务援助、社区参与、管理参与或文化改变参与"7个类别；绩效是"为实现业绩目标和组织成功而开展的关联组织、团队和个人的努力，包括目标设定、技能展现、评估、反馈和持续改进"，认可是对员工努力、行为和绩效予以及时的承认和特别的关注，对认可的奖励既可以是现金形式的，也可以是非现金形式的；发展是"为了提高员工技能和胜任力的一系列学习体验"，职业机会是"提升员工职业目标的计划和机会"（美国薪酬协会，2012）[12]。

国内学者对总体报酬的结构划分基本上沿用了国外学者的二分法，不同之处在于根据自己的理解赋予了两类报酬不同的内容。也有学者进行了一些本土化的研究。例如，吴叔平（2001）[81]依照报酬是否能以货币形式表现，将总体报酬划分成经济性报酬与非经济性报酬。其中，经济报酬包括工资、佣金、奖金和股权等直接薪酬，以及保险计划、退休计划、社会保障、医疗、员工服务等间接薪酬；非经济报酬包括与工作本身有关的报酬（例如，有趣、挑战、责任感、褒奖、发展机会和成就感等），与工作环境有关的薪酬（例如，弹性工作时间、舒适的工作条件、社会地位、同事、合理的政策和称职的管理等）。湛新民等人（2002）[82]从报酬产生与影响机制的不同，将总体报酬分成内在报酬和外在报酬两大类。其中，外在报酬包括基本薪酬（基本工资、工龄工资、学历工资、职务工资、技能工资）、辅助薪酬（奖金、分红、津贴）和福利（社会保障、员工福利、企业福利），内在报酬包括精神满足与奖励（表扬、工作条件）和职业机会（晋升、培训机会、社会地位）。Tsui等人（2002）[83]把15项中国企业常用的报酬区分为发展性报酬和物质性报酬两类，贺伟等人（2010）[84]基于员工情感偏好将13项企业报酬按照激励形式分为生存类薪酬、保健类薪酬、合作类薪酬和自我实现类薪酬四类。在此基础上，龙立荣等人（2010）[11]又通过问卷调查的方式探索并验证了中国企业员工对经济性薪酬内隐分类的SPISA结构模型。该模型把企业付给员工的经济性薪酬划分为工资类收入、绩效奖励、社保类福利、企业自主福利、津贴与补助5个部分。

（4）总体报酬研究小结

综上所述，关于总体报酬的研究主要集中在总体报酬的构成、影响总体报酬的前因变量、总体报酬的影响后果3个方面。图1.1更清晰地呈现了总体报酬的现有研究脉络。

总的来说，现有关于报酬的研究至少存在以下2个方面的不足：一是以往的研究更倾向于从总体报酬构成中的某个方面，以某一具体的人力资源职能为切入点展开（李燕萍 等，2008）[41]，关于总体报酬体系中不同因素对员工绩效影响的程度比较及其作用机制的研究并不多见；二是有关中国情境下总体报酬的本土化研究还比较少，影响了总体报酬理论在中国企业管理实践中的应用与推广。中国的经济发展、文化环境、制度环境与美国等西方发达国家有着较大的差异，中国是一个发展中的大国，正处于计划经济向市场经济转变的过渡时期，中国的文化传统倾向于实现人与人、人与社会之间的整体和谐及整体利益，对员工个人需求和个性关注较少，与西方国家以实现个人利益有效增加为目标的价值观截然不同。而文化差异对人的认识、情感与激励有着重大的影响（Markus et al.，1991）[85]，文化因素限制着一些在西方国家发展起来的人力资源管理理论在非西方国家的适用性（Quinn et al.，2005）[86]。因此，随着中国市场经济的不断完善、企业的发展和员工需求的变化，迫切需要以中国情境为基础总结和探索适合中国企业的管理理论（赵曙明，2011）[87]。就非国有企业员工总体报酬而言，有必要深入调查研究其组合特点及其各报酬要素对员工工作绩效的作用机理和影响权重。

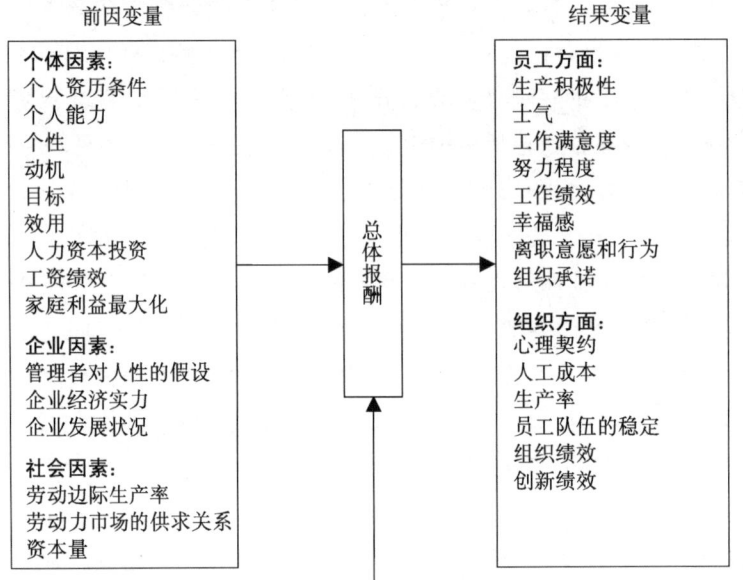

图1.1 员工总体报酬的构成、前因变量和影响后果

1.2.2 工作满意度及相关研究

工作满意度（Job Satisfaction）是人们在工作中切实感受到的对心理、生理及工作环境的满足程度（Hoppock et al., 1935）[88]；是个体对其工作进行评价时产生的愉快的积极的情绪体验的强度（Keller et al., 2013）[89]。近年来，国内外研究发现，工作满意度能较好地预测员工的幸福感和离职倾向（Sousa-Poza et al., 2000[90]；叶仁荪 等，2005[91]；范皑皑 等，2007[92]），因而作为整个生活状态的重要构成指标受到了更为广泛的重视和深入的研究。目前国内外研究的核心内容仍然聚焦于采用实证分析的方法探讨工作满意度的前因后果。

（1）工作满意度的前因变量

对工作满意度前因变量的探讨，不同学科的侧重点相异。经济学和管理学研究侧重于收入、制度、组织等因素对工作满意度的决定作用，心理学研究重视个体心理、心理资本对工作满意度的影响，社会学的研究则倾向于社会资本、社会网络对工作满意度的作用机制和影响程度。可见，工作满意度是一个丰富的概念，受到多重因素的影响。

赫茨伯格（1959）[17]把影响工作满意度的因素分为物理环境因素（工作场所的条件、环境和设施等）、社会因素（员工对工作单位的认同和归属程度以及对其管理方面的态度等）和个人心理因素（对本身工作意义的看法、态度以及上司的领导风格等）。Lawler（1971）[19]指出个人工作满足的程度由个人从工作中所得到的实际报酬与其期望报酬之间的差距来决定。Locke（1976）[93]的元分析表明，影响工作满意度的十大因素是："工作本身、自尊的满足、薪酬、福利、职业晋升、被认可、管理者、同事、组织外成员、个人价值观和性别等个体变量"。Brown 等人（1994）[94]将影响工作满意度的主要因素归为4类：工作结果、个人差异、角色感知和组织变量。其中，工作结果包括绩效、离职倾向和组织承诺等，个人差异包括人口统计变量和个人特质，角色感知包括角色模糊和角色冲突，组织变量包括工作设计、沟通、报酬和组织结构等。基于此，罗宾斯（2002）在其《组织行为学》一书中进一步指出，决定工作满意度的重要因素是：公平的报酬、人格与工作的合理匹配、支持性的工作环境、具有挑战性的工作、融洽的同事关系。黄桂（2005）[95]将西方学术界关于工作满意度的影响因素概括为4类，即组织内部的情境因素、制度性的因素、结果性因素和员工个人方面的因素。

中国学者关于企业员工工作满意度的影响因素也进行了较多的本土化研究。2004年以前对国有企业研究较多,2004年及以后,随着非国有企业的壮大,非国有企业成为学者们关注的热点,研究的内容和国外学者基本相同,只是研究的结论因研究对象和地域的不同而不一致。刘凤瑜(2004)[96]的研究表明,培训与发展、高层管理、所在部门、客户服务对非国有企业员工工作满意度影响较大,员工的性别、工作年限对其工作满意度也会产生影响,但直接主管、薪资与福利、工作目标与绩效对员工工作满意度几乎没有影响。黄桂(2005)[95]提出影响员工工作满意度的九大因素是:企业战略、组织结构、企业文化、业务流程、工作生活质量、岗位匹配度、薪酬福利、绩效考核和培训开发,而且同一组织中不同群体员工工作满意度存在差异。古继宝等人(2009)[97]认为,受尊重、被授权、奖励公平都显著正向影响员工的工作满意度。谢西庆等人(2012)[98]对影响国有企业和非国有企业员工工作满意度的因素进行了比较,发现影响两类员工工作满意度的因素明显不同,对非国有企业员工总体工作满意度影响较大的9个因素依次是:能力发挥、社会地位、直接上级、公司方针、创造性、高管言行、晋升机会、成就感、认可度。孙永正(2006)[99]认为农民工的收入与工作满意度正相关,教育水平与工作满意度不相关。刘爱玉等人(2011)[100]的研究结果显示,农民工的工作满意度高于城镇工人,影响农民工工作满意度的主要因素是就业特性中的企业所有制、是否工会会员、行业和年龄。黄莼(2011)[101]以福建船舶制造业农民工为研究对象,发现管理者行为、工作回报、培训与发展对农民工工作满意度影响较大,城市融合心理认知度、工作类型、工作技能类型对工作满意度有正向显著影响。景勤娟等人(2014)[102]以河北、陕西、山西三省农民工为样本,实证研究结果表明,工资收入、工作环境危害性、工作稳定性、工资拖欠、接受公司培训等显著影响新生代农民工的工作满意度,每天工作时数、加班、签订劳动合同和参加社会保险对新生代农民工的工作满意度影响不显著。以上研究多是通过问卷调查进行实证研究,所用的问卷是在访谈的基础上对国外工作满意度测量量表进行适度修正而成。

进一步地,学者们比较了各种因素对工作满意度的影响程度。成长与发展是影响工作满意的主要因素,环境因素是引起工作不满意的主要因素(Herzberg,1966)[54],各种因素对工作满意度的影响程度取决于人们有先后次序的心理过程。例如,影响英国职员满意度首要衡量指标是工资收入,但薪酬水平对工作满意度的影响具有边际递减效应(Drakopoulos et al.,1997)[103]。张士菊等人(2007)[104]的实证研究表明,各类因素对中国员工工作满意度的影响程度也存在显著差异。其中,影响最大的因素是薪酬福利,其次为工作本身、晋升、同事工作满意度和上级管理工作满意度。才国伟等人(2013)[105]的研究也得出了相似的结论,工资收入是对工作满意度最有影响的因素,之后依次是工作时间、工作安全、工作环境和晋升机会;为员工购买保险比涨工资更能提高其工作满意度,国有企业员工工作满意度高于其他企业员工,流动人口和健康员工的工作满意度较高,但农民工的工作满意度并不显著高于非农户籍的员工。可见,学者们的研究结论并不完全一致。

近年来,学术界更倾向于研究单一因素对工作满意度的影响机制。在个体层面,成败归因、工作自主权对普通员工的工作满意度有显著影响(才国伟 等,2013)[105];核心自我评价对工作满意度有显著的影响(Judge et al.,2008)[106];心理资本与工作满意度显著正相关(柯江林 等,2014)[107]。而超越个体层面,在更高层次上的社会整合更利于提高劳动者的主观工作满意度(林善浪 等,2012)[108]。例如,在中国情境下,新生代员工的工作价值观通过自我效能和心理意义的中介作用影响工作满意度,组织公平对这种中介机制具有正向调节作用(胡翔 等,2014)[109];人际间的公正和信息上的公正都与工作满意度正相关(Loi,2009)[110];互惠对"工作要求—工作满意度曲线"关系具有调节作用(李双燕 等,2008)[111];非国有企业的组织公正与员工工作满意度强相关(陈利军 等,2009)[112];薪酬的公平性对工作满意度有显著影响(王炳成,2011)[113];组织支持感对工作满意度有正向影响(Masterson et al.,2000[114];Piercy et al.,2006[115];Harris et al.,2007[116];Muse et al.,2007)[117],主管支持与工作满意度正相关较强(张宁俊 等,2011)[118];授权能够提高一线员工的工作满意度(张秋惠 等,2012)[119];企业履行社会责任与员工工作满意度正相关,组织情感承诺起到中介变量的作用(张振刚 等,2012)[121];要求—能力匹配显著正向影响工作满意度(王红芳 等,2015[121];杨倩 等,2015)[122];社会因素中网络质量和网络规模对新生代农民工的工作满意度有显著影响(张昱 等,2011)[123]。

(2)工作满意度的影响结果

目前，国内外学术界普遍认为工作满意能较好地预测员工幸福感、缺勤率和离职倾向（奚玉芹 等，2014）[124]，但关于工作满意度对敬业度和工作绩效的影响，却颇有争议。

工作满意度对敬业度的影响，有两种观点。一是认为员工的工作满意度对其敬业度有显著影响（Harter et al.，2002[21]；汪伟 等，2011[125]）；二是工作满意度和敬业度的关系并不明确，受到其他因素的影响，一个企业中可能呈现四种组合，表现为高工作满意度和高敬业度、高工作满意度和低敬业度、低工作满意度和高敬业度、低工作满意度和低敬业度（马明 等，2005[25]；芦慧 等，2012[126]）。

工作满意度对工作绩效的影响，始终是组织行为学领域关注的热点，上万种的研究可以归纳为以下两种观点：①二者间存在因果关系；②二者间不存在因果关系。第一种观点又可以分为三类（夏凌翔 等，2002）。一是基于社会心理学的态度导致行为的视角，认为工作满意度导致工作绩效。例如，将工作满意度当作一种心理状态，从环境或个性出发，引致士气，从而影响工作积极性和劳动生产率（梅奥，1933①；Hoppock，1935[88]），持有这类观点的研究者和管理者坚信，"工作满意"与"工作绩效"之间存在直接的关系（Benson et al.，2011[127]），满意的员工比不满意的员工生产率高，工作满意度高的组织比工作满意度低的组织更有效（沈峥嵘 等，2004[128]；韩翼，2008[22]）；二是基于社会心理学的行为导致态度的视角，认为工作绩效引起了工作满意，好的工作绩效使个体有成就感，并能得到相应的奖酬回报，因而工作满意度高（Porter et al.，1967[129]；Deci et al.，1985[130]；方来坛 等，2011[131]）；三是工作满意度与工作绩效间交互影响，互为因果（Sheridan et al.，1975）[132]。但近年来的一些研究质疑了以上观点。例如，至少有两项元分析和一些实证研究结果表明，工作满意与工作绩效之间整体上的相关性并不高，并不存在因果关系（Iaffadano et al.，1985[133]；Brown et al.，1993[94]；慧调艳 等；2006[134]）。彼得·德鲁克在《管理的实践》[135]一书中指出："员工需要什么样的动机才能有最佳绩效？今天美国工业界的答案往往是：'员工满意度'，但这个概念可以说毫无意义。就算它有某种意义，'员工工作满意度'仍然不足以激励员工"。也许其中的原因用契约经济学所研究的不完全合约现象来解释较为恰当：人是理性的经济人，力图以最少的投

---

① 转引自郑国铎：《企业激励论》，经济管理出版社 2002 年版，第 31 页。

入取得最多的报酬（俞文钊，2006）；努力是由个人的参与意愿控制的行为，员工是否努力工作受到自身利益的激励（Ing-Chung Huang et al.，2004）[136]。由此可以推论，员工根据外部情况控制自己的努力程度。因此，有学者提出在工作满意度与工作绩效之间存在一些未知的中介变量或调节变量在起作用（罗宾斯，2002），但这方面的研究还非常有限。

（3）工作满意度研究小结

国内外学者对工作满意度的内涵、前因变量和作用结果进行了广泛的研究。目前，学术界对工作满意度内涵的理解基本上达成了共识，认为工作满意度是个人对工作的一种总体态度；这种态度既可以是消极的，也可以是积极的，受到组织的情境因素、组织内部的制度性因素和结果性因素，以及员工个体因素的影响。总体报酬中的各项要素都会影响工作满意度；而工作满意度对员工的幸福感、离职倾向和生产率将会产生影响。但在总体报酬框架下，报酬中的每项因素对工作满意度的影响程度还不清楚，收入对工作满意度微观作用机制还有待进一度探究。此外，工作满意度与工作绩效的关系还不确定，由工作满意度这一态度到工作绩效这一结果之间的作用机制尚需进一步探讨，两者之间是否存在某一中介变量或者调节变量影响着二者的关系等都有待于深入研究。

1.2.3 敬业度及相关研究

敬业度理论是21世纪初兴起的十分重要的人力资源管理理论。20世纪80年代以前，主流的管理思想是对员工进行严格控制，学术界研究较多的是如何解决员工的抱怨并提高其工作满意度，使员工"喜欢"企业，从而预防各种反生产行为。20世纪80年代以后，全球经济环境和管理情境发生了变化，企业面临着来自于经济多元全球化、后经济危机时代和新经济等各个方面的挑战。随着工作内容和工作方式的变化，企业和员工的关系也发生了根本的变化。在这种情形下，企业通过结果控制和过程控制的方式已很难发挥员工的潜力，实现员工的高绩效，学术界开始从企业与员工结盟的角度探讨如何使员工参与、投入与自主敬业，愿意并且实际为企业作出应有的贡献，积极心理学随之兴起，人力资源管理进入了投入控制阶段。积极心理学的代表人物之一Kahn（1990）[137]最早对敬业度展开了研究，之后近十年的时间内，敬业度的研究陷入停滞的状态，直到Maslach等人（1997）[138]结合敬业度对员工倦怠问题进行研究，并指出敬业度对降低工作倦怠有积极的意义，敬业度的研究才又引起学者们的兴趣，同时也得到了美国《劳动力杂志》《哈佛商业评论》等刊物以及盖普洛、韬睿、翰威特等管理咨询公司的持续关注。因此，赵曙明（2011）[87]把对员工敬业度的研究划分为3个阶段：第一阶段以 Kahn（1990）[137]的研究为基础，借鉴行为科学理论，提出员工敬业度问题；第二阶段以 Maslach 等人（1997[138]、1998[139]、2001[140]）有关敬业度与工作倦怠关系的系列研究为基础，学者们对敬业度问题有了更多的关注；第三阶段以 Macey 等人（2008）[141]的研究为基础，从多个角度对敬业度问题展开深入的探讨。总之，关于敬业度的研究主要集中在敬业度的概念和结构、影响敬业度的前因变量和敬业度的影响效应方面。

(1) 敬业度的概念和维度

敬业度作为独立的构念，由 Kahn（1990）[137]首先提出并进行研究。Kahn 认为，敬业是员工个体在工作角色中"自我倾向"的应用和表现，体现为员工对工作角色投入的体力、认知和情感，这些投入促进员工积极参与工作、与他人合作并充分发挥作用。Kahn 的论述虽然没有明确敬业度的概念，但强调敬业是自我与工作角色的结合，分为情感投入（emotional）、认知投入（cognitive）和生理投入（physical）3个维度。自此以后，关于敬业度的定义达到20余种，主要集中在4个层面：一是把敬业度当作一种特质。例如，积极的情感（Brief et al.，2002[142]；Langelaan et al.，2006[143]）、责任感（谢文辉，2006）[144]或成就的愿望（Nakamura et al.，2003）[145]；二是把敬业度当作一种态度（Britte et al.，2001[146]；Schaufeli et al.，2002[147]；Shirom，2003[148]）；三是将敬业度当作行为（May et al.，2004）[149]；四是把敬业度当作态度与行为的综合（Robinson et al.，2004[150]；Saks，2006[151]）。在商业咨询领域，比较著名的咨询公司有盖洛普咨询公司、韬睿咨询公司和翰威特咨询公司，它们对敬业度的理解也存在差异[152]。正因为对敬业度理解的不同，敬业度模型呈现为多样化，比较有代表性的员工敬业度结构模型如表 1.1 所示。

需要说明的是，Schaufeli 等人在后续的研究中发现，在"活力、奉献和专注"三维度模型中再添加 Maslach 提出的"效能"维度，由此构成的敬业度四因子模型拟合度最优（Schaufeli et al.，2004）[153]，但该四因子模型并未得到其他学者的进一步验证。

中国学者自 2003 年起开始关注和研究员工的敬业度，研究时通常采用

Schaufeli 的三维度结构来测量员工的敬业度,研究的重点聚焦在敬业度的影响因素与作用后果两个方面,而对中国情境下员工敬业度的结构研究甚少。曾辉等人(2009)[154]运用扎根理论构建了中国企业员工敬业度的六维度结构模型,即任务聚焦、活力、主动参与、价值内化、效能和积极坚持,但这一模型并未得到广泛的应用。

表 1.1　　　　　　有代表性的员工敬业度结构模型

维度	研究者	敬业度结构维度
二维度	韬睿咨询公司（2003）	理性敬业和感性敬业两个维度。理性敬业一般涉及个人和公司的关系。例如,员工对自身角色、部门角色的理解程度,当工作能够给员工带来金钱、职业技能或者个人发展等方面的利益时,员工就获得理性敬业感。感性敬业依赖员工的满意度以及员工从工作中获得的或作为组织的一分子而获得肯定的感觉,其中一个关键的因素就是个人成就感
	Langelaan et al.（2006）	激活、快乐
	Saks（2006）	组织敬业度、工作敬业度
三维度	Kahn（1990）	体力（physical）、认知（cognitive）和情绪（emotional）
	Maslach et al.（1997、2001）	精力（energy）、卷入（involvement）和效能（efficacy）
	Britte et al.（2001）	责任感（perceived responsibility）、承诺（commiment）和绩效影响知觉（perceived influence of job performance）
	Schaufeli et al.（2002）	活力（vigor）、奉献（dedication）和专注（absorption）
	Shirom（2003）	体力、情感能量和认知活力
	Robinson（2004）	承诺、组织公民行为和动机
三维度	Macey et al.（2008）	特质、状态和行为
	翰威特咨询公司（2001）	3S（say, stay, strive）,即员工对组织所表现出的乐于宣传、乐意留下和乐于付出
四维度	Gallup（盖洛普咨询公司）	自信、忠诚、自豪与激情

续表

维度	研究者	敬业度结构维度
六维度	曾晖等人（2009）	任务聚焦，将个人精力指向工作中的任务与问题，尽其所能完成任务； 活力，个体对工作和环境中重要因素的积极的情感反应； 主动参与，在工作中自我介入和能动的行为； 价值内化，认同组织价值和目标、理解个人职责与组织目标的联系并内化为行动来维护和提升组织的利益； 效能感，个体对自己的胜任能力有良好的主观评价； 积极坚持，在工作任务中伴随希望、乐观等积极情绪的意志力表现

资料来源：作者根据文献资料整理。

(2) 敬业度的影响因素

已有研究成果表明，来自于个人、工作、团队和组织等 3 个方面的因素共同作用于员工的感知，决定了员工的敬业度。

①个人因素。影响敬业度的个人因素主要包括 3 个方面：一是人格特质（Kim et al., 2009）[155]；二是人口统计学变量，例如，性别、种族、年龄、学历、工作年限、婚姻等（Rothbard, 2001[156]；Robbinson et al., 2004[150]；Schaufeli et al., 2006[157]；曾辉等, 2009[154]；周文斌等, 2013[158]）；三是个体心理状态，包括工作的意义、安全性、可获得性、薪酬满意度和工作满意度（Kahn, 1990[137]；May et al., 2004[149]；周文斌等, 2013[158]）。但关于报酬感知对员工敬业度影响的结论并不一致。Saks（2006）[151]、陈方英（2007）[159]认为薪酬感知对员工敬业度影响不显著，孙卫敏等人（2012）[160]的研究发现，包括薪酬、培训、晋升等在内的报酬对敬业度影响显著，而 Kiisa 等人（2012）对芬兰和意大利的两家养老机构研究则表明，总体报酬中的非经济报酬（尤其是绩效与认可）和敬业度的奉献、活力、专注 3 个维度显著相关，员工的物质福利报酬和工作稳定性与敬业度中的奉献精神相关，总体报酬中的物质报酬对敬业度的影响在芬兰和意大利的样本中有所不同，反映了经济性报酬对敬业度的影响带有明显的区域性。

②工作因素。现有研究表明，任务特点、职责特点、工作互动性大小（Saks，2006)[151]；Kim et al.，2009)[155]），工作环境、工作可控性（Broeck et al.，2008)[162]，工作安全感（Harter et al.，2002)[163]，工作丰富性（杨红明 等，2012)[164]，工作负荷（Rothmann et al.，2007)[165]等工作因素与员工敬业度相关。Christian 等人（2007)[166]对敬业度的一项元分析表明，工作的技术含量影响员工的敬业度，一般来说，工作中的体力付出与敬业度的活力与奉献显著负相关，而脑力付出与活力、奉献显著正相关。芦慧等人（2012)[126]对中国企业的研究发现，技术研发人员因为对工作本身有着浓厚的兴趣和热情，在工作中表现出高的敬业度，支持了 Christian 等人的观点。这一结论表明脑力劳动满足了个体的胜任需要，有助于个体对工作产生意义感，促发其内在动机的形成。

③团队和组织因素。Kahn（1990)[137]首先提出，群体内部和群体之间的互动、管理风格和流程、组织规范等组织因素对员工敬业度产生影响。之后学者们进行了更深入的研究，提出直接主管支持、高层管理团队、同事协作、奖励制度（卢纪华 等，2013)[167]，控制幅度、地位信任和授权、工作反馈性、工作回报性（Broeck et al.，2008)[162]，工作角色适配性（May et al.，2004)[149]，公平感、人际消耗和冲突（张轶文 等，2005)[168]，职业发展（黄志坚，2013)[169]、组织支持、服务氛围、人员督导和现代化设备等工作资源（Rothmann et al.，2007)[165]、技能培训（Schaufeli et al.，2004)[170]都会影响到员工敬业度。Saks（2006)[151]的研究进一步发现，程序公平与组织敬业度显著正相关，程序公平和结果公平对工作敬业度的作用不显著。而对中国企业员工而言，工作因素对敬业度的影响要大于组织因素（杨红明 等，2012)[164]。在商业咨询实践中，咨询公司更关注评价员工的敬业度、探寻敬业度与工作绩效的关系及其驱动因素。韬睿咨询公司通过"全球员工意见调查"发现，对员工敬业度影响力大小排序为：高层对员工福利的关心、员工提高专业技能和能力的机会、公司在社会责任方面的声誉、员工参与部门决策的机会、公司迅速消除顾客担忧的能力、员工个人愿意追求高标准、职业晋升的机会、员工个人对挑战工作难度的兴趣、员工与上级主管的关系、公司鼓励创新的机制（茱莉·盖博尔 等，2014)[37]。

（3）敬业度的影响结果

尽管学者们对敬业度的定义、构成和影响因素尚未达成共识，但现有的研究成果普遍认为员工敬业度积极影响个人的产出与组织的效益，包括员工继续投入工作的意愿、组织承诺和组织公民行为，降低离职率、缺勤率和事故发生率（赵

欣艳 等，2010)[171]，及提高组织的生产率和利润率（Hallberg et al.，2007)[172]，形成更高的工作满意度和忠诚度（曾辉 等，2009)[154]，有更强的学习动机和积极行为、提高自我效能感（Wilmar et al.，2006)[173]，学术性绩效（Schaufeli et al.，2004)[153]、工作绩效、任务绩效和关系绩效（方来坛 等，2011[131]；黄志坚，2013[169]），导致更高的顾客工作满意度和组织收入等（温碧燕，2011)[174]。然而，也有学者提出不同观点。例如，Mills（2005)[175]的研究发现，不能确定员工敬业度与组织绩效之间的关系，原因可能是只研究了一个职位且忽视了文化因素的影响及其对工作绩效指标的选择等。

（4）敬业度研究述评

综上所述，关于敬业度的研究主要集中在敬业度的定义、维度、测量和作用机制方面，旨在探索不同文化情境中敬业度的内涵，并通过实证研究探讨如何开发和提高员工的敬业度。总体来说，敬业度问题的研究仍然处于理论探索阶段，还有以下问题需要进一步探究：

①人们对敬业度的定义和内容仍然缺乏共识（刘小平 等，2009[176]；杨红明 等，2009[177]），虽然都承认敬业度是一个多维度构念，但均未明确区分敬业度到底是工作行为还是工作态度，只是从自身研究的角度对员工敬业度作出感性的判断（赵曙明，2011)[87]，提出不同的结构模型，再采用自主设计的问卷，由员工主观报告其认知情况的方法收集数据进行实证研究，因而得出的结论不可避免地存在社会赞许性误差（高建丽 等，2014)[178]和外部效度问题（方来坛 等，2010)[179]，而且差异显著，致使理论研究和实际应用处于混乱的状态，在一定程度上影响了敬业度研究的推进（赵曙明，2011)[87]。因而，对企业员工敬业度的研究在经历了"关注"到"借鉴"的过程之后，未来发展则需要基于组织情境开展必要的"反思"和"创新"。

②尽管学者们对个人因素与敬业度的关系进行了广泛深入的研究，但所得出的研究结论并不一致，甚至相反。分析其原因，可能是所采用的研究方法、测量工具（杨红明 等，2009)[177]、所选取的样本数量，样本群体和国别文化差异造成的。例如，Kim等人（2009)[155]的研究表明，只有当样本扩大到500人以上时，性别、年龄、婚姻、学历等人口统计学变量才显示出与敬业度的显著相关。由此提示后来的研究者，供研究所用的样本数量应该尽可能达到500人以上，才可能得出较为客观的结论。

③由于敬业度提出与发展的背景同知识经济及工作倦怠联系较为紧密，因而现有的研究多以知识型员工或助人行业的从业者为研究对象，对企业一线员工的关注还比较少，而这部分员工的敬业关系到整个社会的生产效率，应该引起足够的重视。

④学者们从不同的角度对影响员工敬业度的因素进行了研究，比较一致的结论是影响员工敬业度的因素有很多，非物质报酬对员工敬业度影响较大。但在总体报酬整体框架下，探讨各类报酬要素对敬业度影响机制和作用程度的研究鲜见。虽然学者们都已经普遍认为敬业度对工作绩效有较好的预测作用，但在总体报酬各要素与工作绩效间、在工作满意度和工作绩效间，敬业度是否具有传导机制的中介效应，则仍需要深入探讨。

1.2.4 工作绩效及相关研究

工作绩效，始终是组织行为学领域的研究热点，已有研究主要集中在以下两个方面：一是概念和结构；二是影响因素和评价。

（1）工作绩效的概念和结构

时至今日，人们对绩效这一概念的认识仍然存在分歧，目前对绩效的界定主要有3种观点：①绩效的结果理论观，认为绩效是个体或组织产生的可以判别和测量的结果（杨杰 等，2000）[180]；②绩效的行为理论观，认为工作绩效是组织中个体所做的、与组织目标密切相关的能够被观测和评估的一组行为（Muphy，1989[181]；Campbell，1990[182]；孙健敏 等，2002[183]）；③绩效的结果行为综合观，认为工作绩效是"结果"与"行为"的统一体，包括个体为完成组织目标所付出的努力和组织所期望的结果（Pulakos et al.，2000[184]；付亚林 等，2003[185]）。

早期的相关研究仅把工作任务作为绩效及其考核的内容，因而认为工作绩效的结构是单一维度的（Bretz et al.，1992）[186]。20世纪90年代起，伴随着环境的变化以及对绩效研究的深入，人们对绩效的看法突破了仅限定于岗位说明书的认识，向多维视角拓展（Borman et al.，1997）[187]。但由于研究目的相异，学者们提出的绩效结构维度有几十种之多。表1.2整理出比较有代表性的工作绩效结构模型。

表 1.2　　　　　　　　　　　有代表性的工作绩效结构模型

研究者	绩效结构维度
Cambell（1990、1993）	八因素绩效结构模型：特定工作任务熟练程度、努力程度、沟通能力、促进团队和同事的绩效、保持个人自律、组织和管理、监督、非特定任务工作熟练程度
Viswesvaran（1996）	十维度结构模型：生产率、努力、工作知识、人际竞争、管理竞争、质量、沟通竞争、领导、服从权威、总体绩效
Borman 和 Motowidlo（1993、1994、2001）Organ（1997）	二因素结构模型：任务绩效和关系绩效。任务绩效指所规定的行为或与特定的工作熟练有关的行为，是传统绩效评估的主要部分，包括组织的生产质量、利润、生产率等用来衡量任务完成情况和目标达成程度的指标。关系绩效指自发的行为或与非特定的工作数量有关的行为，主要包括人际关系促进和工作奉献两个维度。人际关系促进是指有助于组织目标实现的人际行为，包括人际支持和组织支持。例如，主动帮助同事解决工作难题、鼓励合作并关心同事、建立和改善关系等活动。工作奉献指支持组织目标的自律行为。例如，积极主动地工作、自觉遵守组织制度等
Van – Scotter 和 Motowidlo（1996）	三维结构：任务绩效、人际促进和工作奉献
Henderson et al.（2008）	二维结构：任务绩效和组织公民行为。组织公民行为是指自觉自愿的、能增强组织效率和效能的个体行为
Pulaako（2000）	三维结构：任务绩效、关系绩效、适应性绩效。适应性绩效指员工应对环境变化的绩效维度，包括处理紧急情况，处置工作压力，创造性解决问题，处理不确定和不可预测的工作状况，学习新工作任务、技术和规程，展示人际适应能力，展示文化适应能力，表现出身体适应性
London 和 Mone（2004）	三维结构：任务绩效、关系绩效和学习绩效。学习绩效包括参与学习的意愿、学习的效率、获得新的技能、表现出绩效的提高
杨杰等人（2000）	三维结构：时间、方式和结果。提出了组织雇员绩效评价的 3 类指标，即特质评价指标、行为评价指标和结果评价指标
孙健敏等人（2002）	三维结构：工作绩效包括任务绩效、人际绩效和个体特质绩效，开拓了国内有关行为实证研究的先例
温志毅（2005）	四维结构：管理人员工作绩效结构由任务绩效、人际绩效、适应绩效和努力绩效 4 个因素构成

续表

研究者	绩效结构维度
韩翼等人（2007）	四维结构：任务绩效，员工按照工作说明书中规定的任务和职责，通过技术核心为组织目标作出贡献的结果和行为；关系绩效，通过对工作所处的社会、组织以及心理背景的支持，间接为组织目标作出贡献的行为和过程；学习绩效，个体从过去的经验或向他人学习以及在组织内传递知识的过程中，获取有益的信息，通过对自我认知的改变，提高学习技能和其他相关能力为组织目标作出贡献的行为过程；创新绩效，员工在知识不断共享和转移的过程中，为了获得本身的竞争优势，从而保持自己的核心竞争力，并获取持续成长的动力，不断转移知识重心的行为过程
陈亮等人（2008）	五维结构：中层管理者工作绩效由5个维度构成，即人际沟通绩效、行事风格绩效、领导作为绩效、任务执行绩效和敬业尽责绩效

资料来源：作者根据文献资料整理。

在绩效结构不断拓展的过程中，Campbell（1990）[182]首先提出个体知识在绩效中发挥着重要的作用，存在着学习绩效，并把工作绩效分为8个维度，即：工作的熟练程度、努力程度、沟通能力、促进团队和同事的绩效、个人自律、组织和管理、监督以及非特定任务工作的熟练程度。他的观点对于绩效的定义，绩效的实质及其结构的研究有着巨大的意义。Bormann等人（1993）[188]则在Campbell工作绩效结构的基础上，将工作绩效划分为任务绩效（Task Performance）和周边绩效（Contextual Performance），并指出任务绩效随着岗位和职务的变化而变化，而周边绩效的内容在不同的岗位和职务间是稳定和类似的，周边绩效可以促进任务绩效，从而提高组织的有效性。Van-Scotter等人（1996）[189]进一步将周边绩效提炼为人际促进和工作奉献，并指出任务绩效应该包括任务的熟练性和有效完成任务的动机，周边绩效应该包括人际技能、维持良好工作关系和帮助他人完成任务的动机。随着工作环境的变化和技术革新步伐的加快，组织中的员工还需要经常保持从事新工作的能力，因此组织应该在评估个人绝对绩效的同时把注意力放在应对工作的变化上。基于这样的认识，Pulakos等人（2000）[184]提出应该在Campbell（1990）以及Borman等人（1993）[190]的扩展模型中增加一个有关个体适应新的环境和工作要求的成分，即适应性绩效（Adaptive Performance）。

然而，适应性绩效依然只是对个体当前绩效的评价，与任务绩效和关系绩效有着重合之处。鉴于此，为了对未来绩效或者潜在能力的评估加以阐释，London

等人（2004）[191]提出了学习绩效模型，Janssen等人（2004）[192]则证实了学习目标定向对于创新的影响，提出了创新绩效的概念，并从创新愿望、创新行动、创新成果和创新成果应用4个方面开发了创新绩效问卷。温志毅（2005）[193]根据扩展后的工作绩效框架（即将工作绩效划分为任务绩效、周边绩效和适应绩效），以中国企业管理人员为研究对象，对工作绩效的结构进行了较为系统的实证研究，发现在中国情境下，中国企业中层管理者的工作绩效包括4个独立成分，即任务绩效、人际绩效、适应绩效和努力绩效。韩翼（2007）[194]在这些创造性思想的基础上构建了基于中国情境的工作绩效四维度模型。

（2）工作绩效的影响因素

关于工作绩效的前因变量，国内外学者采用不同的方法所进行的多项研究表明，个体工作绩效受到个体因素、任务因素和环境因素及三者共同作用的影响。

①个体因素。在先天因素方面，员工人格特质、成就动机、风险偏好、认知方式与其绩效密切相关。例如，员工的外向性、责任感和风险偏好（Miller et al.，1999）[195]、成就需求（Mitchell et al.，2003）[196]、成就动机（Sonnentag et al.，2002）[197]等。在后天习得方面，员工拥有的知识、积累的经验、养成的能力等对员工绩效有显著影响。例如，经验、相关知识积累（蔡永红 等，2003）[198]、认知能力、心理运动能力、知觉速度、情绪智力、工作胜任力等个人能力（Motowidlo et al.，2003）[199]、心理资本（Luthans et al.，2004[200]；Avey，2011[201]；仲理峰，2007[202]；李磊 等，2012[203]）等。鉴于此，中国学者研究了培训对员工绩效的影响，结果表明，企业对员工的培训有益于提升员工工作积极性乃至工作绩效（黄志坚，2013）[169]。

②任务因素。有效的薪酬激励可以显著提高员工的敬业度，降低员工的缺勤率和离职率，进而提升员工的工作绩效（Werner et al.，2004[205]；Dulebohn et al.，2007[204]），激励性更高的制度有助于提升工作绩效。例如，相对于固定工资制，计件工资制具有更高的激励效用，能够提高员工的努力程度，员工业绩的下降幅度会因为在绩效工资方面受到的不公平待遇而更加明显（Greenberg，2003）[206]；公司高层管理人员的薪酬与公司绩效相关（树友林，2012）[207]，特别是高层管理人员感知的薪酬外部公平性与公司绩效显著相关（吴联生 等，2010）[208]。关于报酬中各个因素对员工绩效的作用程度，学者们的意见并不一致。有些学者发现，工资对员工绩效的影响最大，福利次之（O'Neal，

1998)[79]，外在报酬对人的创造力起促进作用（Amabile et al.，1986）[209]。例如，对中国上市公司高管而言，货币薪酬激励使其愿意承担更高风险，进而提升公司的绩效（张瑞君 等，2013）[210]，并且在年薪一定的情况下，持股比例与在职消费间存在替代关系，持股比例的增加能够抑制在职消费，提高公司绩效（冯根福 等，2012）[211]；有些学者则指出，货币性薪酬对员工的工作绩效影响不大甚至没有影响（Medcof et al.，2007[212]；黄志坚，2013[169]）；曾湘泉等人（2008）[213]的研究进一步显示，外在报酬与创新行为存在倒 U 形的关系，内在激励对员工的创新行为有积极的促进作用，两者对促进员工的创新行为有互补的交互效应。由此可见，报酬中各要素影响员工工作绩效的程度因国家不同而有差异（Kochanski et al.，2003）[214]，因而针对不同国家和不同群体的研究，所得出的结论不一致，反映了社会环境、生活水平以及工作特征等因素影响着报酬方式对绩效的作用。此外，还有研究发现，任务的复杂性和压力与员工的绩效存在一定的相关关系，任务的吸引力会对薪酬方案作用绩效的程度产生影响（陈葵 等，2007）[215]。

③环境及其与个人的互动影响。20 世纪 80 年代，随着企业文化理论的兴起，威廉·G. 大内在人本管理的基础上提出了 Z 理论（1980），强调组织支持、组织气氛、员工关系对员工生产率的影响作用。这一理论在实证检验中得到了支持，影响员工绩效的环境因素具体包括：组织承诺、组织或主管支持、变革型领导、组织氛围、工作环境和工作条件、授权、薪酬公平感、公司制度以及公司文化等（Riggle et al.，2009[216]；吴敏 等，2009[217]；仲理峰 等，2013[218]；王震 等，2014[219]）。但也有学者研究发现，感知的组织支持并不显著影响员工的行为绩效，薪酬制度的公平感与研发人员的任务绩效关系不显著（Setton et al.，1996）[220]。此外，也有学者对个人与环境的互动因素与工作绩效的关系进行了研究。例如，储成祥等人（2014）[221]的研究表明，个人与组织价值观匹配、需求能力匹配均与工作绩效显著正相关，但需求供给匹配与工作绩效关系不显著，自我效能在个人组织匹配与工作绩效间具有完全中介作用；曲庆等人（2013）[222]的研究发现，对活力和市场价值观，个人—组织契合度与员工工作绩效基本成正相关，而对规范价值观，个人—组织契合度对员工的任务绩效影响不显著。

综上所述，随着工作和组织环境的变化，工作绩效的概念和内涵得到了持续的扩展。绩效管理的重心由对员工的监控和激励，走向了对员工能力的培养、知识的积累和团队关系技巧的促进。鉴于此，本研究倾向于绩效的行为结果综合观，认为工作绩效应该涵盖员工的工作能力、态度和行为方式，韩翼提出的工作绩效四维模型较好地与当前社会环境相契合，更符合中国经济发展的需要。因而，本书借鉴韩翼的工作绩效模型，采用其开发的问卷进行调查和实证研究。尽管国内外关于影响工作绩效因素的研究涉及总体报酬的各个方面，针对某一类报酬对绩效的影响有了比较成熟的结论，但目前关于总体报酬和工作绩效之间的作用机制研究在西方国家方兴未艾，在中国却鲜有学者涉足。因此，借鉴已有研究成果，在中国非国有企业情境中开展总体报酬与工作绩效的内在作用机制研究，显得尤为必要。

1.2.5 工作特征及其模型

工作特征是指工作本身具有的价值。关于工作特征的研究主要集中在工作特征的结构及其对员工心态与产出的影响。Hackman 和 Oldham 提出的工作特征模型（JCM）是目前对工作本质研究最具影响力的模型。根据 JCM，任何工作都包括技能多样性、任务整体性、任务重要性、员工自主性和工作反馈 5 个核心工作维度，它们能使个体体验到有关工作的三种关键心理状态，即：工作的意义、工作的责任和有效的反馈。这三种心理状态进一步影响个体及其工作结果（Hackman et al.，1976）[223]。恰当的工作设计能够增强员工的内在工作动机（Tyagi，1985）[224]，进而提高其工作绩效、工作满意度和敬业度，降低员工的缺勤率和流失率，形成员工以自我奖励为基础的积极循环（Stone et al.，2009）[225]，这一结论得到了众多实证研究的支持（王富祥，2006；王忠 等，2014）[226]。同时，Algera 等人（1983）[227]也通过文献研究表明，员工感知到的工作特征对个体产出具有积极的预测作用。

Janssen 等人（1999）[228]认为 JCM 中的工作特征仅属于工作内容的范畴，广义的工作特征还应该包括工作条件、社会和劳动关系以及雇佣条件等多方面的因素。Jelstad 根据 Janssen 等人（1999）和 Houkes 等人（2001）的研究，把工作特征划分为内在、外在和社会性 3 个方面（杨红明，2010）[229]。其中，内在工作特征指与工作内容和工作活动直接相关的特征，核心是自主、发展知识和技能，自主又包括了 3 个方面的内容（Morgeson et al.，2003）[230]，即时间的控制、工作方法的自我决定和对产品的责任；发展知识和技能来源于赫茨伯格的双因素理论，指工作中提供的获得新知识、掌握新技术的机会。外在工作特征包括薪酬和工作安全，在工作特征模型中被作为调节变量；社会性工作特征聚焦于工作的社会环境，对于工作设计具有重要的意义，包括他人反馈、同事关系等。

学者们通过实证研究发现，工作特征对组织公民行为、主观幸福感、积极情感体验以及敬业度等组织行为学和心理学变量能够产生积极的预测作用。杨红明等人（2012）[164]的研究表明，核心工作维度对知识型员工的敬业度具有显著的促进作用；Piccolo等人（2006）[231]验证了感知到的核心工作维度在变革型领导和员工的组织公民行为间起到中介作用；Chiu等人（2005）[232]的研究表明，技能多样性、任务重要性都与组织公民行为显著正相关，内在工作满足充当了它们之间的中介变量，而任务完整性、工作自主性、工作反馈和工作独立性对组织公民行为没有显著影响；Saavedra等人（2000）[233]的研究表明，工作重要性和工作自主性与快乐情感正相关，任务完整性和工作反馈与消极情感负相关，工作特征对情感体验的作用受到员工个体成长需求强度的调节。

那么，个人与工作特征的匹配是否对总体报酬感知与工作满意度、敬业度之间的关系具有调节作用呢？现有文献还很少进行这方面的研究，给予了本书探究的空间。

1.3 研究的理论意义和实践应用价值

无论是总体报酬、还是工作满意度，抑或是工作绩效，再到近二十年才兴起的敬业度，都有着较为丰富的研究成果，这些成果为相关研究奠定了坚实的理论基础，但还存在以下不足。

第一，虽然美国薪酬协会定义总体报酬为"一切员工认为有价值的东西"，并在此基础上提出了总体报酬模型，但由于经济发展水平不同，社会文化差异，适合当前中国非国有企业员工的总体报酬构成要素还需要深入调查研究。

第二，研究者们一直关注薪酬与薪酬满意度之间的关系，相比之下却很少有研究探讨薪酬水平与工作满意度之间的关系。而且，现有的关于薪酬水平与工作满意度关系的研究结论相互矛盾，需要进一步探讨。

第三，国内外学者主要关注单一报酬形式对员工工作满意度、敬业度和工作绩效的影响，尚未进一步探寻比较总体报酬各要素与员工工作满意度、敬业度、工作绩效的关系，总体报酬理论还有待于从报酬的内容以及报酬要素的堆积效应向报酬要素的优化组合及其激励效率等方面进一步拓展。

第四，将各种报酬置于总体报酬框架下，探讨不同报酬要素对员工工作满意度、敬业度和工作绩效各个维度的影响方向和强度的研究还很少见，已有的少量研究成果尚未取得一致的结论。因而有必要通过调查研究，帮助企业进一步认识报酬给付方式与员工绩效的关系，并在管理实践中做出正确的决策。

第五，在影响员工工作绩效的多种因素中，从成本效益的角度考察如何优化报酬要素，以较小的投入获得较高的员工工作满意度，并促使工作满意度向敬业度转化，进而提高工作绩效，实现劳资双方共赢。

第六，国内外学者主要关注报酬对工作满意度、报酬对敬业度、报酬对绩效，工作满意度与敬业度、工作满意度与绩效、敬业度与绩效两两之间的关系研究，将报酬、工作满意度、敬业度、工作绩效纳入一个框架，深入探究非国有企业员工总体报酬对其工作绩效各个维度作用机理的研究尚未发现。

第七，关于总体报酬对工作绩效的影响，中国研究者多选择国有企业高管、上市公司高管为研究对象，关于敬业度的研究，又多选择教师、研发人员等知识型员工，或者服务员、警察等助人行业的人员作为研究对象，很少关注非国有企业的一线员工，而他们作为劳动大军的主体，应该受到必要的关注。

因此，在中国经济转型发展的关键时期，以国民经济的重要组成部分——非国有企业及其一线员工为研究对象，深入研究总体报酬感知、工作满意度、敬业度和工作绩效，不论对相关理论的丰富和拓展、还是对中国非国有企业的管理实践都将有所贡献。

1.3.1 研究的理论意义

第一，通过对现有报酬理论的研究和中国非国有企业管理实践的调查与分析，探索与中国非国有企业员工需求相匹配的、对员工与企业均有价值的总体报酬体系，建构总体报酬模型和相关的测量量表，将为中国非国有企业员工总体报酬的后续深入研究提供分析基础，也在一定程度上丰富中国情境的报酬理论研究。

第二，基于资源保存理论和自我决定理论的整合视角，考察非国有企业员工薪酬水平、要求—能力匹配和工作满意度的关系，不仅整合与解释了国内外关于二者之间关系研究的矛盾结论，同时也补充和拓展了以往经济学、社会学探讨劳动力市场配置效率、社会收入分配等宏观问题的微观机制视角，丰富了现有薪酬理论和激励理论等的内涵，为全面理解薪酬水平对于国民幸福感的影响提供新的实证思路。

第三，在总体报酬框架下，考察总体报酬各要素对中国非国有企业员工工作满意度、敬业度和工作绩效各个维度的影响方向和强度，将有助于拓展西方激励理论的跨文化应用，并推进敬业度与工作绩效的前因变量研究，扩充敬业度和工作绩效的研究领域。

第四，探讨敬业度在总体报酬感知、工作满意度与工作绩效之间的传导机制，不仅有助于加深人们对总体报酬作用机制的理解，对报酬影响过程的深化具有理论建构意义，而且为打开美国薪酬协会第二代总体报酬模型中关于工作满意度和敬业度的黑箱找到了一把钥匙，进而为解决现有文献中关于工作满意度与工作绩效关系的争论提供新的证据，对揭示"快乐的员工就是高效率的员工"这一因果关系形成的机理具有重要的启示作用。

第五，研究个人—工作特征匹配变量对"总体报酬感知—工作满意度"与"总体报酬感知—敬业度"关系的影响，不仅注重了总体报酬研究的情境化，透析了总体报酬感知各个维度与工作满意度、敬业度变量关系间的边界条件，也在很大程度上弥补了人与环境匹配调节效应检验研究的不足，为将来相关方面的研究开拓了新的途径。

1.3.2 研究的实践应用价值

本书的研究成果对于推广总体报酬理论和敬业度理论在中国管理实践中的应用，为转型发展期的非国有企业管理者提高报酬的激励效能，实现人工成本投入产出的最优化具有理论指导意义。

第一，考察非国有企业员工个体属性对其报酬偏好、工作态度、工作行为和结果的影响，将为非国有企业实行以人为本的自助式弹性薪酬制度和灵活的人力资源政策提供了理论依据。

第二，明晰薪酬水平、要求—能力匹配与工作满意度的关系，对于深化收入分配制度改革，转变非国有企业管理观念，提升非国有企业薪酬激励效率具有实践应用价值。

第三，探究总体报酬各要素对员工工作满意度、敬业度和工作绩效影响的差异，有助于非国有企业树立总体报酬理念，在劳动力成本投入受限的情况下，通过优化组合各种报酬要素，增强报酬的激励效率，同时提高员工的工作满意度、敬业度和工作绩效，实现劳资双方的和谐共赢。

第四，综合分析员工个体属性、总体报酬和个人—工作特征匹配对员工工作态度和行为的影响，修正员工敬业是先天形成而非后天发展的传统观点，对于中国非国有企业通过人岗匹配和有效运用报酬工具，促进员工工作满意度向敬业度转化具有重要的指导意义。

第五，提出人本管理下的以员工需求为导向的效率驱动型总体报酬战略和相应的管理建议，对中国非国有企业解决现存问题，摆脱当前困境，乃至提高国民幸福指数，践行社会主义核心价值观，进而实现中国经济社会发展新常态，持续推进工业化、城镇化、信息化以及农业现代化具有重要的现实意义。

1.4 研究内容和方法

1.4.1 研究内容

本书以经济转型发展背景下的中国非国有企业员工为研究对象，研究非国有企业在人工成本有限的情况下，如何运用报酬工具提高人力资源管理效能，实现生产方式的转变及劳资双方的和谐共赢。具体内容包括以下几个方面。

第一，从人力资源的"本体"——员工的视角，探讨以员工需求为导向的中国非国有企业员工报酬构成的丰富内涵，构建对员工与企业都有价值的非国有企业总体报酬体系和维度结构，开发总体报酬感知测量量表。

第二，探究员工薪酬水平对工作满意度的影响，揭示薪酬水平与要求—能力匹配在总体报酬感知与工作满意度关系之间的边际效应，构建员工薪酬水平、总体报酬感知、工作满意度和要求—能力匹配的关系模型（如图1.2所示）。

第三，考察非国有企业员工个体属性对总体报酬感知、工作满意度、敬业度、工作绩效和个人—工作特征匹配的影响差异。

第四，在总体报酬框架下，以员工需求为导向探索各类报酬要素对工作满意度、敬业度和工作绩效的影响方向和程度，揭示敬业度在总体报酬感知和工作绩

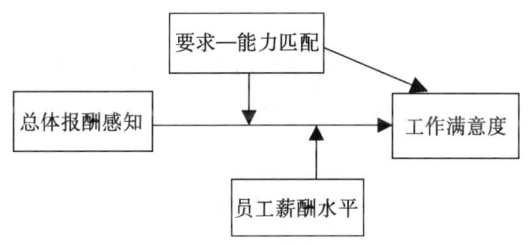

图 1.2　研究的理论模型 1

效之间、在工作满意度和工作绩效之间的中介作用，验证个人—工作特征匹配对总体报酬感知与工作满意度、总体报酬感知与敬业度关系的调节效应。基于此，本书沿循心理学中的"认知—态度—行为—结果"经典研究框架（Fishbein et al.，1975）[234]，依据现代激励理论、社会交换理论、资源保存理论和人—组织匹配理论，构建了总体报酬感知、工作满意度、敬业度、个人—工作特征匹配和工作绩效 5 个主要变量的关系模型（如图 1.3 所示）。

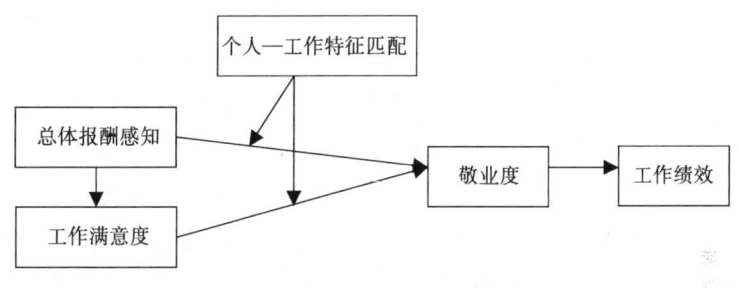

图 1.3　研究的理论模型 2

第五，提出现阶段中国非国有企业提高报酬激励效率和人力资源效能的管理建议。

1.4.2　研究方法

本书涉及领域较为广泛，需要综合运用多种方法开展研究。具体使用的方法如下：

（1）社会调查方法

采用主流的深度访谈法和问卷调查法，调查了解中国非国有企业员工需求和总体报酬构成现状，建构适合中国非国有企业的总体报酬测量模型。借鉴现有的量表编制本书需要的测量量表,对中国非国有企业进行大样本问卷调查,依据获得的数据研究中国非国有企业员工总体报酬感知、工作满意度和敬业度、工作绩效的现状,提出需要解决的问题。社会调查保证了研究的本土化。

(2) 文献研究和理论分析法

本书通过查阅中国学术期刊网、EBSCO学术期刊数据库、Web of、Science、JSTOR等数据库,对工资理论、激励理论、总报酬理论、工作满意度理论、社会交换理论、资源保有理论、敬业度理论、绩效理论和工作特征理论等进行文献收集和阅读,对国内外关于总体报酬各要素、工作满意度、敬业度、工作绩效、工作特征、人—组织匹配等变量及其关系的研究成果进行系统的梳理和总结,建立研究的理论基础,发现尚待深入研究的问题,明确本书的研究思路,再结合现场调查,经过逻辑推理,提出有关总体报酬感知、工作满意度、敬业度、个人—工作特征匹配和工作绩效5个主要变量之间的理论关系模型和待检验的研究假设,进行理论拓展。文献研究保证了研究课题的创新性。

(3) 统计与计量经济学分析方法

统计与计量经济学的分析方法能够有效保证研究的客观性与科学性。首先,运用SPSS 21.0统计软件对收集到的有效调查数据进行处理,采用描述统计分析、独立样本t检验和单因素方差分析,揭示样本的特征,考察人口统计特征变量对主要变量的影响;其次,通过探索性因子分析(EFA)和信度分析,对研究数据的质量进行评估;再次,运用LISREL 8.70对量表进行验证性因子分析(CFA),对模型进行结构方程模型(SEM)分析,检验量表的区分效度和模型的拟合优度;最后,运用SPSS 21.0统计软件和LISREL 8.70结构方程模型分析软件,通过相关分析、层级回归技术及结构方程建模技术等方法对研究假设进行验证。具体研究内容包括:控制变量对总体报酬感知、工作满意度、敬业度、个人—工作特征匹配及工作绩效的影响效应分析,敬业度在总体报酬感知、工作满意度与工作绩效关系中的中介效应检验、个人—工作特征匹配对总体报酬感知与工作满意度、总体报酬感知与敬业度之间关系的调节效应检验。

1.4.3 研究思路和技术路线

为了明确本书的研究过程,做到循序渐进地开展研究工作,本书的研究思路是,从实践中发现需要解决的问题——运用现有理论分析问题,发现其不足,进一步探寻解决问题的新理论——到实践中检验所提出的新理论——将研究结论与已有的实践经验相结合,提出解决问题的建议。研究的思路和逻辑框架如图1.4所示。

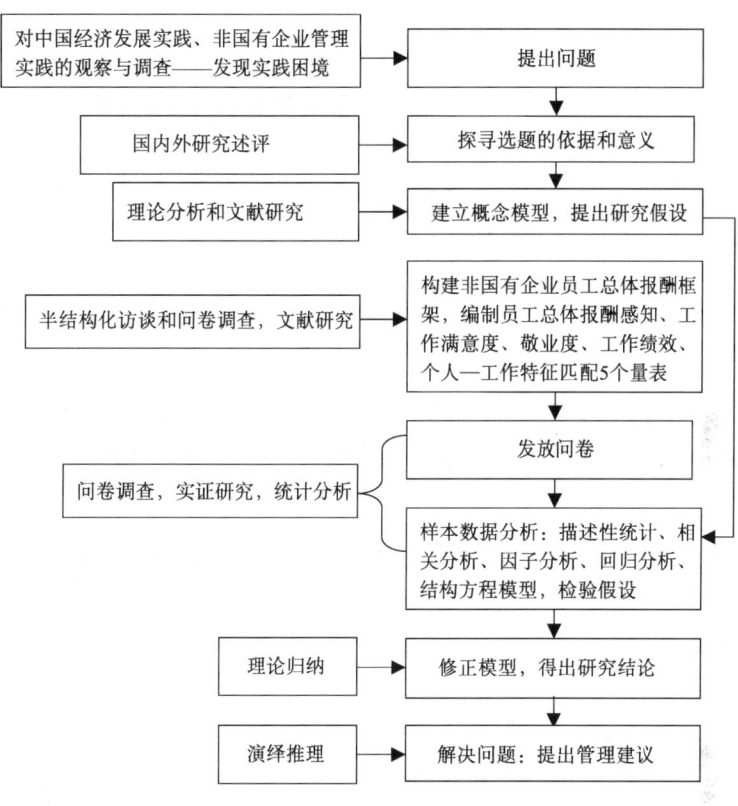

图1.4 研究思路和逻辑框架

1.5 主要工作和创新

1.5.1 主要工作

依据所设计的逻辑框架,本书需要开展以下几项工作。

第一,通过实地访谈与问卷调查,了解中国非国有企业员工总体报酬、工作满意度、敬业度和工作绩效现状,分析非国有企业效率低下的原因,提出本书需要研究解决的具体问题。

第二,基于中国文化背景和管理实践,通过文献梳理与评述聚焦研究问题,即如何以员工需求为导向,从成本效益的视角运用总体报酬工具提高非国有企业员工的敬业度和工作绩效。

第三,针对问题,通过文献研究与理论归纳,进行理论拓展,即对所涉及的变量进行理论分析,建立概念模型,提出研究假设。

第四,通过问卷调查、统计分析和结构方程建模,对理论假设和概念模型进行检验,得出研究结论。

第五,结合研究结论和成功企业的经验,提出非国有企业充分运用报酬工具提高绩效、转变生产发展方式的对策建议。

1.5.2 创新之处

本书沿着"总体报酬感知影响员工的态度,进而影响员工的行为"这一逻辑思路,探讨了总体报酬感知、工作满意度、敬业度和工作绩效间的作用机制,分析了报酬管理实践对员工工作绩效的影响。与以往的研究相比,本书的创新之处主要体现在以下几个方面:

(1) 考察了美国薪酬协会第二代总体报酬模型在中国的适用性,探究了非国有企业员工总体报酬感知对其工作满意度的影响,分析了薪酬水平与要求—能力匹配对总体报酬感知与工作满意度关系的调节效应

本书在考察美国薪酬协会第二代总体报酬模型在中国非国有企业适用性的基础上,基于现代激励理论,全面探讨了非国有企业员工总体报酬及其各个因素对工作满意度的影响,以及这种影响的边界条件。研究发现,总体报酬感知5个维度对工作满意度有显著正向影响,但影响的程度存在差异;要求—能力匹配与工作满意度正相关,要求—能力匹配对总体报酬感知与工作满意度的关系具有调节作用;薪酬水平对工作满意度的影响呈现为先扬后抑的作用,薪酬水平对总体报酬感知与工作满意度的关系具有调节作用。

这一研究结论对理论界关于员工薪酬水平作用效果所存在的分歧给予了解释,为提升中国民营企业成本约束条件下的薪酬激励效果提供了可行的路径。

(2) 识别了非国有企业员工总体报酬的结构及维度

基于员工的视角,识别了中国非国有企业总体报酬的丰富内涵。在国内外关于总体报酬内涵研究的基础上,结合对中国非国有企业员工的访谈资料分析,提出现阶段中国非国有企业总体报酬由薪酬、福利、工作条件、职业发展、自主与

认可、工作关系6个维度构成，依据已有量表及调查资料尝试开发了总体报酬感知测量工具。研究数据验证，该量表具有良好的信度和效度。

(3) 探明了总体报酬感知对员工工作满意度、敬业度及工作绩效的影响机理

基于系统的观点，探讨了总体报酬体系中各报酬要素对工作满意度、敬业度、工作绩效各个维度的直接效应，发现在总体报酬框架下，不同报酬要素对工作满意度、敬业度和工作绩效的影响效应存在差异。研究结果表明，显著影响非国有企业员工工作满意度的首要报酬因素是薪酬感知，之后依次是自主与认可感知、工作关系感知、职业发展感知和工作条件感知，福利感知与工作满意度正相关，但正向影响不显著；工作关系感知和职业发展感知是显著影响非国有企业员工敬业度和工作绩效的两项报酬感知要素，薪酬感知、福利感知、工作条件感知和自主与认可感知四项报酬感知要素与敬业度和工作绩效正相关，但影响作用并不显著；综合考虑人口统计特征变量及总体报酬感知各要素对工作满意度、敬业度和工作绩效的影响，证实员工敬业在很大程度上由后天培养而成，对"员工敬业由先天决定"的观点进行了修正。

(4) 探索了敬业度在总体报酬感知、工作满意度与工作绩效关系之间的传导机制

以敬业度为切入点，构建了"总体报酬感知、工作满意度、敬业度、工作绩效"的研究路径，揭示了敬业度在员工总体报酬感知、工作满意度与工作绩效关系之间起着完全中介作用，阐明了工作满意度是员工敬业的基础，工作满意向工作绩效的转化还依赖于敬业行为的催化，非国有企业通过充分发挥职业发展感知与工作关系感知等内在报酬感知的激励作用，可以促进员工工作满意度向敬业度转化，使快乐的员工成为高效率的员工。

(5) 综合分析非国有企业员工人口统计特征对其总体报酬感知、工作满意度、敬业度和工作绩效的影响

基于权变的思考，探讨了非国有企业员工个体属性中的性别、户籍、婚姻、年龄、受教育程度、工龄等变量对其工作满意度、敬业度、个人—工作特征匹配和工作绩效的影响。研究结果显示，户籍、年龄、受教育程度和工龄对总体报酬感知有显著影响，年龄和受教育程度对工作满意度有显著影响，户籍、年龄和工龄对敬业度有显著影响，年龄和受教育程度对个人—工作特征匹配有显著影响，性别、婚姻、年龄和受教育程度对工作绩效有显著影响。因此，非国有企业实行

以人为本的自助式弹性薪酬制度和灵活的人力资源政策有助于提高员工的工作满意度、敬业度和工作绩效。

(6) 确认了个人—工作特征匹配在报酬与工作满意度、报酬与敬业度关系间的调节作用

基于互动理论，将个人—工作特征匹配变量引入"总体报酬感知—工作满意度"与"总体报酬感知—敬业度"的关系中考察，不仅注重了总体报酬研究的情境化，透析了总体报酬感知各个维度与工作满意度、敬业度变量关系之间的边界条件，而且在很大程度上弥补了人与环境匹配调节效应检验研究的不足，为将来相关方面的研究开拓了新的途径。多元回归分析结果显示，个人—工作特征匹配对员工的态度、行为和结果变量有显著影响，且对态度与行为之间的关系具有调节作用。员工个人—工作特征匹配程度越高，外在报酬就越可能引起其内心的满足和内在的动机，工作满意度和敬业度也越高。

第 2 章 相关概念界定与理论基础

本章通过文献分析的方法，首先对非国有企业、总体报酬、总体报酬感知、工作满意度、员工敬业度、工作绩效和个人—工作特征匹配 7 个主要变量进行清晰的可操作化的概念界定，以确定本书的研究对象和研究范畴。其次，对研究所依据的理论进行阐述和评析，为研究的开展奠定理论基础。

2.1 相关概念界定

2.1.1 非国有企业

关于非国有企业（Non-state-owned Business），并没有统一的定义。目前已达成共识的是，从所有者角度看，非国有企业是国有企业以外的所有的企业形式，包含了公有制经济中的城市集体企业和乡镇集体企业（乡镇企业），非公有制经济中的个体、私营企业，港、澳、台投资企业和外资企业、股份合作制企业和国家未控股的股份制企业（杨俊青 等，2005）[235]。本书调查的样本全部来自非国有企业的在职员工。

2.1.2 总体报酬

总体报酬的概念首先由美国薪酬协会于 2000 年提出，后来因在企业实践中理解和运用上存在一定的难度，美国薪酬协会于 2006 年对其进行了修正，并最终将总体报酬定义为：用以吸引、激励和保留员工的任何员工认为具有价值的东西及各种手段的整合。Long（2006）[60]也给出了相似的定义，认为总体报酬就是"公司所提供给员工的满足其需求的一切"。李燕萍等人（2008）[41]在综合国内外学者研究成果的基础上，将总体报酬定义为：试图涵盖全方位"员工价值构成"的员工在工作关系中看重的每一个方面。本研究更注重报酬的引导和激励功能，因而本书中的总体报酬是指"企业用来提高和交换员工对企业的个人贡献，而付给员工的符合其需要的全部形式的所有回报"。

迄今为止，学术界对总体报酬的内涵已经达成共识，但对其外延的认识还不统一，缺乏公认的操作性定义。本研究认为美国薪酬协会的第二代模型与中国非国有企业员工的报酬现状及诉求较为吻合，因而将其作为非国有企业总体报酬构成体系的蓝本，并结合中国人文环境特点和非国有企业发展现实，以及非国有企业员工的报酬状况和期望，综合 St - Onge 等人（2006）[62]对报酬的分类和 Hulk-ko - Nyman 等人（2012）[161]的建议，按照动力机制的不同将总体报酬分为外在报酬和内在报酬，并在此基础上，进一步对外在报酬和内在报酬进行划分。其中，外在报酬指员工通过生产劳动和工作获得的物质性报酬；内在报酬指员工从企业生产劳动和工作本身获得的收益。基于当下我国非国有企业平均生产力水平较低，自动化技术应用程度不高，员工平均收入低于社会平均水平等方面的考虑，结合访谈情况，本书把薪酬、福利和工作条件3项纳入我国非国有企业员工外在报酬的范围。同时，由于中国的价值观念以集体主义为基础，人们较为重视相互之间的依赖，"关系"本身不仅仅是达到个人目标的手段，而且已成为大多数人追求的目标（Tsui et al., 1997）[236]，尤其对于非国有企业员工，更依赖于通过私人关系网络建立的企业归属感和工作保障性（刘志强，2014）[16]，因而本书把工作与生活平衡、绩效与认可、职业发展和工作关系纳入非国有企业员工内在报酬中（如图2.1所示）。

其中，薪酬指企业付给员工的工资，包括固定薪酬（固定工资）、可变薪酬（风险报酬）、短期激励薪酬（1年内的奖励）、长期激励薪酬（超过1年期的激励，例如股权计划、绩效分享等）和薪酬公平（薪酬与个人付出、本人技能、同行业相比）5个核心要素；福利是企业提供给员工的现金报酬之外的补充，包括五险一金、其他社会保险和非工作时间报酬（工作时的休息时间和休假时间）3类；工作条件指工作的硬环境，包括工作环境的舒适性、工作时间的灵活性

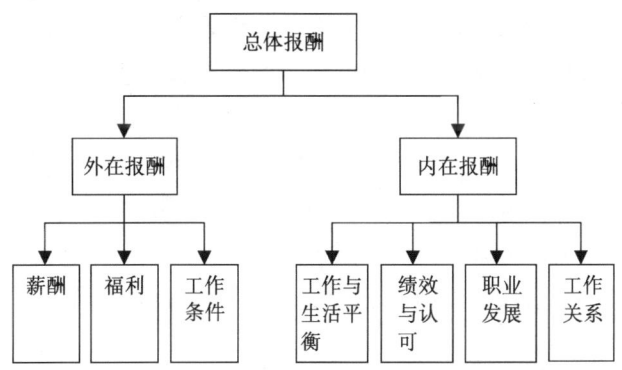

图 2.1　本书预设的"总体报酬"构成

等；工作与生活平衡指积极支持员工在工作和家庭方面都获得成功的组织实践活动、政策、项目和理念，包括"工作场所弹性、带薪假期和非带薪假期、健康和情绪状态、家庭关怀"4个方面；绩效指为实现业绩目标和达成组织成功而开展的关联组织、团队和个人的努力，认可指对员工的行动、努力、行为和绩效予以承认或者特别的关注，以满足员工固有的凭借自身努力获得他人赏识的心理需要，例如，口头表扬、意见反馈、参与管理等；职业发展指为了提高员工技能和胜任力的一系列学习体验和帮助员工提升其职业目标的活动，例如，各种学习机会、辅导和指导、组织内部晋升与发展的机会等；工作关系指工作中，得到主管与同事的支持和鼓励等。

2.1.3　总体报酬感知

感知是人们对刺激其感官的客观事物的直接反映及对这种反映组织和解释的过程。由此可以推论，总体报酬感知（Total Rewards Perception）就是员工对企业付给他的总体报酬的一种固定的看法或评价。相应地，总体报酬感知包括薪酬感知、福利感知、工作条件感知、工作与生活平衡感知、绩效与认可感知、职业发展感知和工作关系感知。需要说明的是，考虑到报酬公平性对员工的态度和行为影响更大，薪酬感知除了包括对薪酬水平的感知外，还包括对薪酬公平的感知。

心理学研究表明，影响感知的因素有以下两类：一是实际存在的事物，即刺激因素；二是人们想要感知的那些事物，即个人因素和环境因素。这两类因素复杂且涉及面广，影响着人们的总认识。由于人的感知具有选择性，这种选择性会受到人的需要、动机、兴趣、情绪、经验、人格和阶层的影响,因而人们由于需求的不同对同样的外在刺激会有不同的感知。换言之,外在的刺激要通过员工的主观感受才能进一步影响员工的态度和行为,即人们的行为以他们对现实的认识而非现实本身为基础。因此,感知对于行为来说十分重要,研究员工对总体报酬的感知更有助于我们了解员工的真正需要,进而建立以员工需求为导向的总体报酬体系,提高总体报酬的激励效率。基于这一分析,本书把总体报酬感知作为自变量,研究它对工作绩效的作用机制。

2.1.4 工作满意度

工作满意度这一概念始于 Hoppock (1935) 发表的博士论文《工作满意度》,他认为工作满意度是人们在工作中切实感受到的对心理、生理及工作环境的满足程度。而后,学者们根据自己的理解,对工作满意度有不同的表述,概括起来有3种定义,即综合型定义、期望差距定义和参考架构定义(徐正光,1977)[237]。综合型定义体现了对工作满意度的一般性解释。例如,Locke (1969)[18]将工作满意界定为由于感知到工作可以满足或者有助于满足自己的工作价值观而给人们带来的一种愉悦的情绪状态 (Pleasurable Emotional State);Vroom (1964)[24]认为工作满意度泛指个体对目前工作角色的情感定位。期望差距定义侧重于从现实与期望的差异来界定工作满意度。例如,罗宾斯等人(2008)[23]将工作满意度界定义为"由于对工作特点进行评估而产生的对工作的积极感觉,是个体对工作的一种总体态度"。参考架构定义侧重于从心理直觉角度对工作满意度进行定义。例如,Spector (1997) 把工作满意度定义为人们对其工作及工作各个方面的满意程度。《现代汉语规范词典》将"满意"定义为"觉得完全符合自己的心意","度"是指事物所达到的境界(李行健,2005)。依此,"工作满意度"就可以被解释为工作各个方面符合自己心意的程度,它的大小应该取决于员工的感受。

综上所述,工作满意度既可以是个人对工作的总体感情(即总体满意),也可以是个体对工作的特征、环境和报酬等特定方面的感情(即具体方面的满意)(Lent et al., 2006)[238]。学者们虽然基于不同的视角对工作满意度进行了各自的表述,但对"工作满意度"本质的认识基本相同,都把工作满意度作为一种态度变量。本研究中的工作满意度指"员工将工作各个方面与其期望相比较得出的评价,是员工对于工作本身及其相关因素所持的态度或看法",即总体工作满意度。

2.1.5 员工敬业度

在古希腊哲学文化中，敬业的美德是生命完美不可或缺的条件。在学术界，Kahn（1990）[137]通过民族志研究和深度访谈等方法，总结出敬业度是个体在工作任务中，将自我与工作角色相结合，投入体力、认知和情感的程度。May等人（2004）[149]根据 Kahn 的观点编织了一个预试量表，对美国中西部一家大型保险公司的 199 名员工进行调查，虽然探索性因子分析的结果并未得出 3 个独立的维度，但实证检验了 Kahn 关于员工敬业度的定义，明确了敬业度的概念，即"敬业度是个体被雇佣并且在身体、认知和情感上表现出来的对绩效的作用"。Maslach 等人（2001）[138]将员工敬业度看作是工作倦怠的反向，是一种持续而积极的、与工作有关的富有成就感的情绪和认知状态。其他相似的观点还有：员工敬业度反映了个体在工作中的卷入程度和满意程度以及对工作的热情，是个体对组织和工作的一种积极的态度（Robinson et al.，2004）[239]；敬业度是个体一直以来对其工作和环境中的重要因素相互作用的情感反应（Shirom，2003）[240]。也有研究者提出了不同的看法。Saks（2006）[151]认为，敬业度是一个由认知、情感和行为组成的与企业员工个体绩效相关的理论构念。在企业界，实践研究者也赋予了敬业度不同的涵义。盖洛普公司认为，一个组织的员工大体可以分为敬业、从业和怠工，敬业的员工对企业有一种归属感和主人翁的责任感。韬睿咨询公司（2001）将敬业定义为员工帮助企业成功的意愿和能力的强弱程度，是员工与公司之间的一种深入广泛的有机结合，这种结合通常发生在认知、情感与行为 3 个层面，表现为理性敬业和感性敬业两个维度。翰威特公司（2001）则将敬业度作为衡量员工乐意留在公司和努力为公司服务的程度，由此可见，国外学者对敬业度的定义发生了从态度逐渐向态度与行为结合的转变。

在中国，"敬业"一词首现于《礼记·学记》，指专心于学业。宋人朱熹将其引申到职业中，提出"敬业者，专心致志于事其业也"，意思是敬业的人对待自己的职业认真负责，一心一意，精益求精。《现代汉语规范词典》（李行健，2005）中"敬业"的释义是"对事业专心致志"。"敬业"作为中国特色社会主义的核心价值观，中央电视台将其诠释为"投入、付出、坚韧、认真和爱"。然而在学术界，何为"敬业"尚无明确的定义，学者们对敬业度的认识也有差异。

刘雪梅（2003）[241]把敬业看作是员工对工作的承诺、情感、投入和有益于公司经营的行为。马明等人（2005）[25]认为，敬业度指员工在工作中努力程度的大小，是否热爱本职工作并尽最大努力做好工作是衡量员工敬业度的关键。陆路等人（2013）[242]结合中国国情，提出了相似的观点，认为敬业就是干一行爱一行，是一种工作态度，是企业与职工间的双向互动，包括了员工对工作的成就感、满意度，对企业的自豪感和归属感。曾晖等人（2009b）[243]运用扎根理论对敬业度进行了本土化的研究，指出敬业度的基本含义是"对待工作的一种持久、积极的情绪和动机唤醒状态，这种状态使员工能随时以愉悦的情感全身心投入到工作中，愿意为工作付出额外的努力"。基于这样的理解，曾晖构建了中国企业员工敬业度的结构模型，包括倾向于工作态度的3个维度（任务聚焦、活力、主动参与）和倾向于工作行为的3个维度（价值内化、效能和积极坚持）共6个维度（曾晖 等，2009a）[154]。高建丽等人（2014）[178]概括学者们关于敬业度概念的共性观点后，对敬业度的定义是："一种具有多维结构的、与工作相关的积极的心理状态和行为表现"。

　　本研究在对员工进行访谈和问卷调查时，均请非国有企业的主管和员工回答这样一个问题："您认为什么样的员工是敬业的员工？"从访谈结果汇总和问卷调查统计来看，这个问题的回答中出现频次较多的词汇有：遵守纪律，任劳任怨，精益求精，认真负责。这一结论与宋人朱熹的观点非常相似，显示了强烈的文化传承与影响，也进一步说明有必要展开中国情境下管理理论的研究与实践。综合以上分析，本书认为，员工敬业度是一个包含态度和行为在内的复合概念，因而将敬业度定义为：一种与工作有关的积极的心理状态和行为表现，在工作中，专心致志，精益求精，忘我奉献。

2.1.6 工作绩效

　　时至今日，人们对工作绩效（Job Performance）这一概念的认识仍然存在分歧，总体而言，目前对绩效的界定有3种观点，即绩效的结果观、行为观和结果行为综合观。本研究倾向于结果行为综合观，认为工作绩效是从组织角度出发，考察员工对组织目标和个体目标做出贡献的行为表现及其结果。原因包括以下几个方面。

　　首先，尽管结果角度的员工绩效关注员工为企业带来的可以被精确计量的结果，却忽视了员工在实现企业期望目标过程中的努力。事实上，在完成工作任务的过程中，员工总要花费一定的时间和精力克服遇到的各种困难，这势必影响员工的工作结果。如果这些困难来自于不可控制的因素，用员工的工作结果代表其努力程度就显得不够客观（Newman et al., 2004）[244]，可能导致员工产生不公平感，工作热情和积极性受挫（Motowidle et al., 1997）[187]。长此以往，可能诱导员工产生急功近利的心理，采取不择手段和损人利己的行为，损害企业的长期利益。其次，虽然行为角度的员工绩效更加关注组织目标的实现过程，并且有助于对员工的行为激励，但由于员工表现出来的行为不易被量化和衡量，仅仅通过评价员工的行为而确定员工的工作绩效显然不够全面。最后，在管理实践中，"结果+过程"的绩效界定不仅更切合实际，而且更容易被劳资双方接受。毕竟，在绩效管理中，既需要结果，也需要行为。

关于工作绩效的结构，有学者认为，将工作绩效视为任务绩效与关系绩效二维结构来考察和评估更适合相对稳定的组织和管理情境（陈亮 等，2008）[246]，而本研究拟采纳韩翼（2006）[245]构建的工作绩效四维度结构模型（如图2.2所示）。理由是当前中国社会经济正处于转型发展阶段，非国有企业所处的发展环境复杂多变，其生产效率的提高更依赖于员工的学习能力和创新能力；同时，随着劳动力市场的不断完善，劳动力流动已成为大众尤其是非国有企业员工的一种常态，非国有企业员工更注重学习能力和可雇佣性的提高。在本研究中，任务绩效指员工必须完成的工作任务，是对组织做出直接贡献的行为和过程；关系绩效指员工需要完成的对组织人际气候的贡献，间接为组织目标服务；学习绩效指员工通过学习知识和积累经验提高技能，为组织未来价值做出贡献的行为和过程；创新绩效指员工在知识共享和知识转移中，对组织和自身持续发展和成长做出贡献的行为过程。

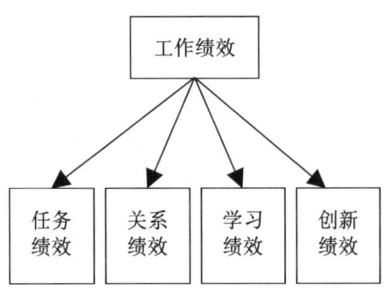

图2.2 本研究中的"工作绩效"构成

2.1.7 工作特征

工作特征（Job Characteristics），是指与工作有关的客观属性或因素。本书以 Hackman 等人（1975）[247]在工作特征模型（JCM）中对工作特征的划分为基础，结合访谈中非国有企业员工更为关心的工作要素，将非国有企业员工的工作特征分为技能多样性、任务完整性、任务重要性、自主性、反馈性、稳定性、负荷和发展性 8 个方面。其中，技能多样性指工作对不同类型活动的需求程度；任务完整性指岗位对完成一整套工作的需求程度；任务重要性指工作对他人的影响大小；自主性指员工安排工作各个方面的自由度和独立性；反馈性指员工获得有关自己工作信息的多少；稳定性指所从事工作的稳定程度；负荷指工作需要个体投入体力和精力的强度，发展性指工作对个人能力提升的程度。

2.1.8 个人—工作特征匹配

目前，尚未看到关于个人—工作特征匹配（Person-Job Characteristics Fit）的明确定义。O'Reilly 等人（1991）[248]将人—组织价值观匹配定义为个体价值观和组织价值观的一致性。Schneider 等人（1995）[249]把人—组织匹配宽泛的定义为"人—组织"之间的相容性，Edwards（1999）[250]从"需求—能力"和"要求—供给"2 个方面定义了人—组织匹配，即个人能力和工作需要的匹配，或者个人要求与工作属性的匹配。参考这些定义，结合本研究的目的，本书将个人—工作特征匹配定义为个人偏好与能力和工作特征的一致性。

2.2 理论基础

为了能更充分地推演研究假设，需要阐明本研究的相关理论基础。具体而言，本书运用现代激励理论、社会交换理论探讨总体报酬感知与工作满意度、敬业度及工作绩效之间的关系，以资源保存理论来解释敬业度与工作绩效之间的关系，通过匹配理论透视个人—工作特征匹配的调节影响效应（如图 2.3 所示）。

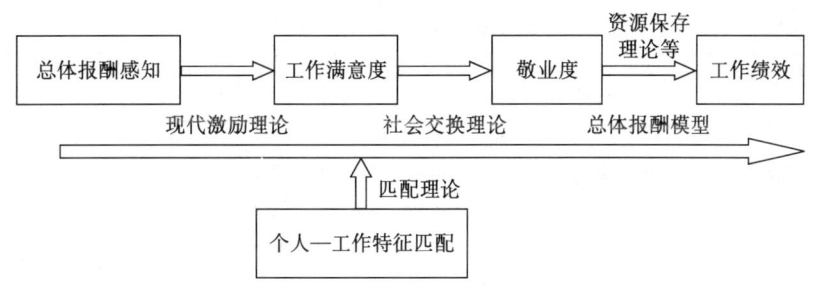

图 2.3　各项基础理论在本研究框架中的应用

2.2.1　现代激励理论

现代激励理论广博丰富，本研究重点参考了人力资本理论、心理学中的综合激励理论、认知派激励理论与自我决定理论。

（1）人力资本理论

人力资本理论兴起于 20 世纪 60 年代，其基本论点是，人力资源是一切资源中最主要的资源，在经济增长中，人们所拥有的知识、技能、经验和体力等人力资本的作用大于物质资本（Schultz，1960）[46]。人力资本由投资形成，其主要形式有医疗保健、在职培训、正规学校教育、社会教育、劳动力流动等方面的货币、资本或实物的投资（Becker，1962）[251]。因此，准确而适当地对人力资本进行定价是发挥其效用的关键。由此可以推论，企业付给员工适合的报酬以及对员工的人力资本投资都可以提高员工的工作绩效。

（2）心理学中的综合激励理论和认知派激励理论

俞文钊（2006）[252]把心理学激励理论的研究划分为 4 个阶段，即动机激发理论、行为主义激励理论、认知派激励理论和综合激励理论。其中，行为主义激励理论强调外在激励（包括工资报酬、劳动条件和劳保福利等外部条件）的重要性；认知派激励理论强调内在激励（包括对工作本身的兴趣、价值和成就感等）的重要意义；综合激励理论则同时关注外部激励与内部激励。与本研究密切相关的是综合激励理论（如表 2.1、图 2.4 所示）与认知派激励理论（如表 2.2、图 2.5 所示）。

表 2.1　　　　　　　　　综合激励理论的主要观点

理论及其代表人物	主要观点
勒温的"动力场"理论《社会科学中的场论》(1951)	B = f（P·E）= f（LSP） 其中，B 为个人行为的方向和向量；P 为个人的内部动力；E 为环境的刺激；LSP 为个体的生活空间。该理论表明个人行为发生在包括了人和环境的生活空间中，个人行为的方向和向量取决于外部刺激与内动力强度两者的共同作用，取决于个体的生活空间，个人的一切行为（包括心理活动）随其本身与所处环境条件的变化而改变
波特—劳勒的综合激励模型（1968）	对个人行为的激励分为外激励和内激励两种。外激励包括劳动报酬、工作条件、企业政策、认可等，内激励包括工作过程的体验、完成后的成就感等社会和心理特征因素。在激励循环开始之际，个体的努力程度取决于效价和期望值；个人努力的程度与其能力、特质以及角色知觉一起决定其真正的行为水平；个人完成一定的工作业绩之后会带来相应的奖酬；完成工作业绩过程的体验和得到的奖酬是否与其期望一致，决定了个人的满意程度，进而会影响其今后对效价的认识（如图 2.4 所示）

注：依据俞文钊编著的《现代激励理论与应用》和郑国铎所著《企业激励论》整理。

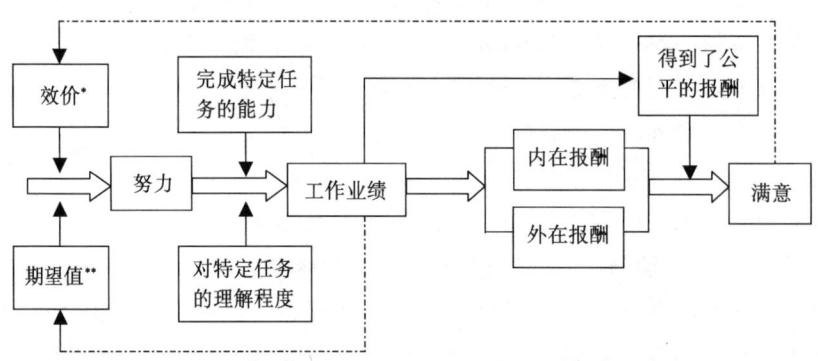

注：*效价为报酬对个人的价值，是个人对报酬的价值观认识；**期望值为个人认为通过努力可获得报酬的概率。

图 2.4　波特—劳勒的激励模型

表 2.2 认知派激励理论的主要观点

内容型激励理论	马斯洛的需要层次理论《人类动机的理论》(1943)	人的基本需要可以分为 5 个层次，即生理、安全、社会归属与爱、尊重和自我实现。人的行为过程就是需要由低层次向高层次逐步满足的过程。在同一时期内，人可以同时存在几种需要，但每一时期内总有一种需要占支配地位。当需要满足以后，就不再是一股激励力量
	麦克利兰的成就需要理论《企业动机和国家成就》(1962)	人在基本生理需要已满足的条件下，最主要的需要有权力、归属和成就。当一种需要非常强烈时，就能激励个人以满足其需要的方式行事。成就需要是一种更为内化的需要，是导致国家和企业取得高绩效的主要动力。人的成就需要不是天生的，而是环境、教育和实践的结果，因而企业可以通过教育培训和社会环境条件的影响来培育发展员工的成就需要
	赫茨伯格的双因素理论《工业的激励》(1959)，《再论你如何激励员工》(1968)	激发人的动机的因素有两类：激励因素和保健因素。激励因素是能使员工产生满意的一类因素，借此可以提高员工的工作效率和创造性，这类因素来自于工作本身和工作内容，包括成就、认可、工作本身、责任感、发展与成长。保健因素主要是指可能阻碍员工行为、促使其产生不满意的影响因素，它们虽然没有激励人的作用，但却能安抚员工，使其保持积极性、维持工作现状，这类因素属于工作环境和工作条件方面，包括公司政策与管理方式、上级监督、工资、人际关系和工作条件
	奥尔德弗的 ERG 理论《人类需求新理论的经验测试》(1969)	人有 3 种核心需要，即生存（existence）需要、相互关系（relatedness）需要和成长发展（growth）需要。人在同一时间多种需要并存，且不止一种需要起作用，如果较高层次的需要不能得到满足时，较低层次的需要强度会增加；某种需要在得到基本满足后，其强烈程度不仅不会减弱，还可能会增强。较低层次需要满足得越充分，对较高层次的需要越强烈
过程型激励理论	佛隆的期望理论《工作与激励》(1964)	假定个体是有思想、有理性的人，激励是个体在众多自愿性活动中做出选择的过程。 激励强度 $M = \sum V \times E$ V（效价）表示行为结果带来的价值；E（期望值）表示对某种特定行为导致结果的可能性大小。激励强度取决于效价和期望值的乘积，只要这两个因素其中有一个很低，就起不到激励员工的作用

续表

过程型激励理论	亚当斯的公平理论——《对于公平的理解》(1963)，《在社会交换中的不公平》(1965)	在组织中，员工对于是否受到公平待遇极为敏感，其工作动机不仅受到绝对报酬的影响，而且受到相对报酬的影响。个人会不自觉地将自己所做的贡献和所得的报酬，与一个和自己条件相同的人的贡献与报酬（或者现在的收支比例与过去的收支比例）进行比较。如果两者之间的比值相等，便认为是应该的、正常的，因而心情舒畅、努力工作，设法保持现状。一旦自己的报酬更多时，个体就会产生焦虑感和内疚感，并设法采取补偿行为，如增加自己的投入，以保持心理平衡；如果发现自己的报酬更少时，就会产生抱怨和愤怒，并从以下6种方法中选择若干项采取行动：①改变自己的投入（减少努力和绩效）；②改变自己的产出（要求加大报酬或损公肥私）；③改变观念（改变对自己和他人的评价）；④改变参照者的投入和产出；⑤选择新的参照者；⑥中断社会交换而离职

注：依据俞文钊编著的《现代激励理论与应用》和郑国铎所著《企业激励论》整理。

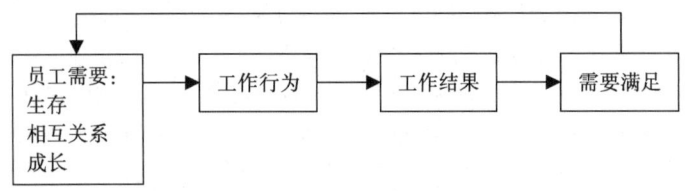

图 2.5 阿尔德佛的需要与工作成果关系图

（3）自我决定理论

自我决定理论（Self-Determination Theory，SDT）是美国心理学家 Deci 等人提出的关于人类自我决定行为的动机过程理论，该理论以内在动机为出发点，研究了环境对个体行为产生影响的因果路径，对个体行为的激励与改变具有重要的指导价值（张剑 等，2011）[253]。

自我决定理论假定所有个体都是积极的有机体，会根据自我的内在需要和自我之外的环境信息做出行为选择和决策判断（Deci，1975）[254]。自我决定理论从提出至今经过40多年的发展与完善，已经形成了5个子理论：一是认知评价理论（Cognitive Evaluation Theory，CET），该理论将外部环境区分为控制性和信息性，将人的动机区分为外在动机和内在动机，认为控制性外部环境阻碍个体的内部动机及随后的行为，而信息性外部环境促进个体的内部动机和行为，组织可以通过外在环境因素干预个体的内部动机（Deci et al.，1980）[255]；二是有机整合理论（Organismic Integration Theory，OIT），该理论根据人的自我决定程度将外部动机划分为外部调节、内射调节、认同调节与整合调节4种类型，并引入内化概念，指出这4种动机处在内化程度不同的连续体上，其中整合动机内化程度最高，通过环境因素干预个体的外在动机（Deci et al.，2000）[256]；三是因果定向理论（Causality Orientation Theory，COT），该理论假设个人的动机、行为和特定情境下的感受是环境和内部资源的功能函数，并把人类动机取向区分为自主定向、控制定向和非个人定向3种类型，每一种定向相对独立存在，与环境因素共同作用于个体动机的内化过程（Deci et al.，1985）[257]；四是基本心理需求理论（Basic Psychological Needs Theory，BPNT），该理论是自我决定理论的核心，提出人所具有的"自主权、归属感和胜任力"3项基本需要是驱动其积极性的重要因素，所有个体都为了满足这些需要而努力，并趋向于满足这些需要的环境。该理论还阐述了环境因素通过内在心理需要的中介对个体的行为和心理健康产生影响的作用机制，即当社会环境和个体的内部资源能够满足个体的基本心理需要时，个体便在内在动机的驱动下工作，积极创造工作的产出；而当个体的基本心理需要受到阻碍时，个体的积极行为就会被削弱，甚至倾向采用消极行为，社会环境可以通过支持这3种基本心理需要的满足来增强人类的内部动机（Deci et al.，2000）[256]；五是目标内容理论（Goal Contents Theory，GCT），该理论探讨了目标内容与心理健康的关系（Deci et al.，2002）[258]，提出内在目标（合群、亲密关系、个人成长等）的达成可以增强人的幸福感，而外在目标（经济成功、外表、知名度或名望）的达成对幸福感基本不产生作用，表明对有价值的目标的追求和达成并不能确保个体一定会获得心理健康和幸福感，而要取决于目标的内容。因此，可以推论，当企业中的工作特征、所支付的报酬类型这些情境因素和外部因素能够支持员工的3种基本心理需要时，就能够增强员工采取积极行为的内部动机，从而激发潜力，促进员工产生更好的工作绩效与幸福感。

综上所述，不论是经济学的激励理论，还是心理学的激励理论，都认为需求是激励的起点。因而，了解员工的各种需要，确定需要的结构及其构成要素的先后顺序，对于提高报酬的激励效率尤为关键。

2.2.2 社会交换理论

社会交换理论（Social Exchange Theory，SET）是20世纪60年代兴起的重要的社会心理学理论，该理论借用经济学的概念来解释社会行为。SET 的创始人 Homans 在对结构功能主义批判继承的基础上，吸收行为主义心理学的有关概念，把社会现象还原成心理现象，提出了社会交换理论。社会交换理论主张：人类的一切行为都是为了获得报酬或逃避惩罚，因而一切社会活动都可以归结为一种交换；这种交换存在 6 个命题，即成功、刺激、价值、剥夺或满足、攻击或赞同、理性。其中，刺激又称为奖励，指能够满足个体需要的物质与非物质的对象。例如，金钱、声誉和赞扬等（Homans，1958）[259]。Blau 继承和发展了 Homans 的理论，把社会交换从微观层次扩展到了宏观层面。他指出，社会交换只是人类行为的一部分，行为交换发生与否还取决于社会互动，只有个人为了获取回报而又真正得到回报时才会进行自愿性的交换活动；行动者期望的报酬可以分为内在性报酬（即从社会交往关系中得到的报酬）和外在性报酬（即在社会交往关系之外获得的报酬）两种，希望得到内在性报酬的行动者把交往过程本身作为目的，而希望得到外在性报酬的行动者把交往过程看作是实现更远目标的手段，并依此选择合作伙伴；在社会交换中，各类报酬的价值具有相对性和模糊性，同一类报酬的价值也会因时因地而异；社会交换遵循理性、互惠、公正、边际效用和不均衡原理 5 条原则（Blau，1964）[260]。

由此可见，SET（社会交换理论）主张从人与社会互动、互惠的角度来解释个体的行为，即交换双方在互惠和相互依赖的基础上会产生对另一方的义务感。从这个视角出发，物质报酬和非物质报酬是企业提供的资源和对个人付出的义务，个人绩效是企业与员工在社会交换中获得的收益，敬业是员工付出的代价和义务。当企业给予员工适合其需求的报酬时，员工就觉得应该付出劳动作为"回报"，愿意为实现组织目标而提高自我绩效。因而，社会交换理论为解释员工工作投入产生和影响提供了重要的理论基础。

2.2.3 美国薪酬协会第二代总体报酬模型

2006 年，美国薪酬协会（WAW）在第一代总体报酬模型的基础上，提出了总体报酬体系的运作流程——第二代总体报酬模型（Total Rewards Model）（如图 2.6 所示）。

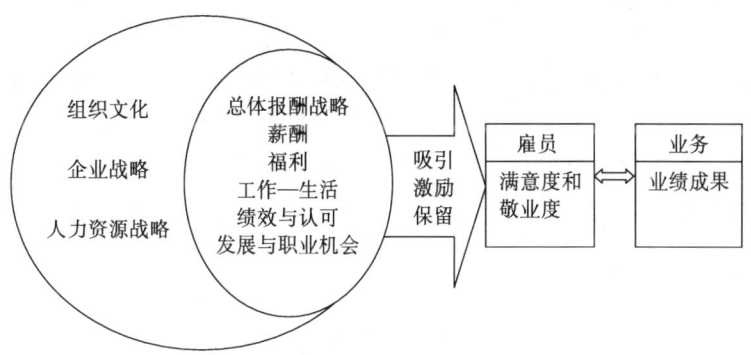

图 2.6　美国薪酬协会第二代总体报酬模型

第二代总体报酬模型有 3 个基本观点：第一，总体报酬包含薪酬（compensation）、福利（benefits）、工作生活（work–life）、绩效和认可（performance 和 recognition）、发展和职业机会（development 和 opportunities）5 个关键因素，这些因素能够有效地吸引、激励和保留企业成功所需要的人才；第二，总体报酬战略的确定取决于企业的组织文化、业务战略和人力资源战略三大宏观要素，其目标是吸引、激励和保留员工；第三，全面而又丰富的总体报酬能够促进员工承诺、提高员工的工作满意度和敬业度、提升组织绩效、帮助企业达成目标。

可见，这一模型不仅体现了员工需求层次多样性的观点，也蕴含了社会交换理论的思想，表明总体报酬通过提高员工的工作满意度和敬业度进而提高企业的绩效，对战略管理的总体思路进行了革命性的拓展，具有创新意义。但遗憾的是，该模型并没有明确揭示总体报酬对工作绩效的作用机制，只是在总体报酬与工作绩效之间设置了一个黑箱，这个黑箱里装着工作满意度和敬业度，而且也没有进行实证数据的检验。

2.2.4　资源保存理论

资源保存理论（Conservation of Resource Theory）是由 Hobfoll 提出的关于资源在个人和社会环境之间交互过程的理论。资源保存理论把资源界定为"个体特征、条件、能量等让个体觉得有价值的东西或者获得这些东西的方式"，包括物质性资源、社会资源和能量资源（包括体力能量、情感能量和认识能量）。活力的概念只和能量资源有关。就个体而言，资源又可以分为内部资源（包括乐观、自尊和自我效能）和外部资源（包括工作、社会支持和经济地位）（Hobfoll，

1989)[261]。

资源保存理论的核心观点是：个体渴望获得所需要的各种资源，当员工能有效应对资源且拥有丰富的资源时，就能够提高士气；资源具有增值螺旋和丧失螺旋两种效应，资源获取螺旋的上升速度往往小于损失螺旋，缺乏资源的人更容易陷入损失螺旋中（Hobfoll et al.，2000[262]）。具体而言，人们往往会试图寻找、保护和聚集资源，这些资源经过积聚或自发创造，可能再生成另一种资源，从而形成资源的增值螺旋效应；反之，人们若失去一种重要资源，就会引起另一种资源的丢失，因而那些缺乏资源的个体更易遭受资源损失带来的压力及随之而来的连带损失，最终产生消极的结果，导致资源的丧失螺旋效应（瞿皎皎 等，2014）[263]。

在资源保存理论的基础上，Demerouti 等人（2001）[264]提出了"工作需求—资源"（JD-R）模型，该模型把所有工作特征分为需求和资源两类。工作需求，指员工因工作需要而不断付出的身体、心理、情绪和社会等方面的努力和成本。例如，工作压力、工作负担、工作家庭冲突等。工作需求可能成为环境中的压力源，当压力过大时，员工往往产生不利于工作的负面情绪。工作资源，指能够在身体、心理和社会等方面降低工作要求和减少相应成本，有助于员工实现工作目标和促进个体成长、学习、发展的工作因素。例如，控制感、主管支持、工作信息等预期的回报，能够激发员工的工作动机，从而导致积极的工作成果。Shirom（2003）[148]把资源保存理论中"活力"的概念引入到敬业度的研究中，并进行了拓展，活力代表了积极的情感反应，是个体敬业度的一个维度。实证研究表明，工作需求会降低员工的投入，工作资源对工作投入具有促进作用。

2.2.5 人—组织匹配理论

近年来，越来越多的研究者开始关注人与组职的匹配，用匹配理论来研究组织环境和预测个体的结果。人—组织匹配理论的初始模型源于勒温的动力场理论（1951）。随着研究的深入，出现了"个人与职业匹配""个人和岗位匹配"等匹配理论。这些理论都主张"个人与环境匹配"更能反映出员工的绩效与环境的相互影响作用。

人—组织匹配理论（Person-Organization Fit Theory）认为组织中的个体变量与相应的组织变量间的匹配程度会影响个体的产出。Muchinnsky 等人（1987）

[265]认为,存在着一致匹配和互补匹配两种类型。Cable(1994)[266]等提出了"需要—供给匹配"和"要求—能力匹配"的观点,认为当个体需要在组织中得到满足时,匹配就发生了,员工就会感到满意,而当个体拥有组织所要求的能力时,就实现了人—组织的匹配。Schneider(1995)[267]提出了"吸引—选择—摩擦"的理论框架,认为人与组织间因相似而相互吸引、选择和留用。Maslach等人(2001)[268]在Gable研究的基础上提出了个体—工作匹配模型。该模型表明,个体与工作在工作负荷、控制、奖赏和认同、社会支持、公平感、价值感等6个方面的匹配程度决定了员工的情绪和情感状态;个体在这6个方面越是不匹配,越有可能产生工作倦怠;而越匹配,个体的需求越能得到满足,从而导致个体产生较好的工作态度,个体的敬业度就越高。基于这样的分析,可以推论,个人—工作匹配不仅直接影响员工的工作满意度、敬业度和工作绩效,而且与总体报酬感知交互影响员工的工作满意度、敬业度和工作绩效。

2.3 本章小结

本章在回顾梳理文献的基础上,首先界定了研究中涉及的7个核心变量的可操作化概念,即非国有企业、总体报酬、总体报酬感知、工作满意度、敬业度、工作绩效和个人—工作特征匹配,概念的明确界定有助于确定本书的研究对象和研究范畴,为第4章相关变量的测量奠定了基础。其次,对本研究依据的基础理论,包括现代激励理论、社会交换理论、第二代总体报酬模型、资源保存理论、个人—组织匹配理论,进行了阐述和评析,为第3章和第4章研究假设的推演提供了理论支撑。

第 3 章 非国有企业员工总体报酬及其结构研究

本章包含两项独立的研究。一是采用问卷调查和统计分析的方法,检验了美国薪酬协会第二代总体报酬模型在中国的适用性,分析了非国有企业员工的薪酬水平、总体报酬感知和工作满意度的关系,探讨了薪酬水平、要求—能力匹配对工作满意度的影响。二是在文献分析的基础上,通过访谈和问卷调查深入了解非国有企业员工的报酬构成和报酬期望,依据访谈结果,结合专家意见,筛选确立总体报酬内容的初始项目,编制总体报酬调查问卷。进而通过预调查,采用因子分析法构建总体报酬度量模型,开发总体报酬感知测量量表。

3.1 美国薪酬协会第二代总体报酬模型在中国的适用性

美国薪酬协会提出的第二代总体报酬模型将总体报酬划分为 5 个维度,即薪酬、福利、工作生活平衡、绩效与认可以及职业发展,这一模型为系统研究报酬的作用机制提供了新的视角。但也有学者认为(刘爱军 等,2010)[75],总体报酬模型虽然较好地界定了报酬的涵义,也比较直观地传递了报酬和组织成功之间的关系,但其构成并不完全适合中国的国情。杨菊兰等人(2015)[269]曾基于美国薪酬协会提出的总体报酬五因素模型,设计了总体报酬初始量表,通过对来自中国30个省份、303家非国有企业的1638份问卷折半后的探索性因子分析，发现其中的"福利"与"工作生活平衡"存在题项萃取交叉现象，五因素划分可能存在互斥性不够的问题，借助双因素理论，将整体薪酬结构简化为包括外在薪酬感知（工资水平和工作条件）和内在薪酬感知（发展与职业机会、工作生活平衡）两个维度共4个因素的整体薪酬感知概念。

因此，本章将美国薪酬协会的总体报酬五因素模型作为我国非国有企业总体报酬构成体系的蓝本，同时依据中国国情进行了必要的取舍和改变。首先，依据公平理论，在薪酬中增加了公平感；其次，鉴于中国特有的集体主义传统文化和关系导向的社会环境，综合考虑目前社会和经济发展因素以及家庭结构，发现中国员工都具有工作优先的行为规范，因而很难推测工作生活平衡是否对工作满意感产生显著影响，但更可能关注工作环境的因素（包括工作条件的改善和工作关系的和谐）。故在总体报酬体系中，用工作环境替代了工作与生活平衡维度。最终编制了涵盖"薪酬感知""福利感知""绩效与认可感知""职业发展感知""工作环境感知"5个维度16个题项的Likert 5级量表，1表示"很差"，3表示"一般"，5表示"很好"（见附录1）。

为确保量表的科学有效性，首先征求了包括人力资源管理研究者与非国有企业员工在内的6名专家意见，并在山西省10家非国有企业的100名员工中进行了小范围试测，用SPSS 21.0对试测结果进行了项目分析、效度检验和信度检验（如表3.1、图3.1所示）。

由表3.1可知，变量间存在共同因素，适合进行因素分析（KMO值为0.922，大于0.6，P值为0.000，小于0.05）。

首先删除CR（临界比值的t统计量）小于3.00、共同性低于0.2和MSA（取样适当性量数）值小于0.5的题项，再先后依次删除交叉负载大于0.4的题项，修改容易产生歧义的词句，最终保留了13个题项作为正式量表来测量总体报酬感知；13个题项的因子负载介于0.4~0.85，联合解释变异量为53.2%（大于50%），量表的内部一致性系数（α系数）为0.86，说明所保留的因素是适切的，各变量具有较好的聚合效度。

进一步地，为了确认总体报酬感知5个维度的区分效度，运用Amos 18.0对以上探索性因子的结构进行了验证性分析（CFA）。验证结果为，卡方检验值$\chi^2/df=4.30$，GFI＝0.956，AGFI＝0.933，CFI＝0.949，NFI＝0.939，TLI＝0.933，

表 3.1　总体报酬感知的探索性因子分析

变量		测量题项	载荷系数	解释能力（%）	其他说明的指标
总体薪酬感知	绩效认可	在工作中表达意见，参与企业决策的程度（J1）	0.57	2.35	KMO 值 = 0.922 > 0.6 Bartlett's 球形检验：$P = 0.000 < 0.05$ 累计解释变异量 53.16% Cronbach's Alpha 值 = 0.86
		工作成绩得到单位和领导的认可程度（J2）	0.58		
	薪酬感知	工资薪酬在同行业水平相比情况（P1）	0.66	4.61	
		工作单位的待遇情况（P2）	0.55		
		公司的薪酬差距（P3）	0.35		
报酬感知	福利感知	企业缴纳养老保险、医疗保险、失业保险的情况（B1）	0.73	2	
		企业缴纳住房公积金的情况（B2）	0.49		
	工作环境	工作环境与条件的安全性（E1）	0.85	4.44	
		与同事的关系融洽和谐情况（E2）	0.57		
	职业发展	在企业拥有良好的发展前途（T1）	0.40	39.7	
		企业招聘与职位晋升公平合理情况（T2）	0.61		
		企业领导重视年轻人才培养情况（T3）	0.76		
		企业的培训工作效果（T4）	0.76		

注：提取方法为主轴因子分解；旋转法：具有 Kaiser 标准化的倾斜旋转法，旋转在 12 次迭代后收敛。

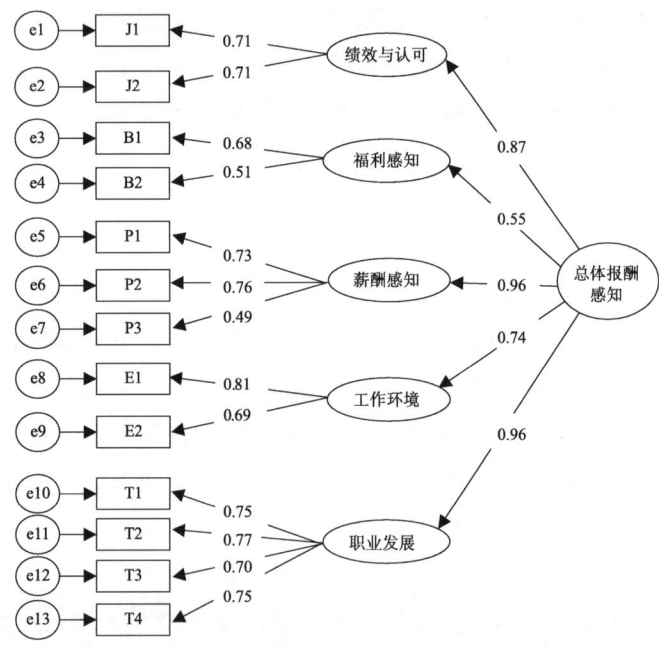

图 3.1　验证性因子分析路径图

RMSEA = 0.065，表明总体报酬感知的 5 个维度代表了不同的构念，具有足够的区分效度。图 3.1 也显示总体报酬感知模型（5 个二阶因子，13 个一阶因子）有较好的拟合度。

3.2 总体报酬、薪酬水平、要求—能力匹配和工作满意度关系的模型构建

报酬的激励效果受到报酬绝对水平与报酬类型是否满足员工实际需要两个方面的影响（Vroom，1964）[24]。但现有的研究大多以某一特定薪酬类型为研究对象，缺乏对报酬体系的系统研究，制约了研究成果在企业薪酬管理实践中的应用（龙立荣 等，2010）[11]。薪酬作为企业占比最大的成本支出，是企业对员工最直观的投入，其作用结果受到了包括政府、企业管理者、员工和学术界管理学者等各方的关注。随着中国不同行业、不同企业、不同职级之间薪酬差距的不断扩大，人们不禁追问差异如此巨大的薪酬资金配置背后，是否带来了相应的管理效率。因而，理清薪酬水平的作用结果，对于深入开展收入分配制度改革具有重要的理论与实践指导意义。

此外，勒温的动力场理论（1951）表明，个体的态度和行为随其本身与所处环境条件的变化而改变，综合考虑个体特征和环境特征间的共同作用才能更好地解释个体的态度和行为。由此推论，各类报酬要素对员工态度的影响不仅与其需求有关，而且与其所处的工作环境密不可分。因而，分析各类报酬要素对员工工作满意度的影响时有必要引入情境因素。例如，探索要求—能力匹配如何调节非国有企业员工感知的各类报酬要素与其工作满意度的关系，对于解决报酬激励的核心问题——"在什么情境下如何优化报酬要素更能提高报酬的激励效果"具有重要的意义。然而，现有的研究还鲜有从个体与环境匹配的角度考察报酬对员工工作满意度的影响。因此，本节基于总体报酬理论和人—组织匹配理论，探索总体报酬各要素、薪酬水平、要求—能力匹配对员工工作满意度的影响机制，为非国有企业通过报酬管理和人—岗匹配提升人力资源效能和员工工作满意度的统一提供管理参考，不仅丰富和拓展了总体报酬理论和人—组织匹配理论，而且对非国有企业解决"用工荒"，激励员工积极性，进而实现我国经济社会发展新常态具有重要的现实意义。

3.2.1 总体报酬各要素对工作满意度的影响

工作满意度是员工将工作各个方面与其期望相比较得出的评价,其大小决定于个人从工作中所得到的实际报酬与期望报酬之间的差距(Lawler,1971)[19]。总体报酬,是指企业用来提高和交换员工对企业的个人贡献而支付给员工的符合其需要的包括货币形式和非货币形式在内的所有回报。总体报酬以员工需求为导向的本质,突出了企业利益与个人利益相协调并使之最大化的共赢思想,对员工工作积极性、离职率和其他关键行为发挥着积极的影响(Lawler III,2011)[270],能够有效促进员工的工作满意度(WAW,2012[12];王红芳 等,2015[121])。

综合国内外研究成果,从报酬的角度看,影响非国有企业员工工作满意度的因素主要有薪酬、福利、绩效考核、认可、培训开发、工作条件和工作关系(Locke,1976[93];Robert et al.,2000[271];黄桂,2005[95];谢西庆 等,2012[98]),但也有学者提出了不同的意见,认为职业发展、工作关系对满意度影响显著,薪酬福利和绩效考核对满意度无显著影响(刘凤瑜 等,2004)[96]。张士菊等人(2007)[104]进一步发现不同因素对工作满意度的影响程度存在显著差异,其中,薪酬福利的影响最大,其次为工作本身、晋升、工作关系。但才国伟等人(2013)[105]发现最影响员工满意度的因素是工资收入,之后依次是工作时间、工作安全、工作环境和晋升机会。可见,学者们的实证研究结论并不一致。

依据行为科学理论和需求层次理论,人是永不满足的社会动物。组织在设计报酬结构时要从员工的需求层次出发,不仅考虑薪水、安全、工作条件、关系等导致员工对工作不满的保健因素,还要考虑成长、工作本身、认可、成就等促使员工对工作满意的激励因素,才能使员工发挥最大的主动性和天资禀赋,从而实现组织的目标(Herzberg,1959)[17]。基于"复杂人"假设的公平理论(Adams,1963)和期望理论(Vroom,1964)[24]指出,满意度是员工将自己的收益与他人比较的结果,源于员工对个人工作的评估达到期望水平的程度;员工对奖励倾向于一种多重的观点(即奖励可以是有形的,也可以是无形的),其态度和行动以自己的主观感受为基础;要使员工的激励水平达到最大化,关键要了解员工的个人目标以及努力与绩效、绩效与奖励、奖励与个人目标满足之间的关系。而人们追求的生活目标有内在目标(例如,合群、亲密关系、个人成长等)和外在目标(例如,经济上的成功、外表、知名度或名望等)两种。内在目标与外在目标相比,能够引起个体更多的心理需求满足。同时,薪酬外部公平性和内部公平性对满意度有强显著影响(王炳成,2011)[113]。因此,从报酬的角度看,影响满意度的并不是报酬本身,而是员工对报酬的主观评价,即报酬感知,进而做出以下推论:

假设1:总体报酬感知5个维度对工作满意度有显著正向影响,但影响程度存在差异。

3.2.2 要求—能力匹配对总体报酬与工作满意度关系的影响

近年来,越来越多的研究者开始关注人与组织的匹配,用匹配理论来研究组织环境和预测个体的结果。国内外大量的实证研究证明,实现人—组织匹配,能有效提高员工工作满意度和工作绩效(Hoffman et al.,2006[272];曲庆 等,2013[222];储成祥 等,2014[221];奚玉芹 等,2014[124])。

要求—能力匹配,是人—组织匹配中互补性匹配的重要内容,指个体拥有的知识、技能和能力是否能够满足组织和工作的要求(Kristof,1996)[273]。Cable等人(1994)[266]首先提出了"需要—供给"和"要求—能力"的观点,认为当组织满足了个体的需要、愿望或偏好时,匹配就发生了,员工就会感到满意,而当个体拥有组织所要求的能力时,就实现了人—组织的匹配。自我决定理论(Deci et al.,2000)[256]认为,人们都有自主权、归属感和胜任力的基本需求,当这三种先天心理得到满足时,个体便在内在动机的驱动下工作,发挥潜力,创造积极的工作产出,并从工作中获得较高的满意度。因此,要求—能力匹配水平的提高,将增强员工对工作的胜任感,使其胜任力的先天心理需要得到满足,员工因此具有较高的满意度;较低水平的要求—能力匹配容易使员工产生挫败感,其胜任力的基本心理需要无法满足,积极行为就会被削弱,甚至倾向采用消极行为,员工满意度下降。由此可以推论,要求—能力匹配水平与工作满意度相关,而相对于要求—能力匹配水平较高的员工,要求—能力匹配水平较低的员工更关注报酬对其积极性的激励,报酬对其满意度的影响作用更强。

根据上述理论分析,提出以下假设:

假设2:要求—能力匹配与工作满意度正相关。

假设3:要求—能力匹配对总体报酬感知与工作满意度的关系具有调节作用。

3.2.3 薪酬水平对总体报酬与工作满意度关系的影响

薪酬水平反映了社会整体财富分配的公平性与合理性，是个体主观态度评估的基本层面。效率工资理论认为，高工资具有激励效应、分选效应、劳动力流动效应和社会伦理效应，能够强化工人的公平理念和回报观念。但 Easterlin（2006）[274]悖论（幸福停滞的经济增长）指出，收入水平的提高并不必然导致经济个体满意度和主观幸福感的相应提高。Drakopoulos 等人（1997）[103]的调查发现，英国雇员的工作满意度受其心理衡量过程的先后次序特点影响。雇员的首要衡量指标是工资收入，当收入水平未达预期时，收入是影响其满意度最重要的因素；当收入水平一旦达到预期时，收入的重要性将会降低，其他影响因素的作用随之上升。刘志强（2014）[16]的研究表明，绝对收入水平和收入的比较是影响我国企业员工工作回报满意度极为重要的2个因素，低收入组劳动者更关注绝对收入和进行比较后的相对收入；高收入组更重视企业归属感和工作保障性等。可见，收入对工作满意度的影响会随着收入水平的变化而变化，收入水平不同，报酬各要素与工作满意度的关系会发生变化。马斯洛的需要层次理论也认为，人的基本需要是分层次的，人的行为过程总是表现为由低层次到高层次逐步满足的过程，当低层次需求得到满足后，就不再占有支配地位。因此，本研究提出以下假设：

假设4：薪酬水平与工作满意度相关，薪酬水平对工作满意度的影响呈现先扬后抑的关系。

假设5：薪酬水平对总体报酬感知与工作满意度间的关系具有调节作用。

综上所述，构建如图3.2所示的理论模型1。

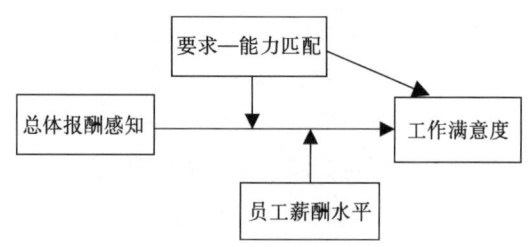

图3.2　理论模型1

3.2.4 研究设计

(1) 数据搜集和样本选择

本研究使用的数据来源于 2013 年 4 月至 2013 年 10 月发放并回收的问卷。问卷发放采用 2 种方式：一是电子邮件方式，主要通过各省工商联合会直接将电子版问卷发给愿意接受调查的非国有企业；二是走访方式，通过研究者的社会关系，实地走访多家企业并回收问卷。数据取自山西、河南、河北、江西 4 个省份的 385 家非国有企业。由于本研究的变量均需员工自我报告，为了降低共同方法偏差（Common Method Variance）对研究结果带来的影响，也考虑到员工的要求—能力匹配和工作满意度有滞后性的特征，数据收集采用两阶段纵向调查法。第一阶段，在 2013 年 4 月发放第一次调查问卷（T1），问卷内容主要包括所调查企业的特征（企业类型、规模、所在行业）、员工的个人信息（年龄、性别、教育程度、在单位工作的时间、薪酬水平）以及员工的总体报酬感知。第二阶段，在 2013 年 10 月发放第二次调查问卷（T2），问卷内容主要包括要求—能力匹配与工作满意度。两次调查的间隔时间为 6 个月。

本次研究共收回有效问卷 1259 份，参与问卷调查个体的人口统计学特征和所在企业特征如表 3.2 所示。总体而言，样本分布反映了我国非国有企业行业分布范围广、规模较小、员工工龄较短、学历以职业教育为主的特点，表明本次调查具有较好的外部效度。

(2) 变量测量

①工作满意度。工作满意度是本研究的因变量。Vroom（1964）和 Price（1972）将工作满意度视为单一维度，即对于工作的整体满意度。鉴于样本量较大，本书参照类似研究的做法（才国伟，2013[105]；柯江林，2014[107]；Susan et al.，2012)[275]，采用一个问题来测量民营企业员工的整体工作满意度，即要求被调查对象根据自己的实际情况，用数字 1～5 递进地表达对"总的来说，我对自己的工作感到满意"的认同程度，1 表示强烈不同意，5 表示强烈同意。

②薪酬水平。薪酬水平是本研究的调节变量之一，采用被调查对象 2013 年每月的实际收入，具体问题是："目前您每月全部工资奖金福利为（ ）：①2000 元及以下，②2001～3000 元，③3001～5000 元，④5001～8000 元，⑤8001～10000 元，⑥10001～15000 元，⑦15001 元以上"。

表 3.2　参与问卷调查的样本特征统计与赋值（$N=1259$）

特征	类型	个数（个）	比例（%）	赋值	特征	类型	人数（个）	比例（%）	赋值
企业类型	个人独资	136	10.8	1	年龄	20 岁以下	67	5.3	1
	合伙企业	48	3.8	2		20~29 岁	623	49.5	2
	有限责任公司	875	69.5	3		30~35 岁	348	27.6	3
	股份有限公司	162	12.9	4		36~40 岁	166	13.2	4
	其他	10	0.8	5		41~50 岁	34	2.7	5
企业规模	不到 100 人	417	33.1	1		51 岁以上	21	1.6	6
	101~300 人	307	24.4	2	本企业工作年限	1 年以下	291	23.1	1
	301~500 人	110	8.7	3		1~3 年	370	29.4	2
	501~1000 人	108	8.6	4		3~5 年	204	16.2	3
	1001~1500 人	102	8.1	5		5~10 年	232	18.4	4
	1501~2000 人	68	5.4	6		10 年以上	162	12.9	5
	2000 人以上	137	10.9	7	受教育程度	初中及以下	90	7.1	1
企业所处行业	农、林、牧、渔业	74	5.9	1		高中或中职	308	24.5	2
	采矿业	62	4.9	2		大专或高职	525	41.7	3
	制造业	411	32.6	3		本科	313	24.9	4
	电力、燃气及水的生产供应	38	3.0	4		研究生及以上	14	1.1	5
	建筑业	106	8.4	5		缺失	9	0.7	0
	交通运输、仓储和邮政业	44	3.5	6	入职来源	学校毕业应聘	247	19.6	1
	信息传输业	11	0.9	7		离职后前来应聘	155	12.3	2
	批发零售业	234	18.6	8		农民工	449	35.7	3
	住宿餐饮业	151	12.0	9		无工作或长期待业	313	24.9	4
	金融业	31	2.5	10		缺失	43	3.4	0
	房地产业	282	22.4	11	性别	男	610	48.5	1
	租赁和商业服务	79	6.3	12		女	649	51.5	2

续表

特征	类型	个数（个）	比例（%）	赋值	特征	类型	人数（个）	比例（%）	赋值
企业所处行业	水利、环境和公共设施服务	5	0.4	13	职位	一般员工	634	50.4	1
	居民服务和其他服务	72	5.7	14		基层管理人员	380	30.2	2
	教育、文化、体育和娱乐	19	1.5	15		中高层管理人员	213	16.9	3
	卫生、社会保障和社会福利	3	0.3	16		其他	16	1.3	0
	文化、体育和娱乐	41	3.3	17		—			
	其他	3	0.3	18					

注：(1) 有些企业从事多种行业，存在行业的复选情况；(2) 资料来源：作者计算整理。

依据 2014 年中国统计年鉴公布的有限责任公司员工 2013 年平均工资数（46718 元），将样本按照薪酬水平分组，编制各组员工工作满意度的描述性统计表（如表 3.3 所示），并绘制出收入水平与工作满意度均值折线图（如图 3.3 所示）。不难发现，工作满意度的均值随着收入的增加先提高后下降，可以猜测在月薪酬为 3001~5000 元的中等收入区间内，工作满意度存在一个"拐点"，即随着薪酬的变化，工作满意度的单调性发生了改变，说明假设 4 是成立的。

表 3.3 不同薪酬水平分组的员工工作满意度描述性统计表

收入分组	样本数（个）	均值	标准差	最小值	最大值
低薪酬（2000 元以下）	298	3.92	0.889	1	5
较低薪酬（2001~3000 元）	545	4.13	0.738	1	5
中等薪酬（3001~5000 元）	316	4.27	0.689	1	5
较高薪酬（5001~8000 元）	60	4.07	0.778	3	5
高薪酬（8001 元以上）	28	4.07	0.663	3	5
总体	1247	4.11	0.475	1	5

资料来源：作者计算整理。

■ 非国有企业员工总体报酬及其结构对工作绩效的影响研究

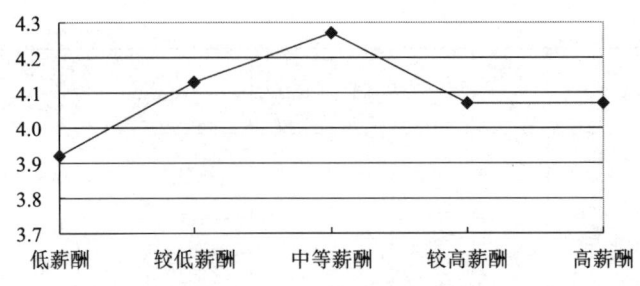

图 3.3　薪酬水平与工作满意度均值折线图

资料来源：作者计算整理。

③总体报酬感知。总体报酬感知是本研究的自变量，采用本章第一节的问卷进行测量。

④要求—能力匹配。依据 Kristof（1996）[273]关于要求—能力匹配的定义，参照设计了 3 个题项，即工作岗位与学历、专业资格类别符合程度，工作中发挥能力和潜能的程度，工作岗位和氛围与个性特点的符合程度，并对其进行测量。问卷采用 Likert–5 点设计，1 表示非常不同意，3 表示中立，5 表示非常同意。

⑤控制变量。已有研究表明，个人特征影响员工对报酬构成要素相对重要性的判断（Christian et al., 2008），调节薪酬水平对工作满意度的影响（Malka et al., 2003）[276]，组织特征和员工个人特征中的一些变量（例如，性别、年龄、文化程度、职务级别、任职年限、户籍、企业性质等）与员工工作满意度相关（刘爱玉 等，2010[100]；才国伟 等，2013[105]）。但也有学者得出了不一致的结论，认为有些人口特征变量（例如性别、工作年限、年龄、受教育程度、职级等）对员工工作满意度并不会产生影响（刘凤瑜 等，2004[96]；王炳成，2011[113]）。尽管这些研究结论存在分歧，但至少说明个体特征与组织特征可能会影响到员工的满意度。因此，本研究在分析中控制了可能对员工工作满意度产生影响的组织特征和个人特征，具体包括企业规模、企业类型和员工的性别、年龄、受教育程度、本企业工龄、工作职位和入职来源。

（3）统计方法和分析思路

本研究采用 SPSS 21.0 和 Amos 18.0 进行所有的统计分析。首先，采用 Amos 18.0 进行验证性因素分析，检验模型中主要变量的区分效度；其次，运用 SPSS 21.0 进行描述性统计分析；最后，采用层次回归分析方法考察薪酬水平、总体报酬感知与工作满意度的关系以及人—岗匹配的调节作用。

3.2.5 实证结果与分析

（1）研究变量的信度效度分析

首先，对研究中所使用量表的信度进行了检验。运用 SPSS 21.0 统计软件对要求—能力匹配的探索性因子分析结果表明（如表 3.4 所示），变量间存在共同因素，适合进行因素分析（KMO 值为 0.68 大于 0.6，P 值为 $0.000 < 0.05$）；所保留的因素适切（所保留的因素联合解释变异量为 67.08%，大于 50%）；三条目的因子负荷介于 0.782~0.847，说明变量具有较好的聚合效度，3 个条目反映了同一个构念。人—岗匹配量表的 α 系数为 0.75，总体报酬感知量表的 α 系数为 0.86，都高于 0.7 的可接受标准。随后，本研究又检验了整体问卷的效度。检验结果表明，四因子模型的拟合指标优于其他 3 个比较模型，4 个研究构念相互独立，问卷整体具有较高的效度。

表 3.4 要求—能力匹配量表的探索性因子分析

变量	测量题项	载荷系数	其他说明的指标
要求—能力匹配	工作岗位与学历、专业资格的符合程度	0.827	KMO = 0.68 Bartlett's 球形检验：近似卡方值为 914.25，$df = 3$，$P = 0.000$ 解释变异量 67.08%
	工作能否发挥能力和潜力	0.847	
	岗位与企业氛围与个性特点的符合情况	0.782	

（2）描述性统计与相关分析

各主要变量的平均值、标准差及 Pearson 相关系数如表 3.5 所示。

在 $P < 0.01$ 的水平上，薪酬水平、总体报酬感知、人—岗匹配与工作满意度都呈现出显著的正相关关系，这为后续的相关假设检验提供了初步支持。

①非国有企业员工的满意度与其性别、年龄、入职来源和所在企业规模的关系均不显著，没有充分理由认为企业规模、性别、年龄和入职来源会影响员工的满意度。根据以往学者的建议，为了避免随意放入控制变量对研究结果造成的污染（Becker，2005[277]；Spector et al.，2011[278]），研究者在后续回归分析中仅将与满意度有关的企业类型、本企业工龄、受教育水平和工作职位 4 个变量作为控制变量。

②相关系数对假设2和假设3提供了初步支持员工满意度与薪酬水平（$r=0.111$，$P<0.01$）、职业发展（$r=0.660$，$P<0.01$）、工作环境（$r=0.467$，$P<0.01$）、薪酬感知（$r=0.587$，$P<0.01$）、福利感知（$r=0.260$，$P<0.01$）、绩效认可（$r=0.567$，$P<0.01$）之间均存在显著正相关关系，初步表明总体报酬感知5个维度与满意度正相关。

③量表的一致性较好。除了福利感知量表以外，其余分量表的Cronbach's Alpha值均大于0.6，总量表的Cronbach's Alpha值为0.9，表明各个量表内部一致性较好，总量表的一致性非常理想。福利感知层面量表的α值为0.52，小于0.5，一致性处于尚可接受水平，其原因可能是相当多的非国有企业没有为员工缴纳公积金，收回的问卷中该题项缺失值较多。

（3）假设检验

运用SPSS 21.0统计软件，采用多元分层回归分析的方法检验假设1、假设2和假设3，分析结果（如表3.6所示）。在检验调节效应时，为了避免自变量和交互效应项相关性过高可能产生的共线性问题，按照Aiken等人（1991）[279]的建议，先把自变量和调节变量进行中心化处理，再将中心化处理后的二者的乘积作为交互效应项。由于控制变量均为类别变量，因而先将其转换为虚拟变量：企业类型的参照类为个人独资企业，本企业工作时间参照类为1年以下，教育水平参照类为初中及以下职位工作参照类为一般员工。多重共线性分析发现，方差膨胀因子介于1.031~2.51，均小于3，表明变量之间不存在多重共线性问题，不会显著影响假设检验的结果。

①总体报酬感知及其各个维度对工作满意度的影响。模型1（M1）显示，控制变量解释了工作满意度方差的2.9%（$F=8.408$，$P<0.001$），表明企业工龄作为控制变量，与员工的满意度关系不显著（$P>0.1$）；员工受教育水平及企业类型，则与员工的满意度显著负相关（$P<0.01$），说明员工的文化程度越高，其满意度越低；员工的职位与其工作满意度显著正相关（$P<0.001$），即职位越高，满意度越高。

模型2（M2）显示，在控制了有关变量的影响后，总体报酬感知能显著增加工作满意度变异47.9%的解释量（$F=129.87$，$P<0.001$），表明总体报酬感知对工作满意度有显著的正向作用。报酬感知各个维度对满意度的影响不同，职业发展感知对满意度的影响最大（$\beta=0.383$，$P<0.001$），之后依次为绩效认可

表 3.5 主要变量的均值、标准差及相关系数（$N=1259$）

变量	M	SD	1	2	3	4	5	6	7	8	9	10	11	12	13	14	15
1. 企业规模	2.94	2.06	—														
2. 企业类型	2.88	0.79	0.162**	—													
3. 性别	1.52	0.50	0.005	−0.005	—												
4. 年龄	31.94	8.57	0.035	0.030	−0.229**	—											
5. 本企业工龄	4.62	4.68	0.172**	0.212**	0.117**	−0.102**	0.520**										
6. 受教育水平	2.91	0.90	0.099**	0.116**	0.019	−0.222**	−0.156**	—									
7. 工作职位	1.69	0.80	0.007	−0.051	0.200**	0.171**	0.212**	—									
8. 入职来源	2.02	0.85	−0.087**	−0.074*	−0.086**	0.230**	−0.058*	−0.221**	−0.057*	—							
9. 薪酬水平	2.18	0.93	0.134**	−0.031	−0.217**	0.162**	0.160**	0.204**	0.332**	0.036	—						
10. 职业发展感知	4.08	0.68	0.071*	−0.041	−0.034	−0.017	−0.012	0.024	0.111**	−0.038	0.118**	(0.83)					
11. 工作环境感知	4.39	0.63	0.049	0.052	0.047	−0.004	0.086**	0.020	0.116**	−0.043	0.029	0.572**	(0.70)				
12. 薪酬感知	3.88	0.84	−0.046	−0.076*	−0.035	0.011	−0.040	−0.037	0.132**	0.018	0.226**	0.674**	0.466**	(0.67)			
13. 福利感知	3.36	1.12	0.327**	0.117**	−0.036	0.094**	0.216**	0.135**	0.135**	−0.048	0.200**	0.330**	0.250**	0.337**	(0.52)		
14. 绩效认可感知	3.98	0.76	0.003	−0.067*	−0.103**	0.041	0.019	0.009	0.148**	0.034	0.204**	0.611**	0.455**	0.551**	0.238**	(0.66)	
15. 工作满意度	4.10	0.77	0.008	−0.087**	−0.045	0.040	0.065*	−0.071*	0.093**	−0.004	0.111**	0.660**	0.467**	0.587**	0.260**	0.567**	(0.90)

注：(1) $N=1259$；* 表示 $P<0.05$，即在 0.05 水平上显著相关；** 表示 $P<0.01$，即在 0.01 水平上显著相关，双尾检测；(2) 表中括号内的数字为相应变量的内部一致性信度系数。

表 3.6 多元层次回归分析结果（$N=1259$）

回归步骤	变量	工作满意度							
		M1	M2	M3	M4	M5	M6	M78	M8
Step1: 控制变量	企业类型	-0.097***	-0.049*	-0.059**	-0.037	-0.049*	-0.037	-0.065**	-0.065**
	本企业工龄	0.046	0.059**	0.007	0.023	0.042	0.044†	0.001	-0.013
	教育水平	-0.081**	-0.067**	-0.091***	-0.071**	-0.071**	-0.047*	-0.073***	-0.086***
	工作职位	0.105***	0.003	0.009	0.031	0.028	0.017	0.039	0.045†
Step2: 主效应	绩效认可感知	—	0.200***	—	0.308***	—	—	—	—
	职业发展感知	—	0.383***	—	—	0.470***	—	—	—
	薪酬感知	—	0.159***	—	—	—	0.348***	—	—
	福利感知	—	0.011	—	—	—	—	—	0.126***
	工作环境感知	—	0.071**	—	—	—	—	—	—
	总体报酬感知	—	—	0.470***	—	—	—	0.222***	—
	要求—能力匹配	—	—	0.284***	0.378***	0.279***	0.398***	0.484***	0.547***
Step3: 调节效应	绩效认可×要求—能力匹配	—	—	—	-0.053*	—	—	—	—
	职业发展×要求—能力匹配	—	—	—	—	-0.044*	—	—	—
	薪酬×要求—能力匹配	—	—	—	—	—	-0.047*	—	—
	福利×要求—能力匹配	—	—	—	—	—	—	—	0.055*
	环境×要求—能力匹配	—	—	—	—	—	—	0.03	—
—	R^2	0.029	0.508	0.489	0.427	0.506	0.459	0.399	0.386
—	ΔR^2	0.029	0.479	0.460	0.003	0.002	0.002	0.001	0.004
—	F	8.408***	129.87***	181.416**	139.447***	163.923***	137.531***	107.861***	101.455***

注：$N=1259$；†表示 $P<0.1$，即在 0.1 水平上显著相关；*表示 $P<0.05$，即在 0.05 水平上显著相关；**表示 $P<0.01$，即在 0.01 水平上显著相关；***表示 $P<0.001$，即在 0.001 水平上显著相关。

($\beta = 0.200$,$P < 0.001$)、薪酬感知（$\beta = 0.159$,$P < 0.001$）、工作环境（$\beta = 0.071$,$P < 0.01$），而福利感知对满意度的影响不显著（$\beta = 0.011$,$n.s.$）。可见，各报酬要素对满意度的影响存在差异，假设1得到了支持。

②要求—能力匹配对总体报酬感知与工作满意度关系的调节作用。模型3（M3）显示，要求—能力匹配水平对工作满意度有显著正向影响（$\beta = 0.284$,$P < 0.001$），但影响强度要弱于总体报酬对满意度的影响（$\beta = 0.471$,$P < 0.001$），假设2得到了验证。

模型4~模型8（M4~M8）显示，要求—能力匹配与绩效认可感知的负向交互效应显著（$\beta = -0.053$,$P < 0.05$；$\Delta R^2 = 0.003$,$P < 0.05$），要求—能力匹配与职业发展感知的负向交互效应显著（$\beta = -0.044$,$P < 0.05$；$\Delta R^2 = 0.002$,$P < 0.05$），要求—能力匹配与薪酬感知的负向交互效应显著（$\beta = -0.047$,$P < 0.05$；$\Delta R^2 = 0.002$,$P < 0.05$），要求—能力匹配与工作环境感知的交互效应不显著（$\beta = 0.03$,$P > 0.1$；$\Delta R^2 = 0.001$,$P > 0.1$）。非常有趣的是，尽管福利感知对满意度的正向影响不显著，但要求—能力匹配与福利感知的正向交互效应显著（$\beta = 0.041$,$P < 0.05$；$\Delta R^2 = 0.003$,$P < 0.05$），假设3得到了部分支持。

为了更清晰地呈现要求—能力匹配的调节效应方向，按照 Aiken 等人（1991）[279]的建议进行了简单斜率检验，并绘制交互效应图3.4、图3.5、图3.6和图3.7（正负一个标准差）。图3.4~图3.7直观地反映了在不同水平的要求—能力匹配下，各报酬要素感知与工作满意度之间的关系。可以看出，随着要求—能力匹配程度的提高，绩效认可感知、职业发展感知、薪酬感知对工作满意度的正向影响减弱，福利感知对工作满意度的正向影响逐渐显著且增强。要求—能力匹配对工作环境感知与员工满意度的关系没有影响。

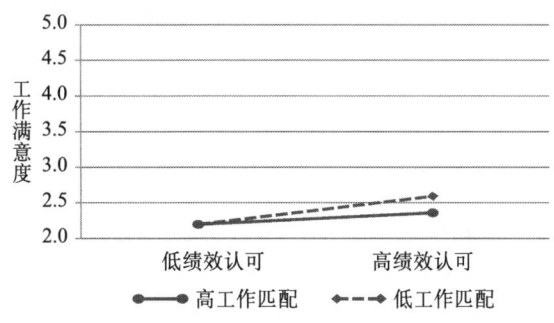

图3.4 要求—能力匹配在绩效认可与工作满意度关系中的调节作用

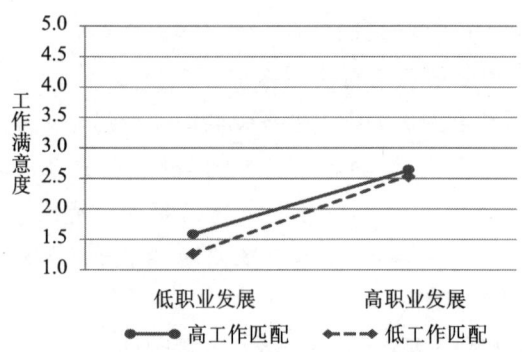

图 3.5　要求—能力匹配在职业发展与工作满意度关系中的调节作用

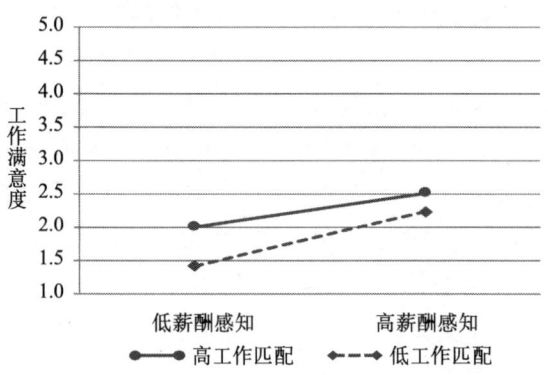

图 3.6　要求—能力匹配在薪酬感知与工作满意度关系中的调节作用

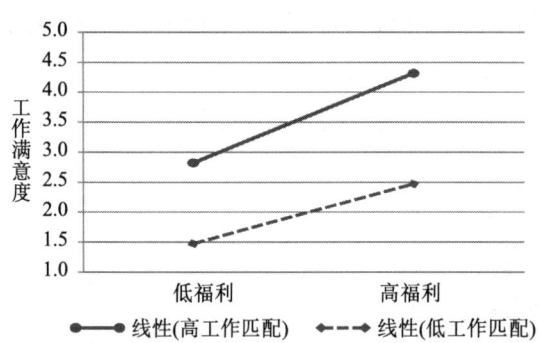

图 3.7　要求—能力匹配在福利与工作满意度关系的调节作用

假设 1～假设 3 的成立，说明以下问题。

第一，在中国情境下，非国有企业员工总体报酬可以分为 5 个维度，即职业发展、绩效认可、薪酬、工作环境和福利，各个维度对员工满意度的影响存在差异。依据解释变量回归系数由大到小排序依次为职业发展、绩效认可、薪酬感知、工作环境、福利感知。其中，福利的回归系数没有通过 10% 的显著性水平检验。可见，非物质报酬感知对员工满意度的影响作用更强。这一结论与文跃然等人（2009）[280]的研究结论一致。

第二，要求—能力匹配对员工满意度有显著正向影响，且影响程度小于总体报酬感知对工作满意度的影响。

第三，要求—能力匹配对总体报酬各要素与工作满意度的关系具有调节作用。具体而言，要求—能力匹配水平越高，绩效认可感知、职业发展感知、薪酬感知对工作满意度的正向影响越弱，福利对工作满意度的正向影响逐渐显著且越强，要求—能力匹配水平越低，绩效认可感知、职业发展感知、薪酬感知对工作满意度的影响越强，福利感知对工作满意度的影响越弱，直至不显著。

③薪酬水平对总体报酬感知与满意度关系的调节作用。首先，采用单因素方差分析的方法预测，确定薪酬水平不同的员工的工作满意度是否能够进行比较。由表 3.7 显示，不同薪酬水平员工的工作满意度，显著系数 Sig. 为 0.000，小于 0.05，通过显著性检验，说明员工薪酬水平不同，其工作满意度有显著差异。这为之后的调节作用检验提供了初步的支持。

表 3.7　　　　　基于薪酬水平的工作满意度单因素方差分析

比较项目	平方和	df	均方	F	显著系数 Sig.
组间	19.172	4	4.793	8.172	0.000
组内	728.428	1242	0.586	—	—
总数	747.601	1246	—	—	—

其次，检验薪酬水平对总体报酬感知与工作满意度关系的调节作用。总体报酬感知是定序变量，调节变量薪酬水平是类别变量。现有研究认为，当定序变量的取值较多且间隔较均匀时，可以近似作为连续变量处理（温忠麟 等，2005）[281]；当调节变量是类别变量、自变量是连续变量时，验证其调节作用需采用分组回归的方法（Cohen et al., 2003）[282]。因此，本研究采用分组回归分析的方法，分别检验每一组样本中总体报酬感知对员工满意度的影响。在对各组样本进行回归分析时，同样使用层级回归的方法。第一步进入回归方程的是控制

变量，控制变量的虚拟方法同上。第二步为自变量的主效应。表3.8显示了4组样本回归分析的主要结果。

表3.8　　　　　　　　　　　　薪酬水平的调节作用

变量	工作满意度			
薪酬水平	低薪酬水平	较低薪酬水平	中等薪酬水平	较高薪酬水平
样本数量	301	546	319	88
控制变量				
企业类型	-0.02	-0.061*	-0.08†	0.03
本企业工龄	-0.068	-0.013*	0.151**	0.002
教育水平	-0.051	-0.095**	-0.051	0.190**
职位	0.006	0.033	0.012	0.043
模型的解释量 R^2	0.0231	0.043***	0.040*	0.034
自变量				
职业发展	0.355***	0.389***	0.211***	0.736***
绩效认可	0.210***	0.190***	0.211***	0.138
薪酬感知	0.169***	0.173***	0.173**	0.105
福利感知	0.003	0.055	-0.004	0.056
工作环境	0.157***	0.050	0.002	0.077
R^2	0.553	0.535	0.405	0.654
ΔR^2	0.530***	0.492***	0.365***	0.620***
F	40.069***	68.478***	23.354***	16.394***

注：$N=1259$；†表示 $P<0.1$，即在0.1水平上显著相关；*表示 $P<0.05$，即在0.05水平上显著相关；**表示 $P<0.01$，即在0.01水平上显著相关；***表示 $P<0.001$，即在0.001水平上显著相关。

从低薪酬水平到较高薪酬水平的4组回归模型分别解释了满意度55.3%（$F=40.096$，$P<0.001$）、53.5%（$F=68.478$，$P<0.001$）、40.5%（$F=23.354$，$P<0.001$）、65.4%（$F=16.394$，$P<0.001$）的方差，表明4个模型的效果都比较理想；将总体报酬感知加入回归模型后，模型对满意度的解释能力分别增加了53%、49.2%、36.5%和62%，表明薪酬水平不同，总体报酬感知对满意度的解释能力存在明显差异，尤其是中等薪酬水平的总体报酬感知的方差解释能力明显较低，假设5得到了支持。

3.2.6 管理启示

中国企业已进入人力资源效能制胜与效能管理的新时代。本研究明晰了总体报酬感知、薪酬水平、要求—能力匹配和工作满意度之间的关系,指出不同类型的报酬感知对工作满意度影响强度不同,薪酬水平与要求—能力匹配对报酬感知与工作满意度的关系具有调节效应。本研究揭示了当前非国有企业提高薪资水平却无法提升员工满意度、降低员工离职率的深层次原因,暴露出非国有企业中"砸钱就能让员工满意"的管理意识错误,解释了已有研究关于薪酬水平与工作满意度关系的矛盾结论,为企业的报酬成本一定的情况下,运用报酬工具实现人力资源效能和员工满意度的统一提供了方向。

(1) 非国有企业应树立以员工需求为导向的"总体报酬"观念

影响员工满意度的不仅有传统的经济报酬,还有其他非物质报酬,各种报酬要素对员工满意度的影响程度不同。充分了解员工需求,并以此为依据优化报酬要素,将有限的资源用于满足员工的期望,就有可能提高报酬的激励效率,提高员工的满意度,进而提高企业的人力资源效能。影响员工满意度的不仅有传统的经济报酬,还有其他非物质报酬,而且非物质报酬对员工满意度的影响作用更强。因此,非国有企业应该走出"把人视同于物质要素"和"人的动机都来源于外在刺激"的认识误区,摒弃"钱能解决一切问题"的陈旧观念,改变传统的以经济报酬为主的结构单一的付酬方式,注重设置非物质报酬要素丰富报酬结构,通过优化组合各种报酬要素,提高员工满意度,降低企业人工成本,进而提高报酬的激励效率和企业的人力资源效能。

(2) 关心员工成长,重视员工教育培训和职业生涯规划

不论薪酬水平如何,职业发展始终是影响员工满意度的首要因素,表明非国有企业的青壮年员工(本研究的样本95.6%年龄在40岁以下)更希望通过企业的培育提升人力资本,为日后发展提供更多的机会。实际上,有针对性的培训、为员工量身定制职业发展路径,不仅有利于提高员工的可雇佣性、开发员工的潜能,更有利于塑造优秀的企业文化,增强企业凝聚力,促进企业学习,提高企业创新能力和竞争能力。因此,非国有企业要开拓视野,放弃小农意识,增加对员工培养的投入,鼓励员工与企业共同成长。从国家层面来讲,通过税收减免、财政支持等政策引导,促进非国有企业加大培训教育投入,对于提高国民素质,进

而提高全社会生产力水平意义重大。

(3) 建立全面认可的激励体系

在不同薪酬水平下,绩效认可均是影响非国有企业员工满意度的第二重要因子,反映了员工较为强烈的生理需求以外的社交、归属、尊重和自我实现等方面的需求。企业可以通过建立"认可积分""名誉奖励""及时赞赏"等方法建立全面认可的激励体系,从而激励员工开发潜能、创造高绩效。

(4) 建立公正的分配机制

内在激励和外在激励通过公平感促使员工形成满意。改善员工的薪酬公平感,还需要政府与企业共同努力。一方面,行业薪酬差距过大是当前薪酬分配秩序的突出问题,政府需要深化收入分配制度改革,缩小行业收入差距;另一方面,企业要本着公平性原则,"控高提低",缩小企业内部收入差距。

(5) 建立与本企业发展水平相符合的总体报酬体系

薪酬水平不同的员工需求不同,对报酬各个要素的感知相异。由于企业面临的内外环境和拥有的资源相差较大,在人工成本受限的条件下,非国有企业应该从自身的经济实力出发,综合考虑本企业员工需求偏好,依据企业内外环境的变化动态调整报酬结构,使报酬的激励效应最大化。具体包括以下4种情况:①员工薪酬水平低的企业,一方面要尽量提高员工的薪酬水平,毕竟金钱数额是工作成就的信号,表明个人绩效与他人相比处于何种地位,尤其要优先增加老员工的收入,提高他们对企业的归属感和忠诚度;另一方面,用有限的资金改善工作环境(硬环境和软环境),用文化和情感来留住和激励员工;②员工薪酬水平较低的企业,首先应该重视青年员工的职业发展,他们更迫切希望通过职业的良好发展改变当下收入较低的现状;其次是绩效认可,并尽可能提高员工的薪酬水平;③员工薪酬水平中等的企业,应将职业发展与绩效认可作为报酬的重要因素,而非薪酬水平的提高;④员工薪酬水平较高的企业,更要重视影响员工职业发展的投入而非薪酬水平的提高。由于各个报酬要素对员工满意度的影响不同,在企业人工成本有限的情况下,企业首先应把财力和精力投放在员工最强烈的需求上,即"把钢用在刀刃上"。其中,前3类企业特别要关心受教育水平高的员工,提高他们的满意度以有效避免高素质员工的流失。

(6) 进一步完善社会保险等福利制度

本研究中非国有企业员工福利感知与其工作满意度关系不显著,可能有以下原因：①关注的福利主要是社会保险中的五险一金，范围较窄，但也符合我国大多数非国有企业给予员工福利的现实；②我国社会保险制度尚不完善，影响了非国有企业员工对社会福利的感知。例如，保险缴费额较高，企业难以承受。现实中，我国很多非国有企业，尤其是中小民营企业并未为员工缴纳五险一金，或只缴纳了工伤保险和养老保险，导致员工对福利的感知较差；③社会保险类福利对于员工的实际效用具有时间延迟性，其费用还需要企业和员工按一定比例共同支付，很可能导致员工将福利作为一种当前损失，而非长期收益，对企业在社会保险福利方面的支付效率产生了严重影响，致使现实中存在着当企业按照相关要求为员工缴纳保险时，员工辞职率上升的现象；④保险的可转移性与员工的流动性不匹配，城镇与农村养老医疗保险的双轨制等，使非国有企业员工（尤其是农村户籍的员工）对社会保险福利的关心度较低。因此，我国的社会福利制度尚需在缴费额、移转性等方面进一步完善。

（7）提高工作岗位与员工间的要求—能力匹配水平，并依据本企业的要求—能力匹配情况，实行灵活的总体报酬政策

首先，非国有企业要通过完善工作分析等人力资源基础工作，在招聘与员工岗位配置上尽可能提高要求—能力匹配程度。其次，总体报酬政策要依据员工需求的变化以及环境的变化动态调整。例如，对要求—能力匹配水平高的群体，要改善福利待遇，提高员工的归属感和职业安全感；而对于要求—能力匹配水平低的群体，要通过职业发展和绩效认可来提高其满意度，同时培养其职业能力，增进要求—能力的匹配，再通过适当水平的薪酬激励其积极性，最终形成良性循环；不论对于哪一群体，工作环境（包括工作条件和工作关系）的改善都是必须重视的。

3.3 非国有企业员工报酬构成与期望调查

根据上述分析可知，美国薪酬协会的总体报酬模型并不完全适应于我国非国有企业报酬管理实际。因而，要探讨中国非国有企业员工总体报酬对工作绩效的影响机制，首先需要构建以非国有企业员工需求为导向的总体报酬体系。

为了深入了解我国非国有企业员工的报酬构成与报酬期望，笔者先后深入企业进行了两次大规模的访谈与问卷调查。2013 年 7~8 月，笔者实地走访了山西

省7个地市数十家非国有企业；2014年6月借助国家自然科学基金项目《非国有企业薪酬、盈利与吸纳农业劳动力研究》的问卷发放对分布在中国28个省份2329名非国有企业员工的报酬构成与报酬诉求进行了调查。其中，关于报酬构成的问项是："您的劳动报酬构成有哪些？（可多选）"列出的可选项有17项，即基本工资、绩效工资、社会保险、津贴和补贴、工龄工资、奖金、学历工资、企业年金、公积金、劳动保护、带薪休假、家庭照顾、教育培训、职业指导、利润分享、企业股份和其他。关于报酬期望的问项是："当您出色完成任务时，您最希望获得的奖励是（请排序）"，并列出了7个选项，即薪酬提高、职位晋升、在同事面前得到表扬、被人尊重、领导认可、旅游休假和得到向往已久的培训机会。调查结果统计如表3.9、表3.10所示。

表3.9　　　　　中国非国有企业员工报酬构成（$N=2329$）

工资形式	人数（人）	频率（%）	工资形式	人数（人）	频率（%）
1. 基本工资	2206	95.2	10. 劳动保护	332	14.3
2. 绩效工资	1541	66.5	11. 带薪休假	296	12.8
3. 社会保险	1104	49.6	12. 家庭照顾	163	7
4. 津贴和补贴	872	37.6	13. 教育培训	141	6.1
5. 工龄工资	595	25.7	14. 职业指导	101	4.4
6. 奖金	594	25.6	15. 利润分享	96	4.1
7. 学历工资	498	21.5	16. 企业股份	76	3.2
8. 企业年金	482	20.8	17. 其他	24	1
9. 公积金	427	18.4	—		

注：(1) 2329个样本分布在上海、浙江、江苏、北京、天津、广东、福建、山东、湖南、重庆、山西、河南、江西、河北、安徽、湖北、云南、四川、广西、贵州、陕西、甘肃、宁夏、青海、新疆、辽宁、黑龙江、海南等28个省份；(2) 表中数据按频率大小排序。

根据表3.9显示，当前中国非国有企业员工的报酬构成形式基本包括在17个选项中，且以基本工资、绩效工资、社会保险为主，津贴和补贴、工龄工资、奖金、学历工资、企业年金、公积金、劳动保护、带薪休假为辅，少数企业还有家庭照顾、教育培训、职业指导、利润分享和企业股份。总体来说，这17项报酬构成形式涵盖了薪酬、福利、工作与生活平衡、职业发展4个方面，且以经济性报酬为主。

根据表 3.10 显示，当员工出色完成任务时，最希望获得的奖励是薪酬提高，之后依次是职位晋升、得到表扬、被人尊重、领导认可、旅游休假和得到培训。反映了非国有企业员工的报酬诉求首先是货币报酬，其次才是职业发展、绩效与认可，最后才是工作与生活平衡、教育培训。

表 3.10　　中国非国有企业员工报酬期望调查（$N = 2329$）

期望的奖励方式		薪酬提高	职位晋升	得到表扬	被人尊重	领导认可	旅游休假	得到培训
排序 1	人数（人）	1545	216	154	81	30	18	17
	频率（%）	66.7	9.3	6.6	3.5	1.3	0.8	0.7
排序 2	人数（人）	260	974	130	93	77	31	33
	频率（%）	11.2	42.0	5.6	4.0	3.3	1.3	1.4
排序 3	人数（人）	45	99	209	79	144	162	149
	频率（%）	1.9	4.3	9.0	3.4	6.2	7.0	6.4
排序 4	人数（人）	129	121	168	226	119	136	114
	频率（%）	5.6	5.2	7.3	9.8	5.1	5.9	4.9
排序 5	人数（人）	167	258	414	191	185	53	46
	频率（%）	7.2	11.1	17.9	8.2	8.0	2.3	2.0
排序 6	人数（人）	66	109	257	234	143	194	119
	频率（%）	2.8	4.7	11.1	10.1	6.2	8.4	5.1
排序 7	人数（人）	62	79	172	163	137	163	222
	频率（%）	2.7	3.4	7.4	7.0	5.9	7.0	9.6
未选	人数（人）	13	430	782	1219	1451	1529	1582
	频率（%）	0.6	18.6	33.8	52.6	62.6	66.0	68.3

注：2329 个样本分布在上海、浙江、江苏、北京、天津、广东、福建、山东、湖南、重庆、山西、河南、江西、河北、安徽、湖北、云南、四川、广西、贵州、陕西、甘肃、宁夏、青海、新疆、辽宁、黑龙江、海南等 28 个省份。

3.4　总体报酬感知调查问卷的编制

3.4.1　总体报酬感知问卷的编制基础

虽然总体报酬越来越受到学术界的关注，但总体报酬广泛而丰富的内涵使对其准确测量具有一定的难度。在实证研究中,基于管理权变的思想,学者们对总体报酬持有不同的结构分类,开发了为数不多的总体报酬感知测量问卷,但至今尚无成熟的通用量表。

(1) 总体报酬感知测量量表

比较有代表性的总体报酬感知测量量表有以下4种:

Vandenberghe 等人 (2008)[64]依据 Milkovich 等人 (2005)[61]、St-Onge 等人 (2006)[62]对总体报酬的分类,从直接薪酬 (Direct Compensation)、间接薪金 (Indirect Pay)、心理认可 (Psychological Recognition) 3 个方面设计了 8 个维度共 30 个题项来测量总体报酬,各个题项因子负荷均在 0.5 以上,8 因子共解释了总方差的 74%。该测量量表的 8 个维度分别是:可变薪酬 (7 个题项,Cronbach's Alpha 信度系数为 0.88)、间接薪酬 (5 个题项,Cronbach's Alpha 信度系数为 0.77)、奖金 (2 个题项,Cronbach's Alpha 信度系数为 0.88)、工作与社会关系质量 (8 个题项,Cronbach's Alpha 信度系数为 0.86)、发展和职业机会 (3 个题项,Cronbach's Alpha 信度系数为 0.77)、工作条件的灵活性 (2 个题项,Cronbach's Alpha 信度系数为 0.88)、工作声望 (2 个题项,Cronbach's Alpha 信度系数为 0.75)、工作负荷 (1 个题项),各个维度的内部一致性系数均高于 0.70。

Hulkko-Nyman 等人 (2012)[161]使用了赫尔辛基工业大学开发的包括薪酬感知、福利感知、反馈和影响力、工作的稳定性、工作认可 5 个维度共 10 个题项的 Likert 5 级量表测量总体报酬感知。这一量表涵盖了总体报酬的金钱、物质和非金钱报酬 3 个方面,能够解释总体报酬方差的 81%。其中,薪酬感知 1 个题项;福利感知 3 个题项,Cronbach's Alpha 信度系数为 0.82;反馈和影响力 3 个题项,Cronbach's Alpha 信度系数为 0.72;工作稳定性 1 个题项;工作认可 2 个题项,Cronbach's Alpha 信度系数为 0.72。验证性因子分析结果显示:

$\chi^2 (27) = 62.43$,$\chi^2/df = 2.32$ IFI $= 0.96$,TLI $= 0.92$,CFI $= 0.96$,RMSEA $= 0.67$,表明 5 个维度具有较好的区分效度。尽管如此,该研究者认为这一量表中的薪酬感知只有 1 个测量题项,不能完全代表薪酬系统,建议今后的研究使用薪酬满意度量表或分配公平量表来测量薪酬感知。

Shields 等人 (2012)[283]将报酬感知分为报酬公平感知、报酬差异感知和报酬理解感知 3 个方面,开发了包括 12 个题项的 Likert 6 级量表来测量总体报酬感知。其中,报酬公平感知有 5 个题项,各个题项的因子负荷在 0.7~0.89,

Cronbach's Alpha 信度系数为 0.91；报酬差异感知有 3 个题项，各个题项的因子负荷在 0.62~0.65，Cronbach's Alpha 信度系数为 0.68；报酬理解感知有 4 个题项，各个题项的因子负荷在 0.68~0.83，Cronbach's Alpha 信度系数为 0.85。

中国学者对总体报酬的结构也进行了一些有益的探索。概括来看，从报酬的激励机制着眼，国内学者将报酬分为内在报酬和外在报酬两大类。黄志坚(2010)[337]为了测量中国动漫企业员工的总体报酬，结合国内现状，对 Chen 等人(1999)[78]开发的量表进行了修订，编制了包含内部报酬、外部经济性报酬、精神奖励、专业认可与晋升机会 4 个维度共 23 个题项的测量量表，4 个因子的累积贡献率为 67.165%。其中，内部报酬有 3 个题项，各个题项的因子负荷在 0.604~0.784，Cronbach's Alpha 信度系数为 0.747；外部经济性报酬有 9 个题项，各个题项的因子负荷在 0.758~0.864，Cronbach's Alpha 信度系数为 0.945；精神奖励有 5 个题项，各个题项的因子负荷在 0.567~0.781，Cronbach's Alpha 信度系数为 0.826；专业认可与晋升机会有 6 个题项，各个题项的因子负荷居于 0.606~0.759，Cronbach's Alpha 信度系数为 0.747。

(2) 本研究中总体报酬感知问卷的编制

首先，遵循"翻译—回译"的步骤（Brislin，1980）[284]，由 2 名精通中英文双语的人力资源管理专业博士研究生对收集到的量表进行翻译，并由另外 3 名人力资源管理专家对中英文版本进行对比，以确保中文翻译与量表原文所表达的意思一致。其次，借鉴已有的关于中国企业报酬类型划分的研究成果，依据本书第 2 章预设的总体报酬构成确定测量的维度。再次，依据笔者对非国有企业员工总体报酬构成与期望的调查结果。最后，综合以上信息，参考现有量表的测量题目编制了中国非国有企业员工总体报酬感知调查问卷初稿。

3.4.2 总体报酬感知调查问卷的修订

2014 年 7 月，由山西财经大学、中国人民大学、北京师范大学和西北大学 4 所学校组织行为学领域的 6 名博士研究生和 3 位人力资源管理专业教授对问卷的初稿提出修改意见，修改后请专家对问卷进一步修订，确保了问卷的表面效度。之后又走访了太原市 4 家非国有企业（外资、股份制、合伙和私营各 1 家），邀请其人事经理和一线员工对问卷进行专家效度检定，汇集相关修改意见，再次对量表进行修正，最终形成了包括薪酬感知、福利感知、工作条件感知、工作与生活平衡感知、绩效与认可感知、职业发展感知和工作关系感知7个维度的调查问卷，如表3.11所示。

表3.11　　　　　　　　　总体报酬感知初始量表

测量维度	题项	很差	较差	一般	较好	很好
薪酬感知	1. 基本工资逐年稳定上涨	1	2	3	4	5
	2. 工资水平与个人技能匹配程度	1	2	3	4	5
	3. 工资水平与同行业企业相比	1	2	3	4	5
	4. 工资水平与工作量相符程度	1	2	3	4	5
	5. 公司对加班工资的计算与给付情况	1	2	3	4	5
	6. 当月的绩效奖与工作绩效挂钩情况	1	2	3	4	5
	7. 年终奖与工作绩效挂钩情况	1	2	3	4	5
	8. 个人薪酬与企业利润挂钩情况	1	2	3	4	5
福利感知	9. 公司足额为员工缴纳五险一金	1	2	3	4	5
	10. 公司为员工缴纳其他社会保险情况	1	2	3	4	5
	11. 公司保证员工工间休息的情况	1	2	3	4	5
	12. 公司保证员工节假日休息的情况	1	2	3	4	5
	13. 公司员工的住房福利情况	1	2	3	4	5
	14. 公司有关节假日福利等的发放情况	1	2	3	4	5
工作条件	15. 工作环境的安全性	1	2	3	4	5
	16. 工作环境的舒适性	1	2	3	4	5
	17. 公司休息场所的舒适性	1	2	3	4	5
	18. 工作时间的灵活性	1	2	3	4	5
	19. 公司所在地交通和通讯便利程度	1	2	3	4	5
工作与生活平衡	20. 带薪假期的执行情况	1	2	3	4	5
	21. 工作中个人的身心健康情况	1	2	3	4	5
	22. 工作场所的灵活性	1	2	3	4	5
	23. 公司对我家庭的关照（子女、老人）	1	2	3	4	5

续表

测量维度	题项	很差	较差	一般	较好	很好
绩效与认可	24. 公司目标与个人目标的一致性	1	2	3	4	5
	25. 考核标准易于达到的程度	1	2	3	4	5
	26. 受到上司表扬或额外奖励的机会	1	2	3	4	5
	27. 参与管理或提出建议的可能性	1	2	3	4	5
	28. 工作中个人的意见得到反馈的情况	1	2	3	4	5
发展与职业机会	29. 公司资助或支持的学习进修培训	1	2	3	4	5
	30. 轮岗或在更高级别岗位实习机会	1	2	3	4	5
	31. 公司组织的培训项目或课程	1	2	3	4	5
	32. 在公司中的晋升机会	1	2	3	4	5
	33. 公司提供的未来晋升阶梯或路径	1	2	3	4	5
工作关系	34. 工作需要时，主管能给予的有价值的帮助	1	2	3	4	5
	35. 主管对员工个人情况的关心程度	1	2	3	4	5
	36. 与同事之间关系的融洽程度	1	2	3	4	5
	37. 工作发展受到同事鼓励的情况	1	2	3	4	5

3.5 总体报酬感知量表的建构效度与信度检验

3.5.1 总体报酬感知量表的探索性因子分析

首先，用有效样本的一部分（292）数据[①]进行取样适切量分析（如表3.12所示）。结果显示，取样足够度的 KMO 为 0.914，大于 0.9，Bartlett's 球形检验值为 3632.779（$df = 496$，$P < 0.001$），说明这 292 份数据适合进行因子分析。其次，采用主成分分析法中的正交极大方差旋转法抽取因子，依次删除交叉负载较大的题项（大于 0.4），经过多次探索后，最终得到各项指标均符合相关要求的探索性因子分析结果（如表 3.13 所示）。其中，各个项目的因子负载值都大于 0.52，所提取的 6 个主因子累计解释方差为 65.76%，大于 50%。原来预设的 7 个构面中的 2 个构面，即工作与生活平衡、绩效认可聚成了一类，将其命名为"自主与认可"，指"员工从工作中获得的工作与生活的品质及自身的价值"。因

---

① 具体取样过程见本书第 5 章 5.4。

此，将总体报酬感知的构成修正如图 3.8 所示。

表 3.12　　总体报酬感知的 KMO 和 Bartlett's 球形检验

KMO		0.914
Bartlett's 球形检验	近似卡方	3632.779
	df	496
	Sig.	0.000

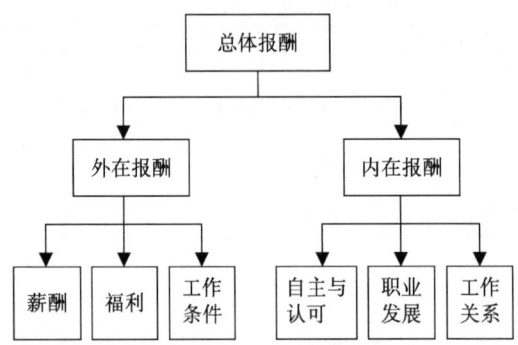

图 3.8　修正后的总体报酬构成

表 3.13　　总体报酬感知量表的探索性因子分析结果（$N=292$）

因素	构念命名	题项	成分 1	2	3	4	5	6
因素一	自主与认可感知	JB2-34 工作中身心健康	0.556	—	—	—	—	—
		JB3-35 工作场所灵活性	0.616	—	—	—	—	—
		JB4-36 公司对家庭的关照	0.693	—	—	—	—	—
		PA1-38 公司目标与个人目标的一致性	0.519	—	—	—	—	—
		PA2-39 考核标准易于表达	0.602	—	—	—	—	—
		PA3-40 受到上司表扬或额外奖励的机会	0.688	—	—	—	—	—
		PA4-41 参与管理或提出建议的可能性	0.608	—	—	—	—	—
		PA5-42 工作中意见得到反馈的情况	0.689	—	—	—	—	—
因素二	薪酬感知	P1-1 基本工资逐年上涨	—	0.742	—	—	—	—
		P2-2 薪酬水平与技能匹配	—	0.805	—	—	—	—
		P3-3 薪酬水平与同行业企业匹配	—	0.842	—	—	—	—
		P4-4 薪酬与工作量相符程度	—	0.788	—	—	—	—
		P5-5 当月绩效奖金与工作绩效挂钩	—	0.632	—	—	—	—
		P6-6 年终绩效奖金与工作绩效挂钩	—	0.646	—	—	—	—
		P7-7 本人薪酬与企业利润挂钩	—	0.615	—	—	—	—

续表

因素	构念命名	题项	成分 1	2	3	4	5	6
因素三	职业发展感知	DC1-44 公司支持的学习进修培训	—	—	0.740	—	—	—
		DC2-45 轮岗或在高一级岗位实习的机会	—	—	0.732	—	—	—
		DC3-46 公司组织的培训	—	—	0.700	—	—	—
		DC4-47 晋升机会	—	—	0.767	—	—	—
		DC5-48 公司提供的晋升阶梯或路径	—	—	0.669	—	—	—
因素四	工作条件感知	JE1-27 工作环境的安全性	—	—	—	0.764	—	—
		JE2-28 工作环境的舒适性	—	—	—	0.770	—	—
		JE3-29 休息场所的舒适性	—	—	—	0.712	—	—
		JE4-30 工作时间的灵活性	—	—	—	0.569	—	—
		JE5-31 交通便利程度	—	—	—	0.598	—	—
因素五	工作关系感知	JC1-50 主管给予的有价值的帮助	—	—	—	—	0.621	—
		JC2-51 对个人情况的关心	—	—	—	—	0.800	—
		JC3-52 与同事间的融洽程度	—	—	—	—	0.835	—
		JC4-53 受到同事的鼓励情况	—	—	—	—	0.699	—
因素六	福利感知	B1-10 及时足额为员工缴纳五险一金	—	—	—	—	—	0.834
		B2-11 为员工缴纳其他社会保险	—	—	—	—	—	0.875
		B4-13 保证员工节假日休息时间	—	—	—	—	—	0.555

本研究尝试解释这一结论的理由是：张勉等人（2011）[285]的研究结果表明，不论从家庭结构的角度，还是在集体主义传统文化的框架中，抑或从社会和经济因素等方面分析，中国员工都遵循工作优先的行为规范。在工作和家庭发生冲突时，倾向于选择工作优先的行为，因而很难推测工作家庭平衡对工作满意感和工作绩效等与工作有关的态度及行为产生显著影响。但在经济转型期的中国，随着薪酬水平的提高，员工逐渐注重工作与生活的兼顾、生活品质的改善和自我价值的体现。因而对于非国有企业员工来说，工作家庭平衡虽然还难以成为影响其报酬感知的一个独立构面，但它与员工的绩效以及自我价值的实现紧密相关，终将成为员工看重的一种报酬类型。

3.5.2 总体报酬感知量表的信度检验

依据学者们的建议和通常的做法，本研究运用 SPSS 21.0 统计软件分析各个量表的 CITC（Corrected Item – Total Correlation）值和 Cronbach's Alpha 值来判断调研数据的信度水平（Cronbach，1951[286]；孙国强，2011[287]；蔡丽玲，2014[328]）。CITC 分析法，是运用修正条款的总相关系数对各变量的测量条款进一步净化筛选，以减少测量条款的多因子负载现象，提升整体量表内部一致性水平的方法。一般来说，CITC 小于 0.3 的测量条款应予以删除。如表 3.14 中数据显示，保留条款的 CITC 值均大于 0.3，Cronbach's α 系数均在 0.651~0.94，大于或接近 0.7，各个保留条款删除后量表的 Cronbach's α 系数将会减小，表明所用量表满足研究的基本要求。

表 3.14　　　　　研究所用量表的信度检验（$N=292$）

变量	维度	保留题项	CITC 值	条款删除后的 Cronbach's α	Cronbach's α
总体报酬感知	薪酬感知	P1 – 1	0.713	0.883	0.899
		P2 – 2	0.695	0.885	
		P3 – 3	0.728	0.883	
		P4 – 4	0.678	0.888	
		P5 – 5	0.687	0.887	
		P6 – 6	0.737	0.880	
		P7 – 7	0.714	0.884	
	福利感知	B1 – 10	0.517	0.473	0.651
		B2 – 11	0.587	0.365	
		B4 – 13	0.320	0.632	
	工作条件感知	JE1 – 27	0.608	0.778	0.815
		JE2 – 28	0.719	0.743	
		JE3 – 29	0.639	0.769	
		JE4 – 30	0.603	0.779	
		JE5 – 31	0.463	0.814	
	自主与认可感知	JB2 – 34	0.564	0.850	0.862
		JB3 – 35	0.648	0.840	
		JB4 – 36	0.574	0.849	

续表

变量	维度	保留题项	CITC 值	条款删除后的 Cronbach's α	Cronbach's α
总体报酬感知	自主与认可感知	PA1－38	0.608	0.845	0.862
		PA2－39	0.529	0.853	
		PA3－40	0.668	0.839	
		PA4－41	0.620	0.844	
		PA5－42	0.672	0.837	
	职业发展感知	DC1－44	0.673	0.863	0.880
		DC2－45	0.781	0.837	
		DC3－46	0.675	0.863	
		DC4－47	0.775	0.839	
		DC5－48	0.663	0.866	
	工作关系感知	JC1－50	0.650	0.729	0.799
		JC2－51	0.703	0.701	
		JC3－52	0.561	0.772	
		JC4－53	0.537	0.783	

3.5.3 总体报酬感知量表的验证性因子分析

采用同样的方法对总体报酬感知量表进行验证性因子分析，分析结果如表 3.15 所示。

表 3.15　　　　总体报酬感知验证性因子分析（$N=273$）

变量	保留题项	标准化因子负荷（λ）	解释量 R^2	t 值	潜在变量的平均变异萃取量 AVE
薪酬感知	P1－1	0.79	0.624	14.4	0.611
	P2－2	0.73	0.533	13.84	
	P3－3	0.69	0.476	14.41	
	P4－4	0.65	0.423	13.11	
	P5－5	0.83	0.689	13.69	
	P6－6	0.87	0.757	14.94	
	P7－7	0.88	0.774	14.53	

续表

变量	保留题项	标准化因子负荷（λ）	解释量 R^2	t 值	潜在变量的平均变异萃取量 AVE
福利感知	B1-10	0.77	0.593	10.62	0.560
	B2-11	0.95	0.903	13.03	
	B4-13	0.43	0.185	6.32	
工作条件感知	JE1-27	0.95	0.903	10.41	0.593
	JE2-28	0.69	0.476	13.89	
	JE3-29	0.69	0.476	12.77	
	JE4-30	0.66	0.436	13.49	
	JE5-31	0.82	0.672	9.46	
自主与认可感知	JB2-34	0.59	0.348	10.57	0.410
	JB3-35	0.52	0.270	9.11	
	JB4-36	0.61	0.372	10.31	
	PA1-38	0.59	0.348	12.37	
	PA2-39	0.46	0.212	8.78	
	PA3-40	0.72	0.518	14	
	PA4-41	0.88	0.774	12.78	
	PA5-42	0.66	0.436	12.13	
职业发展感知	DC1-44	0.76	0.578	13.47	0.684
	DC2-45	0.93	0.865	16.16	
	DC3-46	0.74	0.548	13.51	
	DC4-47	0.88	0.774	16.96	
	DC5-48	0.81	0.656	13.70	
工作关系感知	JC1-50	0.70	0.490	15.01	0.522
	JC2-51	0.72	0.518	15.76	
	JC3-52	0.44	0.194	9.82	
	JC4-53	0.48	0.230	9.96	
拟合度指标	χ^2	df	χ^2/df	GFI	NFI	CFI	NNFI	RMSEA
	1700	449	3.79	0.72	0.90	0.93	0.92	0.10

依据表 3.15 中数据显示以下内容：①有 4 条测量条款（B4-13，PA2-39，JC3-52 和 JC4-53）的标准因素负荷（λ）小于 0.5，其余均在 0.5~0.95，说

明测量条款基本能有效体现测量变量的特征；②各测量条款的 t 值均达到了 0.001 水平下显著，表明各测量条款对应潜在变量的回归系数不等于零；③解释的平均方差（AVE）除"自主与认可"一项为 0.41，其余都大于 0.5，表明各变量有较好的聚敛效度；④各项拟合度指标均符合标准，说明各潜变量的拟合效果合适。因此，总体报酬感知 6 因子模型结构效度良好，适合后面的结构方程建模分析。

3.6 本章小结

本章包含以下两项研究内容：

第一，以美国薪酬协会第二代总体报酬模型为蓝本设计问卷，通过对 1247 个非国有企业员工的有效问卷调查发现，美国薪酬协会的第二代总体报酬模型维度划分在我国非国有企业中并不明晰，探索性因子分析后将美国总体报酬模型分为薪酬、福利、工作条件、绩效与认可和职业发展。以此为基础，探讨了总体报酬感知、要求—能力匹配、薪酬水平对工作满意度的影响。

第二，在发现美国薪酬协会总体报酬模型不适合中国非国有企业的前提下，通过深入访谈与问卷调查，全面了解我国非国有企业员工的报酬构成与报酬期望，设计非国有企业员工总体报酬问卷，构建非国有企业总体报酬模型，再通过问卷调查，运用探索性因子和验证性因子分析，确定我国非国有企业总体报酬模型包括 6 个维度，即薪酬、福利、工作条件、自主与认可、工作关系和职业发展。

第 4 章　总体报酬对工作绩效的作用机理与模型构建

本章运用理论分析和逻辑推演的方法,通过对已有相关理论和研究结果的分析,考察总体报酬感知对工作满意度、敬业度和工作绩效的影响,探究总体报酬感知对工作绩效、工作满意度对工作绩效影响的传导机制,透视个人—工作特征匹配在总体报酬感知与工作满意度、敬业度关系中的调节作用,提出本研究的假设,构建总体报酬与工作绩效的关系模型。

4.1　总体报酬感知与工作满意度、敬业度、工作绩效的关系

关于总体报酬,本研究在第 2 章已依据文献梳理并结合中国非国有企业发展现状,将其初步划分为薪酬、福利、工作条件、工作与生活平衡、绩效与认可、工作关系、职业发展 7 个维度,但在第 3 章中,根据调查数据的探索性因子分析结果,最终将其重新划分成薪酬、福利、工作条件、自主与认可、工作关系、职业发展 6 个维度。按照 St－Onge 和 Thériault(2006)[62]的分类法,薪酬、福利和工作条件属于外在报酬,自主与认可、工作关系和职业发展属于内在报酬。

4.1.1 总体报酬感知和工作满意度的关系

首先，概念内涵的界定说明总体报酬感知与工作满意度关系密切。总体报酬，是指企业用来提高和交换员工对企业的个人贡献，而付给员工的符合其需要的包括货币形式和非货币形式在内的所有回报。总体报酬感知是员工对企业付给他的总体报酬的一种看法或评价，这种看法或评价受到外界刺激和个人因素两个方面的影响，而且，外在刺激只有通过个人的主观感受才能进一步影响人的态度甚至行为。工作满意度是员工将工作各个方面与其期望相比较得出的评价，反映了员工对于工作的内心感受。员工在工作中实际获得的报酬与期望的报酬之间差距越小，工作满意度就越高；差距越大，工作满意度就越低。由此可以推论，如果个体对工作中获得的各项报酬感知较好，说明组织提供的报酬真正适合个体的需要，与个体的期望符合程度较高，相应地，个体的满意程度也较高。反之，若个体对工作中所获得的各项报酬感知较差，说明组织提供的报酬并非真正适合个体的需要，或者与个体的期望差距较大，个体的满意程度也较低。还有研究者（Crites et al.，1994）[288]认为，认知、情感和行为构成了态度。从这个意义上说，总体报酬感知是工作满意度的组成部分，与工作满意度联系紧密。

其次，心理契约理论、公平理论、期望理论、双因素理论和自我决定理论等阐明总体报酬感知各要素对员工工作满意度存在影响，且影响程度不同。心理契约理论认为，组织中每个员工的内心对自己应该为组织的付出，和组织应该回报给自己的报酬都有比较明确的认识，如果组织能满足员工关于良好的工作环境、与职业取向吻合的任务、安全与归属感、薪酬、价值认同、培训与发展的机会和晋升等期望，员工就会形成较高的工作满意度，回报给组织敬业、忠诚、互助等（曹威麟 等，2007）[289]。波特—劳勒的综合激励模型表明，内在激励和外在激励通过公平感促使员工形成满意。赫兹伯格的双因素理论认为，组织付给员工的薪酬可分为保健因素和激励因素，保健因素是指那些可能阻碍员工行为、使其产生不满意的因素，这类因素属于工作环境和工作条件方面。例如，工资、人际关系和工作条件等。激励因素是能使员工产生工作满意的影响因素，这类因素与工作本身的内容有关，主要是成就、认可、工作本身的特点、责任和发展。虽然这一理论关于保健因素和激励因素的划分缺乏普适性，但至少说明不同因素对员工工作满意度的影响存在差异。自我决定理论也认为内在目标与外在目标相比，能够引起个体更多的心理需求满足（Sheldon et al., 1998）[291]。因而可以推论，员工所获得的各种非物质报酬更能影响其工作满意度。

工作关系在中国情境下具有特殊的意义。回顾已有的研究文献，一方面，关系在中国企业组织情境下携带了"偏私""防范""拉关系"等浓厚的负向情感色彩，华人企业基于关系的差异化人力资源管理，影响着员工选拔、晋升、奖惩。例如，重视"亲信"，强调员工忠诚、信任（郑伯埙，1995）[292]、"任人唯亲"（罗家德 等，2010）[293]等浓厚的基于关系的管理模式在华人企业中盛行，表现为：在组织架构设计中，自己人处于组织架构的核心；在职位设计上，拥有更多的工作职责弹性；在资源分配上，也能获得较高的奖励和较多的资源（郑伯埙，1995）[292]；同时，对于信任基础薄弱的重要人员，又表现出严格的防范措施（陶厚永 等，2014）[294]和给予福利、利益等关系建构策略（罗家德 等，2010）[293]。这与西方人力资源管理中基于人力资源战略价值的差异化管理，强调对高战略价值的员工高投入，建立高承诺的雇佣关系（Lepak 和 Snell，1999、2002）[295]具有显著的不同。另一方面，中国员工既厌弃"关系"，又希望自身能够跻身"关系群"，被管理层"区分"或"差异化"对待。例如，员工分类管理（郑伯埙，1995）[292]，差序氛围（刘军 等，2009）[296]，差序式领导（姜定宇 等，2010）[297]等研究显示了对员工进行"区分"或"差异化"管理的重要性。员工分类管理确认员工组织身份形成的3种素质"亲、忠、才"，认为组织管理中关系特征"亲、忠"比"才"重要，从而形成了组织成员的差序结构。因此，中国文化的情境性和依赖性使得中国式管理高度依赖于关系规则，表现为关系型管理（Li et al., 2010[298]；Wong, 2010[299]），雇主利用关系差异的基本结构，通过差序式的关系判断实现内外有别的利益分配，基于关系信任的职务晋升等作为治理雇佣关系的非制度化策略（陈戈 等，2008）[300]。Li 等人（2010）[298]将这种关系型人力资源管理实践定义为组织的人事选择，绩效评价和福利分配等受到"关系"影响的程度。而绝大多数员工愿意始终为一家企业组织服务，并积极作出额外贡献，是因为与组织建立了相互认同、相互依赖的关联关系（Brown et al., 2006）[301]。随着80后新生代逐渐成为企业员工队伍的主力军，他们表现出较低的忠诚度和满意度，更希望在工作中获得尊重、显示自身重要性等积极反馈，给人力资源管理带来了极大的挑战（Meister et al., 2010[302]；侯烜方 等，2014[303]）。但总体而言，良好的工作关系感知促进了员工的工作满意度。

除了理论上的推论，众多的实证研究也从不同的角度验证了总体报酬中各要素对工作满意度具有不同的影响。综合国内外研究成果，影响员工工作满意度的报酬因素主要有薪酬、福利、绩效考核、认可、培训开发、工作条件和工作关系（Robert et al.，2000[271]；刘苹，2014[304]；王红芳 等，2015[121]）。本研究在访谈中，请员工回答"当出色完成任务时，最希望获得的奖励"的题目。统计结果显示，非国有企业员工首选薪酬提高，之后依次是职位晋升、得到表扬、被人尊重、领导认可、旅游休假和得到培训。

基于上述理论分析和逻辑推断，本研究提出以下假设：

H1：非国有企业员工总体报酬感知及其6个维度对工作满意度有显著正向影响，且影响程度存在差异。

H1-1：员工薪酬感知对其工作满意度的正向影响最为显著；

H1-2：员工福利感知对其工作满意度有显著正向影响；

H1-3：员工工作条件感知对其工作满意度有显著正向影响；

H1-4：员工自主与认可感知对其工作满意度有显著正向影响；

H1-5：员工职业发展感知对其工作满意度有显著正向影响；

H1-6：员工工作关系感知对其工作满意度有显著正向影响。

4.1.2 总体报酬感知与敬业度的关系

激励理论认为，需求能够激发人的动机和行为，是激励的起点。经济学的分析立足于人是"理性经济人"这一人性假设基础之上，认为在资源稀缺的情况下，人们做出任何一项经济决策时都会进行成本和收益核算，企图用最小的成本获取最大的收益，因而主张人都是为了经济报酬而工作，经济利益是驱动人们行为的唯一诱因，物质报酬越多，个体就越满意，工作也会越努力。管理学对人性的假设则呈现出多元化的特征，认为人是永不满足的复杂的社会动物，个体对组织奖励倾向于一种多重的观点（即奖励可以是有形的，也可以是无形的），人们的态度和行动以自己的主观感受为基础。组织在设计报酬结构时要从员工的需求层次出发，不仅考虑保健因素，还要考虑工作本身、参与管理、情感归属等激励因素，才能使员工满意，促使员工发挥最大的主动性，充分利用自身的天资禀赋，达到组织的目标。勒温的动力场理论指出，个人的行为受到其内部动力和环境的交互影响。如果把企业付给员工的报酬作为环境的刺激，当这种报酬符合员工需要时,员工将因此形成较好的报酬感知,产生较强的内在动机,进而促成行为的发生。

有关工作投入产生的相关理论方面,社会交换理论、工作需求资源模型和 Kahn 的心理条件具有重要的影响(孙健敏 等,2015)[305]。依据社会交换理论,在相互依赖的互惠行为中,双方都有付出的义务。就组织与个体而言,组织依赖个体完成组织目标,就应该为个体支付相应的报酬;而个体得到工作报酬,就必须有相应的付出。换言之,物质报酬和非物质报酬是企业提供的资源和对个人付出的义务,工作绩效则是企业与员工在社会交换中获得的收益,敬业就是员工付出的代价和义务。企业提供的资源使员工产生感知,这种感知决定了员工向企业回馈的努力程度。基于 SET 理论和心理契约理论,Kahn(1990)[137]发现,工作投入的产生需要满足 3 种心理条件,即心理意义、心理安全和心理可获得性。因此,提出了关键心理状态模型(如图 4.1 所示),该模型解释了工作需求与工作资源到工作投入的心理过程,指出员工在工作中,根据所感知到的客观存在的工作任务、工作环境和人际交往等因素,形成了有关意义感、安全感和可获得感的心理状态,这些心理状态将影响员工的敬业度。

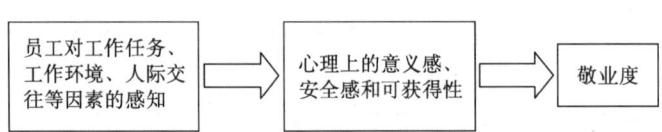

图 4.1 关键心理状态模型

May 等人(2004)[149]实证分析了心理上的意义感、安全感和可获得感 3 种心理状态对敬业度的作用。结果表明意义感和敬业度强相关,安全感在工作丰富化和敬业度之间起到部分中介作用。因此,结合资源保存理论作出如下推论:①如果把员工在工作中的投入作为工作要求,企业付给员工的各种报酬就可以看作是工作资源(Demerouti,2001)[264];②如果报酬符合员工的需要,那么一方面,这种资源对于员工就是珍贵的,在帮助员工减少其他资源损失的同时,还能创造更多的资源盈余(Hobfoll et al.,2000)[306]。另一方面,这种资源将使员工感受到组织的支持,增强员工心理上的意义感、安全感和可获得感,进而激发员工的敬业度(Schaufeli et al.,2004[307];卢纪华 等,2013[167])。Brooks 等人(1994)[308]的研究进一步发现,大额货币激励不如等值的非货币奖励,原因在于非货币激励不仅能满足物质需求,且有荣誉价值,能满足人们的心理需求,给人留下较为深刻的记忆。曹敏等人(2002)[309]通过实验经济学方法和心理学分析法,揭示了在中国情境下货币激励存在局限性,相比较而言,不论货币金额大小,货币激励都是次优选择,小额货币激励降低了人们的行为动机和行为绩效,大额货币激励的作用比不上同等价值的非货币物质激励。

此外,国内外学者从不同的视角对敬业度影响因素进行的实证研究也有助于推测总体报酬感知与敬业度的关系。正如第1章文献回顾中所梳理的,影响敬业度的报酬因素主要有:工作环境、工作关系、奖励制度、授权、工作反馈性、工作回报性、职业发展、公平感、薪酬和技能培训。但也有些学者认为薪酬对员工敬业度影响不显著(李鸿雁 等,2014)[310],原因在于当个体接受货币激励后,其内在动机就减低了(Robert et al.,1991)[311]。孙健敏等人(2015)[305]基于中国企业员工的实证研究发现,情感承诺高的员工,组织支持感与工作投入呈显著的U形关系;而情感承诺低的员工,组织支持感与工作投入则表现为显著的线性关系。可见,报酬对敬业度的影响带有明显的区域性和条件性(Hulkko-Nyman et al.,2012)[161]。韬睿咨询公司通过"全球员工意见调查"发现,对员工敬业度影响力由大到小的排序是:高层对员工福利的关心、员工提高专业技能和能力的机会、公司在社会责任方面的声誉、员工参与部门决策的机会、公司迅速消除顾客担忧的能力、员工个人愿意追求高标准、职业晋升的机会、员工个人对挑战工作难度的兴趣、员工与上级主管的关系、公司鼓励创新的机制;而且这些因素因为文化和年代等的差异,在不同的国家、不同的年龄段,对员工敬业度影响力的排序不同。例如,在中国,对员工敬业度的主要影响因素依据其影响力由大到小依次是非常好的职业晋升机会、公司鼓励创新思维、公司的财务稳定度、部门间良好的合作和高层管理真正关注员工福利(盖博尔 等,2014)[37]。

基于上述理论分析和逻辑推断,本研究提出以下假设:

H2:非国有企业员工总体报酬感知及其6个维度对敬业度有显著正向影响,且内在报酬感知对敬业度的正向影响要比外在报酬感知的影响更为显著。

H2-1:员工薪酬感知对其敬业度有显著正向影响;

H2-2:员工福利感知对其敬业度有显著正向影响;

H2-3:员工工作条件感知对其敬业度有显著正向影响;

H2-4:员工自主与认可感知对其敬业度有显著正向影响;

H2-5：员工职业发展感知对其敬业度有显著正向影响；

H2-6：员工工作关系感知对其敬业度有显著正向影响。

4.1.3 总体报酬感知与工作绩效的关系

人力资本理论认为，劳动力市场上对人力资本的准确定价，能够激励员工发挥工作的积极性（Becker，1962）[312]。阿克洛夫（1982）的礼物交换理论指出，如果企业支付给员工超过标准工资水平以上的工资，员工出于公平的感受，将回报给企业超过工作标准以上的努力①。货币报酬能够引导期望的行为（Winston et al.，1985[313]；Edwards，1989[314]），报酬水平对个体的创新行为有显著的正向影响（Eisenberger et al.，1996）[315]。杨俊青等人（2005[316]、2014[317]）构建的非完全古典假设下的二元经济结构转化理论模型及其发展表明，在非完全古典假设下的二元经济结构转化中，不论在短期还是长期内，货币工资以及社会保险福利的增加都可以激励劳动者积极性，提高劳动生产率。

培训是组织对员工的一种直接的人力资本投资活动，只有投资于培训和其他员工发展项目，组织才能真正获取符合自身需要的人力资源，得到较高的生产率（Barnard et al.，2003）[318]。Huselid（1995）[319]认为，如果员工没有机会充分运用其技能与知识以决定较佳的工作方式，既使拥有高水平的技能与知识，人力资本的投资效益也无从发挥。为一个更高层次的职位招聘员工时，如果能够优先为现有员工提供发展机会，组织就能够鼓励员工与组织保持更为长久的雇佣关系。通过内部招聘，组织也能够充分利用员工通过培训得到的提升的技能。另外，这样一种受保护的内部职业发展通道，可以激励员工更加注重自身的发展，以创造向高层次职位发展的条件。例如，积极学习更多的技能，培育与同事和上司之间的良好人际关系等（Barnard et al.，2000）[318]。因此，培训与职业发展将会促进组织的绩效。

行为科学理论主张，人是有着复杂需要的社会动物，除了物质需要外，还有着寻求友谊、安定、归属感和受人尊敬等社会和心理方面的需要，这些因素所形成的动力对效率的影响较工资、作业条件更大。Vroom（1964）[24]的期望理论指出，要使员工的激励水平达到最大化，关键是需要了解员工个人的目标以及努力

---

① 转引自俞文钊：《现代激励理论与应用》，东北财经大学出版社2006年版。

与绩效、绩效与奖励、奖励与个人目标满足之间的关系。麦克利兰（1962）的成就需要理论指出，在人的基本生理需要已经得到满足的条件下，人最主要的需要便是权力需要、归属需要和成就需要；成就需要是一种更为内化的需要，是导致国家和企业取得高绩效的主要动力；企业可以通过教育培训和社会环境条件的影响来培育和发展员工的成就需要①。内在激励理论进一步指出，内部报酬产生的内在激励更关注个体深层次的成就需要，通过激发自我的兴趣和成就动机使个体表现出积极的心理和行为，因而相比于获得外在奖励，员工为了享受和挑战而对工作和解决问题更感兴趣，更愿意努力工作（Deci，1971）[320]。资源保存理论也认为，当员工能够有效应对要求且拥有丰富的资源时，组织就可以提高员工的士气，进而提高员工的绩效（Hobofll，1989）[261]。

关系特征将会影响交易双方的认知和行为从而影响交易绩效，因此需要采用不同的治理策略和结构（罗家德 等，2010[293]；Weber et al.，2014[321]）。对于雇佣关系而言，双方目标一致性、价值观匹配程度是管理机制的选择依据。例如，"强势"（Strong Form）的雇佣关系，合作依赖于共同的目标和价值观，以及传统的关系规则（Ouchi，1980）[322]。如果员工处于良好的工作关系将会回报给同事更多的支持，给组织更多的贡献。同时，良好的关系可以使员工得到更多的资源，增强其他方面的感知，进而影响其满意度，提高其工作绩效。

国内外学者关于工作绩效影响因素的多项实证研究揭示了总体报酬感知与工作绩效的关系。概括起来，已有实证研究结果显示，影响工作绩效的报酬因素有：工作环境、工作条件、物质激励、薪酬激励、培训、组织氛围、组织支持、公司制度等。但也有学者持相反的观点，认为薪酬制度的公平感与研发人员的任务绩效关系并不显著，货币性薪酬对员工的工作绩效影响不大甚至没有影响（Medcof et al.，2007[80]；黄志坚，2013[169]），对于知识型员工来说，只有成长激励因素对个人绩效影响显著，而生存激励与关系激励因素对工作绩效的影响都不显著（李鸿雁 等，2014）[310]。相比外在动机，员工的内在动机更有助于提升组织的绩效（Liao et al.，2009）[323]，提高员工的创造力（Ehrnrooth et al.，2012）[324]。

基于上述理论分析和逻辑推断，本研究提出以下假设：

---

① 转引自俞文钊：《现代激励理论与应用》，东北财经大学出版社2006年版。

H3：非国有企业员工总体报酬感知及其6个维度对工作绩效及其4个维度有显著影响，且内在报酬感知对工作绩效的影响较外在报酬更显著。

H3-1：薪酬感知对工作绩效及其4个维度有显著正向影响；

H3-2：福利感知对工作绩效及其4个维度有显著正向影响；

H3-3：工作条件感知对工作绩效及其4个维度有显著正向影响；

H3-4：自主与认可感知对工作绩效及其4个维度有显著正向影响；

H3-5：职业发展感知与对工作绩效及其4个维度有显著正向影响；

H3-6：工作关系感知对工作绩效及其4个维度有显著正向影响。

4.2 工作满意度与敬业度、工作绩效的关系

4.2.1 工作满意度与敬业度的关系

首先从概念界定来看，工作满意度与敬业度之间有着紧密的联系。工作满意度是个体因为感知到工作能够满足或者有助于满足自己的工作价值观而产生的一种愉悦的情绪状态（Locke，1969）[18]。敬业度是个体在工作中的卷入程度和满意程度以及对工作的热情（Harter et al.，2002）[163]。Fredrickson（2003）[325]的积极情感"拓展—建设"模型表明，积极情感伴有思维行动集合和精力充沛感，精力充沛感进一步引起一些特别的思维行动集合，最终促进思维或行动的发生。由此可以推论，工作满意度是敬业度的基础和必要条件（王大悟，2004）[326]。工作满意度越高的员工，对工作会产生一种积极的情感，进而更多地投入到工作中（Rabinowitz et al.，1977）[327]，表现出较高的敬业度。

但实证研究的结论并不一致，Sake（2006）[151]的研究结果表明工作满意度与敬业度正相关，芦慧等人（2012）[126]对某一中外合资制造企业的调查发现，员工工作满意度与敬业度的关系有4种不同的组合状态。然而认真分析芦慧等人的研究，不难发现，对于非国有企业这种以市场为导向的经济体，在用工日益自由化的社会环境中，从博弈的角度来看，低满意、高敬业与高满意、低敬业这两种组合只是一种临时的组合状态，终究要走向高满意、高敬业或低满意、低敬业的均衡状态。此外，中国社会和文化传统特别注重并基本遵循互惠的交换原则，不仅讲求"礼尚往来""投之以桃，报之以李"的对等交换，而且出于"面子"和"感恩之心"的考虑，愿意付出比之前他人给予得更多的回报，如"士为知己者

死""滴水之恩当涌泉相报"（蔡丽玲，2014）[328]。因此提出以下假设。

H4：非国有企业员工工作满意度对其敬业度有显著正向影响。

4.2.2 工作满意度与工作绩效的关系

工作满意度和工作绩效之间的关系是工业组织心理学研究的古老命题，迄今为止学者们尚未达成共识。一种观点认为，高的工作满意度会导致高绩效，这一观点得到了一些实证研究的支持。例如，Williams等人（1991）[329]、Van Scotter（2000）[330]的研究表明，工作满意度和任务绩效（或角色绩效）以及组织公民行为（或关系绩效）之间的相关系数在0.19~0.80。另外一种观点认为，工作满意度与工作绩效的关系并不稳定，在不同的情境下工作满意度可能与工作绩效呈正相关、负相关或者不相关的关系，这一观点也得到了一些实证研究的支持。例如，Iaffadano等人（1985）[133]发现工作满意与工作绩效之间的总体相关系数约为0.17；温碧燕（2011）[174]的实证研究结果表明，只有那些敬业度水平高的员工，其工作满意度才与顾客满意度正相关，而敬业水平低的员工，其工作满意度与顾客满意度负相关。还有研究者发现工作满意度和工作绩效之间没有关系，甚至许多绩效很低的员工工作满意度很高。本研究认为，在市场化的环境中，非国有企业与员工的权利义务划分明晰，企业的用工制度也较为灵活，员工与企业的交换关系更趋理智。当员工对工作的期望得到满足后，出于公平的感受，员工将付出更多的努力来回报企业。韩翼（2006）[245]以三十多家企业的1453名员工为研究对象，发现员工工作满意度与工作绩效4个维度（即任务绩效、关系绩效、学习绩效和创新绩效）显著正相关。因此提出以下假设：

H5：非国有企业员工工作满意度对其工作绩效有显著正向影响。

H5-1：非国有企业员工工作满意度对其任务绩效有显著正向影响；

H5-2：非国有企业员工工作满意度对其关系绩效有显著正向影响；

H5-3：非国有企业员工工作满意度对其学习绩效有显著正向影响；

H5-4：非国有企业员工工作满意度对其创新绩效有显著正向影响。

4.3 敬业度的中介作用

4.3.1 敬业度与工作绩效的关系

学者们对敬业度概念的诠释显示了敬业度与工作绩效之间存在着密切的因果

关系。最早提出敬业度概念的 Kahn（1992）[331]认为，敬业度是个体被雇佣并且在身体、认知和情感上表现出来的对绩效的作用。这一观点通过了 May 等人（2004）[149]的实证检验。Britt 等人（2001）[332]指出，敬业度是员工对工作绩效的强烈责任感和承诺意愿，敬业的员工认为工作绩效的好坏与自身关系重大。Wellins 等人（2004）[333]认为，敬业度是承诺、忠诚和主人翁精神的结合体，激励着员工创造高绩效。Saks（2006）[151]认为，敬业度是一个由认知、情感和行为组成的与企业员工个体绩效相关的理论构念，是员工对自身所从事工作的努力水平和投入程度。敬业度高的员工，通常对工作有一种积极的情感，这种情感关系到一些与绩效有关的行为，包括提高创造力和有效决策等。

大量的实证研究与管理咨询公司的跨文化调查证实了敬业度与工作绩效显著正相关。Harter 等人（2002）[21]的跨领域元分析表明，无论哪个行业，其规模和性质多么不同，员工敬业度与组织期望的结果均呈现正相关。国内学者的实证研究也表明，员工敬业度与工作绩效及其各个维度显著正相关（方来坛 等，2011[131]；李鸿雁 等，2014[310]）。韬睿惠悦咨询公司随机抽取了 40 多个国家的大中型企业的 9 万名员工进行了"2007—2008 年度全球员工意见调查"。该调查显示，员工敬业度对公司绩效起着至关重要的作用。如果员工敬业度高，员工工作效率和团队意识就会提升，他们更愿意付诸行动以满足客户需求，进行创造性思考并想方设法帮助公司实现目标。

基于以上讨论，本研究提出以下假设：

H6：非国有企业员工敬业度对其工作绩效有显著正向影响。

H6-1：非国有企业员工敬业度对其任务绩效有显著正向影响；

H6-2：非国有企业员工敬业度对其关系绩效有显著正向影响；

H6-3：非国有企业员工敬业度对其学习绩效有显著正向影响；

H6-4：非国有企业员工敬业度对其创新绩效有显著正向影响。

4.3.2 敬业度对总体报酬感知与工作绩效、工作满意度与工作绩效的中介效应

心理学视阈下，激发人的动机的心理过程模式（如图 4.2 所示）说明，需求引起动机，动机引致行为，行为又指向一定的目标（俞文钊，2006）。基于社会交换理论，学者们发现组织通过实施高绩效工作系统对员工产生的投入，能够增强员工对组织的信任、承诺和认同，提高员工的角色内行为和角色外行为等

(Chuang et al., 2010[334]; Kehoe et al., 2013[335]; Messersmith et al., 2011[336]), 即提高员工在组织中的产出，从而提升组织绩效。而高绩效工作系统包含了总体报酬的各个维度。

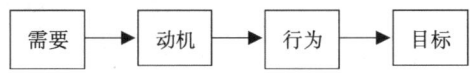

图 4.2　动机激发的心理过程模式图

结合自我决定理论和社会交换理论，本研究推论出员工在企业中的行为模式（如图 4.3 所示），即员工在内外诱因的综合刺激下，引发需要，产生动机，采取行动，形成绩效，实现自己和组织的目标。而目标的实现，经反馈后又强化了刺激，如此周而复始，延续不断。

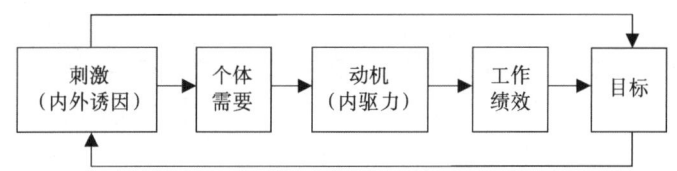

图 4.3　人类行为模式图

具体而言，所有员工都是积极的有机体。如果把企业付给员工的各种报酬作为外部性刺激，员工内心会把这种刺激与内在需求加以比较，形成一种整体的感受与判断（总体报酬感知、工作满意度），再根据自我的内在需要和外部的环境信息做出决策，进而采取行动（敬业度），行为将会导致工作结果（绩效），企业依据工作结果付给员工相应的回报，帮助员工实现自己期望的目标，同时也实现了企业的目标。目标的实现经过反馈和强化，又会刺激员工采取新一轮的行动。可见，敬业度直接决定了员工每日常规的工作行为、工作过程和工作结果，对工作绩效起近端作用，而总体报酬感知和工作满意度对工作绩效起着远端作用。换言之，敬业度对工作绩效的解释效力远大于总体报酬感知与工作满意度。因而可以推论，即使员工的工作满意度较高，倘若没有敬业行动，也不会产生企业期望的工作结果，即工作绩效。这一推论如果成立，将能很好地解释"高工作满意度并不一定导致高绩效"这一现象背后的原因。

此外，国内外学者进行的实证研究，也有助于人们推测敬业度的中介作用。例如，Maslach 等人（2001）[138]的研究表明，敬业度是工作因素与工作结果等的中介变量,与工作表现、承诺等相关。黄志坚(2010)[337]以中国动漫企业员工为对象的实证研究表明,敬业度在总体报酬与工作绩效的关系中具有中介作用。陈志霞等人(2008)[338]认为,离职倾向在知识型员工的组织支持感和工作绩效之间具有传导效应。施丹(2009)[339]发现,工作动机在总体报酬与绩效(创造力)之间起中介作用。

基于上述理论分析和逻辑推断,本研究提出以下假设:

H7:非国有企业员工总体报酬感知通过敬业度的中介作用间接影响工作绩效。

H8:非国有企业员工工作满意度通过敬业度的中介作用间接影响工作绩效。

4.4 个人—工作特征匹配的调节作用

本研究以员工对工作特征的评价来考察个人—工作特征匹配的程度。Hackman等人(1976)[247]认为,工作岗位能让员工感受到"工作的意义、工作的责任、工作的结果",这些心理状态将影响员工对工作的认知、态度及其工作结果。若工作特征越能使员工感受到工作富有意义、负有责任、并能得到有效的工作反馈,员工的内在工作动机就越大,进而形成较高的工作满意度、高质量的工作绩效,较低的缺勤率和离职率。Kahn(1992)[331]指出心理上的有意义性能够从工作任务中获得,包含着员工将自我投入到角色表现中获得回报的感觉,核心特征得分较高的工作能够促使员工把更多的自我带入工作中,为员工提高敬业度提供了空间和动力。有机整合理论(Organicintegration Theory)(Ryan et al.,2000)也认为,个体的动机由外在动机内化为内在动机,需要满足员工的胜任、自主与关系三大心理需要,而员工对岗位胜任力的满足,会促进员工外在动机向内在动机的转化。可见,工作特征能够影响员工的内在动机,而内在动机对员工积极的情感经历、高水平的工作绩效、创造性行为、工作的持久性、工作满意度以及心理健康状况都有很好的预测作用(Deci,1971[320]、1985[341])。

Maslach等人(2001)[268]的个体—工作匹配模型指出,个体与工作匹配程度决定了员工的情绪和情感状态。个体与工作越匹配,员工的工作满意度和敬业度越高;个体与工作越不匹配,员工越有可能产生工作倦怠。个体—情景互动理论(Person - Situation Interaction)认为,个体行为是由其内在特质和所处的情境共同作用的结果。因此，相比于个体特征或环境特征，个体特征和环境特征之间的共同作用能更好地解释个体态度和行为的差异（Mischel，2004）[342]。例如，组织创新交互模型指出，组织氛围与个体认知风格对创新行为产生交互作用（Woodman et al.，1993）[343]；团队心理安全感不仅对团队成员创新行为产生影响，而且与个体认知风格一起对团队成员的行为产生交互作用（杨付 等，2012）[344]；要求—能力匹配不仅对员工的工作满意度产生影响，而且在总体报酬与工作满意度的关系中起到调节作用（王红芳 等，2015）[121]。

综合相关理论分析和实证研究，本研究推断，当员工的工作特征与个人越匹配，员工就越会对工作产生一种积极的情感，内在驱动力增强，在同样的报酬激励下，将表现出更高的工作满意度和敬业度。因此提出以下假设：

H9：个人—工作特征匹配对总体报酬感知与工作满意度关系有显著调节作用；

H9-1：个人—工作特征匹配对薪酬感知与工作满意度的关系有显著的调节作用；

H9-2：个人—工作特征匹配对福利感知与工作满意度的关系有显著的调节作用；

H9-3：个人—工作特征匹配对工作条件感知与工作满意度关系有显著调节作用；

H9-4：个人—工作特征匹配对自主与认可感知和工作满意度关系有显著调节作用；

H9-5：个人—工作特征匹配对职业发展感知与工作满意度关系有显著调节作用；

H9-6：个人—工作特征匹配对工作关系感知与工作满意度关系有显著调节作用。

H10：个人—工作特征匹配对总体报酬感知与敬业度的关系有显著的调节作用；

H10-1：个人—工作特征匹配对薪酬感知与敬业度的关系有显著的调节作用；

H10-2：个人—工作特征匹配对福利感知与敬业度的关系有显著的调节作用；

H10-3：个人—工作特征匹配对工作条件感知与敬业度的关系有显著调节作用；

H10-4：个人—工作特征匹配对自主与认可感知和敬业度的关系有显著调节作用；

H10-5：个人—工作特征匹配对职业发展感知与敬业度的关系有显著调节作用；

H10-6：个人—工作特征匹配对工作关系感知与敬业度的关系有显著调节作用。

4.5 总体报酬感知与工作绩效关系的理论模型

本章通过梳理和研究相关文献，推论了总体报酬感知、工作满意度、敬业度、工作绩效和个人—工作特征匹配5个主要变量之间的关系，提出了相应的假设。具体而言，首先，基于现代激励理论、社会交换理论和心理契约理论，推论了总体报酬感知对工作满意度、敬业度和工作绩效的影响作用；其次，为了更好地探讨总体报酬感知对工作绩效的影响机制，基于心理学的行为模式理论、自我决定理论和资源保存理论，推论了敬业度作为重要的中介变量，在总体报酬感知与工作绩效、工作满意度与工作绩效间的中介效应；最后，基于工作特征理论和个人—工作匹配理论，推论了个人—工作特征匹配对总体报酬感知与工作满意度、敬业度的关系有调节作用。经过逻辑推理，本章共提出48条系列研究假设（如表4.1所示）。

表4.1　　　　　　　　　　研究假设汇总

编号	假设内容
H1	非国有企业员工总体报酬感知及其6个维度对工作满意度有显著正向影响，且影响程度存在差异
H1-1	员工薪酬感知对其工作满意度的正向影响最为显著；
H1-2	员工福利感知对其工作满意度有显著正向影响；
H1-3	员工工作条件感知对其工作满意度有显著正向影响；
H1-4	员工自主与认可感知对其工作满意度有显著正向影响；
H1-5	员工职业发展感知对其工作满意度有显著正向影响；

续表

编号	假设内容
H1-6	员工工作关系感知对其工作满意度有显著正向影响。
H2	非国有企业员工总体报酬感知及其6个维度对其敬业度有显著正向影响,且内在报酬感知对敬业度的正向影响比外在报酬感知更为显著
H2-1	员工薪酬感知对其敬业度有显著正向影响;
H2-2	员工福利感知对其敬业度有显著正向影响;
H2-3	员工工作条件感知对其敬业度有显著正向影响;
H2-4	员工自主与认可感知对其敬业度有显著正向影响;
H2-5	员工职业发展感知对其敬业度有显著正向影响;
H2-6	员工工作关系感知对其敬业度有显著正向影响。
H3	非国有企业员工总体报酬感知及其6个维度对工作绩效及其4个维度有显著正向影响,且内在报酬感知对工作绩效的影响较外在报酬感知更显著
H3-1	薪酬感知对工作绩效及其4个维度有显著正向影响;
H3-2	福利感知对工作绩效及其4个维度有显著正向影响;
H3-3	工作条件感知对工作绩效及其4个维度有显著正向影响;
H3-4	自主与认可感知对工作绩效及其4个维度有显著正向影响;
H3-5	职业发展感知对工作绩效及其4个维度有显著正向影响;
H3-6	工作关系感知对工作绩效及其4个维度有显著正向影响。
H4	非国有企业员工工作满意度对其敬业度有显著正向影响
H5	非国有企业员工工作满意度对其工作绩效有显著正向影响
H5-1	员工工作满意度对其任务绩效有显著正向影响;
H5-2	员工工作满意度对其关系绩效有显著正向影响;
H5-3	员工工作满意度对其学习绩效有显著正向影响;
H5-4	员工工作满意度对其创新绩效有显著正向影响。
H6	非国有企业员工敬业度对其工作绩效有显著正向影响
H6-1	员工敬业度对其任务绩效有显著正向影响;
H6-2	员工敬业度对其关系绩效有显著正向影响;
H6-3	员工敬业度对其学习绩效有显著正向影响;
H6-4	员工敬业度对其创新绩效有显著正向影响。
H7	非国有企业员工总体报酬感知通过敬业度的中介作用间接影响工作绩效
H8	非国有企业员工工作满意度通过敬业度的中介作用间接影响工作绩效
H9	个人—工作特征匹配对总体报酬感知与工作满意度的关系有显著的调节作用

续表

编号	假设内容
H9-1	个人—工作特征匹配对薪酬感知与工作满意度的关系有显著的调节作用；
H9-2	个人—工作特征匹配对福利感知与工作满意度的关系有显著的调节作用；
H9-3	个人—工作特征匹配对工作条件感知与工作满意度的关系有显著的调节作用；
H9-4	个人—工作特征匹配对自主与认可感知和工作满意度的关系有显著的调节作用；
H9-5	个人—工作特征匹配对职业发展感知与工作满意度的关系有显著的调节作用；
H9-6	个人—工作特征匹配对工作关系感知与工作满意度间的关系有显著的调节作用。
H10	个人—工作特征匹配对总体报酬感知与敬业度的关系有显著的调节作用
H10-1	个人—工作特征匹配对薪酬感知与敬业度的关系有显著的调节作用；
H10-2	个人—工作特征匹配对福利感知与敬业度的关系有显著的调节作用；
H10-3	个人—工作特征匹配对工作条件感知与敬业度的关系有显著的调节作用；
H10-4	个人—工作特征匹配对自主与认可感知和敬业度的关系有显著的调节作用；
H10-5	个人—工作特征匹配对职业发展感知与敬业度的关系有显著的调节作用；
H10-6	个人—工作特征匹配对工作关系感知与敬业度的关系有显著的调节作用。

综合全部假设，本研究提出了如图4.4所示的理论模型。

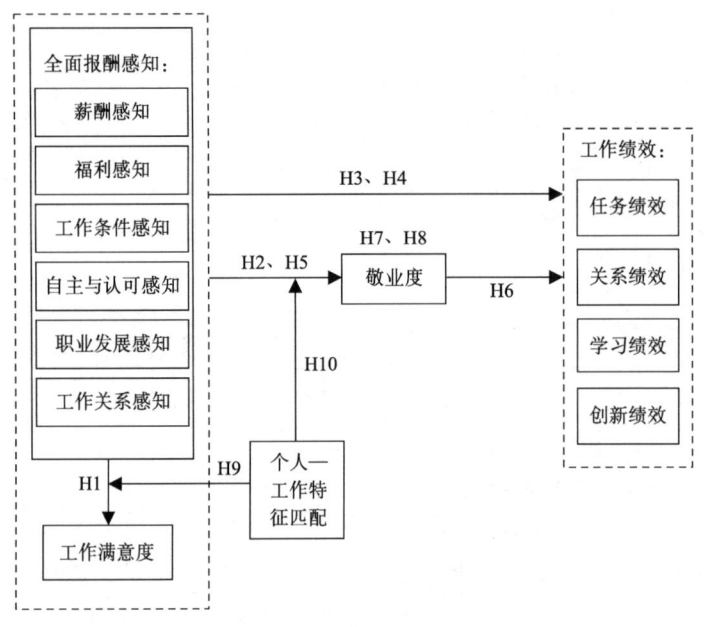

图4.4 理论模型2

第 5 章 研究设计

本研究采用问卷调查法收集数据,再借助统计分析工具处理数据,进而验证假设,形成结论,因此测量工具的选择与开发、问卷数据的收集过程和数据分析技术的选择是保证研究结论真实可靠的基础,构成了本研究实证设计的主要内容。本章阐述工作满意度、敬业度、个人—工作特征匹配和工作绩效4个变量测量工具的选择与问卷设计,研究数据的收集过程和研究数据的分析技术,研究样本的选择,进而运用 SPSS 21.0 和 LISREL 8.70,对测量量表进行信度和效度检验,确认量表的质量,为之后的现状分析与模型检验奠定基础。

5.1 研究变量的测量

5.1.1 变量测量工具选择与问卷设计的原则

为了使变量的测量更具科学性,本研究依据陈晓萍等主编的《组织与管理研究的实证方法》[345]一书中谢家琳(2010)的建议,依据以下原则选择变量测量工具:①尽量以国内外已有的、比较权威的量表作为测量的基础;②考虑到社会经济发展与文化差异等因素对人的认识、情感与激励有着重大的影响(Markus et al., 1991)[85],优先选择使用国内学者开发的较为成熟的量表;③结合研究主题,依据专家效度、表面效度对现有问卷进行修订和完善。在修订和完善相关量表时,参照了 Churchill (1979)[346]、Hinkin (1995)[346]等学者的建议,按照以下步骤进行设计：第一步，通过对相关理论和实证研究的归纳和整理，收集与本研究相关的经典量表，深入思考比较已有研究中的概念构思与本研究关键变量的异同点，确认相关量表的信度和效度水平；第二步，依据访谈结果，结合中国非国有企业实际，对拟选用量表的测量条款进行适当的修改和补充，设计本研究调查问卷的初稿；第三步，请相关专家对问卷初稿进行修订；第四步，对调查问卷进行分半检验，依据探索性因子分析结果进一步修订问卷，最终形成正式的测量量表。

5.1.2 工作满意度的测量

实证研究中，学者们通常采用单一整体评估法（Single Global Rating）和综合评分法（Summation Score）来测量工作满意度（罗宾斯，2002），这两种方法各有所长。具体而言，单一整体评估法侧重评价总体态度，耗时少，能抓住工作满意度的本质；综合评分法侧重于评价员工对各项工作要素的感受，似乎评价结果更为精准，有助于管理者就企业存在的问题制定相应的对策以谋求改进，但操作复杂，还有可能遗漏掉一些重要事项。因而有些学者建议将二者结合起来使用（冯缙 等，2009）[348]，有些学者却认为"简单优于复杂"，建议采用整体评估法。

本研究将工作满意度作为中间变量，依据简约而准确的原则，采用单维度方法进行测量。在问项的设置上，借鉴 Spector（1985）[349]对工作满意度的维度划分，从"薪酬、福利待遇、晋升机会、表扬和认可、主管领导、同事关系、工作本身、沟通和工作程序"几个方面进行问题设计，测量尺度采用 Likert 5 级划分，测量时将各题项得分加总后取均值作为员工工作满意度指标。征求专家的建议和受访者的反馈意见，最终确定的量表共有 8 个题项（如表 5.1 所示），它们较全面地涵盖了中国非国有企业员工的工作要素，可直接用于问卷调查。

表 5.1　　　　　　　　　　工作满意度测量量表

题项	很差	比较差	一般	比较好	很好
S1－9 对薪酬的满意度	1	2	3	4	5
S2－16 对福利的满意度	1	2	3	4	5
S3－26 对目前工作本身的满意度	1	2	3	4	5
S4－32 对工作条件的满意程度	1	2	3	4	5

续表

题项	很差	比较差	一般	比较好	很好
S5-37 工作与家庭生活的兼顾情况	1	2	3	4	5
S6-43 对工作认可方面的满意程度	1	2	3	4	5
S7-49 对职业发展的满意程度	1	2	3	4	5
S8-54 对工作关系的满意程度	1	2	3	4	5

5.1.3 员工敬业度的测量

由于中外学者及咨询公司对敬业度的概念和结构认识不统一,在实证研究和商业咨询实践中所采用的敬业度测量量表也不尽相同。比较常用的有以下3种:

Schaufeli 等人(2002)[147]在对高绩效员工访谈的基础上开发的工作投入量表(the Utrech Work Engagement Scale, UWES)。该量表包括了活力、奉献和卷入3个维度17个题项。2006年,他们在对10个国家的1万多名被试调查后,将题项缩减为9个,内部一致性信度达到0.78~0.89,跨文化稳定性也得到了验证。但有学者认为,UWES 中的活力和卷入的相关系数高达0.95,奉献与卷入的相关系数达到0.9,活力与奉献的相关系数为0.88,存在较为严重的多重共线性(Christian et al., 2007)[350],因而严格来讲是一个单维度量表。

盖洛普的 Q12。盖洛普(Gallup Workplace Audit, GWA)是世界著名的管理咨询机构,通过对百万名员工访谈结果的定性和定量研究,开发了包含一个总体工作满意度问项和12个具体问项(以下简称"Q12")的敬业度测量量表。大量的实证研究表明,Q12 是一个单维结构,具有较高的效度和信度,也具有跨文化的稳定性,在实践中得到广泛的认可和应用。但也有学者对其测量的有效性提出质疑。例如,李锐等人(2007)[351]认为 Q12 测量的结果严格来说只代表了员工的工作满意度。

曾晖等人(2009)[352]开发的中国企业员工综合敬业度问卷(MEEI)。MEEI 是运用"扎根理论"和"最佳自我反馈评定法"(RBSA),在对海南和天津两地264名企业员工进行自评、他评及客观结果综合调查后编制而成的,包含任务聚焦(5个题项)、活力(4个题项)、主动参与(5个题项)、价值内化(3个题项)、效能感(3个题项)和积极坚持(2个题项)6个维度22个题项,再加上5条测谎问项,共27个题项。验证性因子分析结果显示,模型拟合度评价指标为：$\chi^2/df = 2.025$，GFI = 0.91，CFI = 0.93，NFI = 0.85，NNFI = 0.89，IFI = 0.93，RMSEA = 0.053，表明该量表具有较为理想的结构效度。由于 MEEI 结合了中国企业员工的文化特性，被国内许多研究者采用（吴文婷，2010[353]；马志强 等，2012[354]；卢纪华 等，2013[167]），内部一致性信度均在 0.9 以上。

鉴于中国员工关于敬业的理念有别于西方，本书对敬业度的测量采用了植根于中国情境的 MEEI 问卷。原量表是个体对敬业度的自我报告，为了避免社会赞许性误差，表中包含有 5 条测谎问项。基于有效避免同源性误差的考虑，本研究采用了他评的方式测量员工敬业度，因而对问卷做了两项修正：一是去掉测谎题项后保留了 23 个题项；二是为了使测量问项的表达更适合主管评价，根据 Chan（1998）[355] 的指代转换式共同模型的思路，对原量表题目的人称指代进行了调整，最终形成了如表 5.2 所示敬业度测量问卷。

表 5.2   员工敬业度测量量表

维度	题项	完全不符合	较不符合	不确定	比较符合	完全符合
任务中心	1. 总是尽自己全部的力量克服工作上的困难	1	2	3	4	5
	2. 经常主动帮助同事解决工作上的困难	1	2	3	4	5
	3. 总是主动将工作经验毫无保留地传授给新同事	1	2	3	4	5
	4. 严格遵守单位的规章制度	1	2	3	4	5
	5. 承诺做出高品质的工作	1	2	3	4	5
活力	6. 每天上班工作都表现得很愉快	1	2	3	4	5
	7. 工作时充满激情	1	2	3	4	5
	8. 每天尽全力去工作	1	2	3	4	5
	9. 能够连续工作很长时间而不厌倦	1	2	3	4	5
主动参与	10. 愿意承担有挑战性的工作	1	2	3	4	5
	11. 总是主动搜集工作所需相关信息或学习工作技能	1	2	3	4	5
	12. 经常主动对工作方法或制度规范等提出改进建议	1	2	3	4	5
	13. 能够对同事或上级充分表达自己的思想与感情	1	2	3	4	5
	14. 认为自己是对公司非常有价值的人	1	2	3	4	5

续表

维度	题项	完全不符合	较不符合	不确定	比较符合	完全符合
价值内化	15. 用赞美的语言描述自己的工作	1	2	3	4	5
	16. 主动向顾客介绍公司的产品和服务	1	2	3	4	5
	17. 知道自己的工作对公司目标的实现起着重要作用	1	2	3	4	5
	18. 对外界高度评价所在的公司	1	2	3	4	5
效能感	19. 总能按上级要求，高标准、严要求地完成工作	1	2	3	4	5
	20. 工作时充满自信，精神状态良好	1	2	3	4	5
	21. 每天的工作能够发挥其特长	1	2	3	4	5
积极坚持	22. 具有高度的工作责任感，勇于面对工作中遇到的困难	1	2	3	4	5
	23. 即使工作不顺利，也能坚定不移地完成既定的工作任务，从不放弃	1	2	3	4	5

5.1.4 工作绩效的测量

目前，实证研究中关于工作绩效的测量工具比较成熟。本书选用韩翼（2007）[356]开发的基于中国情境的量表对工作绩效进行测量。同样地，为了避免同源性误差和社会赞许性误差，由员工的直接上级对员工的工作绩效进行评价，并根据专家的建议和受访者的反馈意见，对原量表中的题项进行了精简，创新绩效引用了 Scott 等人（1994）[357]编制的 6 条目题项，最终形成的初始量表如表 5.3 所示。

表 5.3　　　　　　　　　　工作绩效初始量表

维度	题项	从来没有	基本没有	不清楚	有时如此	经常如此
关系绩效	1. 即使管理人员不在场，也能按照指令做事	1	2	3	4	5
	2. 在团队中，经常协助上级做事	1	2	3	4	5
	3. 始终维护上级的决策	1	2	3	4	5
	4. 工作时经常和其他部门同事扯皮	1	2	3	4	5
	5. 经常支持并鼓励同一级别的同事	1	2	3	4	5

续表

维度	题项	从来没有	基本没有	不清楚	有时如此	经常如此
关系绩效	6. 自愿做许多有利于公司利益的工作	1	2	3	4	5
	7. 很注意个人形象，举止礼貌且有修养	1	2	3	4	5
	8. 密切关注工作中的重要细节	1	2	3	4	5
	9. 能够履行工作说明书中的职责	1	2	3	4	5
任务绩效	10. 能够按照自己期望的方式按时完成工作任务	1	2	3	4	5
	11. 能够实现团队或部门设置的目标	1	2	3	4	5
	12. 工作效率明显提高	1	2	3	4	5
	13. 口头交流技能很强	1	2	3	4	5
	14. 具有较好的与工作相关的专业知识和技能	1	2	3	4	5
学习绩效	15. 重视通过学习，积累经验，提高工作效率	1	2	3	4	5
	16. 通过学习掌握了专业知识和技能	1	2	3	4	5
	17. 通过学习能够更好地履行岗位职责	1	2	3	4	5
	18. 运用学到的知识解决工作中遇到的问题	1	2	3	4	5
	19. 认为学习对提高工作绩效没有帮助	1	2	3	4	5
创新绩效	20. 总是寻求应用新的流程、技术与方法	1	2	3	4	5
	21. 经常提出有创意的点子和想法	1	2	3	4	5
	22. 经常与别人沟通并推销自己的新想法	1	2	3	4	5
	23. 为了实现新想法，想办法争取所需资源	1	2	3	4	5
	24. 为了实现新想法，制定合适的计划和规划	1	2	3	4	5
	25. 整体而言，是一个具有创新精神的人	1	2	3	4	5

5.1.5　个人—工作特征匹配的测量

通常，研究者将个人—组织匹配划分为"感觉匹配和实际匹配"两种，与之相应的测量方法是直接测量和间接测量。其中，感觉匹配指个体对于在组织中是否匹配良好的直接的整体判断（Kristof，1996）[273]，采用直接询问员工的方式来测量，有学者认为这种测量方式容易混淆个人和环境的构成，尤其在和工作相关的态度同时进行测量时，一致性偏见可能会影响到结果（Edwards，1991）[358]，但也有学者指出个人与环境不应该割裂开来区别对待（Schneider et al.，

1995)[249]。关于工作特征,运用较为广泛的测量工具有两种:一是 Sim 等人(1976)[359]编制的工作特征调查表(Job Characteristics Inventory,JCI),JCI 共有 30 个项目,测量员工对工作的知觉,包括工作多样性、自主性、反馈、与他人交往、任务完整性和友谊等,可以合并为工作复杂性单一维度;二是 Hackman 等人(1975)提出的工作特征模型(JCM)衍生的工作诊断问卷(Job Diagnostic Survey,JDS),JDS 共有 15 个题项,测量不同工作特征作用的差异性(杨红明,2010)[360]。

本研究将个人—工作特征匹配作为单一因子进行分析,用员工对工作特征的评价来衡量个人—工作特征匹配,依据简单准确的原则,采用直接测量的方法进行测量。具体问项设计以 JDS 的核心问题为基础,结合 Maslach 等人(2001)[140] 的个体—工作匹配模型的六要素,即"工作负荷、控制、奖赏和认同、社会支持、公平感和价值感",再根据中国非国有企业员工的工作特点,从"工作负荷大小、工作稳定性、个人能力发挥情况、工作发展性、工作重要程度、工作价值感、工作挑战性、工作愉悦性、工作自主程度"9 个方面设定 9 个题项,采用 Likert 5 级量表来测量员工个人与工作特征的匹配(具体测量指标如表 5.4 所示),最终以 9 个题项得分加总后的算术平均值作为个人与工作特征匹配的评价指标。征求专家的建议和受访者的反馈意见,认为该 9 个题项较好地反映了中国非国有企业员工的工作特征,可直接用于问卷调查。

表 5.4 个人—工作特征匹配测量量表

题项	很差	比较差	一般	比较好	很好
J1-17 对目前工作负荷大小的感觉	1	2	3	4	5
J2-18 目前工作的稳定性	1	2	3	4	5
J3-19 人能力及特长在工作中的发挥情况	1	2	3	4	5
J4-20 工作对个人能力提升的情况	1	2	3	4	5
J5-21 在工作中的威信和影响力	1	2	3	4	5
J6-22 所从事工作的挑战性	1	2	3	4	5
J7-23 目前工作令我愉快的程度	1	2	3	4	5
J8-24 公司使命和目标使我觉得自己工作的重要程度	1	2	3	4	5
J9-25 在工作中的自主程度	1	2	3	4	5

5.1.6 控制变量的测量

正如第 1 章文献回顾中所阐述的，已有研究表明性别、年龄、工龄、学历、户籍、工作性质和工作职位等人口统计变量，对总体报酬感知、工作满意、敬业度和工作绩效有所影响，因而根据以下标准对这些变量进行了类别划分，以便于被调查者填答问卷和之后的统计分析。

①性别。分为两组：男性赋值为 1，女性赋值为 2。

②户籍。分为两组：城市户口赋值为 1，农村户口赋值为 2。

③年龄。以往研究多以 5 年作为一个时间跨度进行年龄段划分，本研究依此将员工年龄分为 8 组：25 岁以下赋值为 1，25~29 岁赋值为 2，30~34 岁赋值为 3，35~39 岁赋值为 4，40~44 岁赋值为 5，45~49 岁赋值为 6，50~54 岁赋值为 7，55 岁以上赋值为 8。

④教育程度。分为 5 组：初中及以下赋值为 1，高中、中专或职业高中赋值为 2，大专或高职赋值为 3，本科赋值为 4，研究生及以上赋值为 5。

⑤婚姻状况。分为两组：已婚赋值为 1，未婚赋值为 2。

⑥本企业工作年限。以实际工作年限赋值。

5.2 研究数据收集和分析技术

5.2.1 研究数据收集过程

本研究主要关注非国有企业员工的总体报酬感知、工作满意度、敬业度、个人—工作特征匹配和工作绩效，因而调查的样本均来自非国有企业在职员工。如同大多数组织行为学的实证研究，本研究的数据也通过问卷调查获得，因而样本的选择、问卷的发放就显得尤为重要。

为了使样本更具有代表性，研究样本取自不同的行业，并尽可能多地涵盖不同年龄、性别、工龄和学历的员工。样本数据的获取通过企业的负责人或人力资源主管，有以下 3 种方式：（1）通过研究者的社会关系发放调查问卷；（2）利用为山西省中小企业局和财政厅做横向课题深入企业调研的机会，对非国有企业员工进行访谈和调查；（3）通过遍布全国各地的学生及其社会关系发放调查问卷。在调查前，研究者对发放问卷者进行了较为细致的培训，介绍了问卷调查的目的和背景,分发了所需的调查问卷,并对样本选择和调查程序进行了指导。

为了减少"共同工具效应",避免同源偏差和社会赞许性等问题,调查问卷的发放采取直接领导和员工配对的方式,即将问卷分成3个部分:(1)企业人力资源主管填写企业的基本情况;(2)每位直接领导选择3名左右的下属员工,填写自己的人口统计学特征并评价其下属的敬业度和工作绩效;(3)下属员工填写自己的人口统计学特征、总体报酬感知、工作满意度和个人—工作特征匹配问项。为了确保上级问卷和下级问卷的一一对应,采取了以下3项措施:(1)采用了"匹配编码+匹配记号+匹配实名"的方式,并在问卷的首页,明示了问卷填答说明;(2)员工调查问卷部分由直接领导发给相应的下属;(3)人力资源主管负责收回本企业所有问卷,并装入信封封好后交回。此外,为了得到客观的调查数据,并得到被调查者的积极配合,在填写问卷前,告知被调查者所填的信息仅供研究使用,会完全保密,应尽可能按照真实的想法填答,并承诺将研究结果反馈给感兴趣的参与者。

5.2.2 研究数据分析技术

本研究的调查数据均来自个体层面,数据分析主要包括样本特征描述、变量测量的信效度检验、假设关系检验以及模型适配度检验等内容,运用的分析工具主要是专业统计分析工具SPSS 21.0,结构方程模型分析工具LISREL 8.70。

①运用SPSS 21.0统计软件中的描述统计功能。首先,对被测试者所在企业的类型、所属行业、规模以及被测试者的性别、户籍、学历、工龄等人口统计学变量进行统计分析,通过频数和百分比的计算来考察本研究调查的外部效度;其次,根据对量表中各个测量条款的均值、标准差、偏度和峰度的统计,判断样本总体是否服从正态分布。判断的标准是,偏度绝对值小于3、峰度绝对值小于10时,样本基本上服从正态分布(黄芳铭,2005)[361]。最后,通过计算总体报酬感知、工作满意度、敬业度、个人—工作特征匹配和工作绩效5个主要变量的平均数、标准差、最大值和最小值,来描述非国有企业员工的报酬与工作现状,发现非国有企业面临的问题。

②检验各量表的效度。首先,运用SPSS 21.0统计软件中的降维功能对工作满意度、敬业度、个人—工作特征匹配和工作绩效5个变量的测量量表进行探索

性因子分析（EFA），以找到变量的本质结构，达到浓缩数据的目的。具体步骤如下：

第一步，依据 Bryman 等人（1997）[362]的建议，把纠正条款总相关系数（CITC）小于 0.3，且删除后使 Cronbach's Alpha 值增加的条款予以删除；

第二步，依据 Kaiser（1974）[363]的建议采用取样适切量数（KMO）值的大小来判断样本的充分性。判断标准为：KMO 取值在 0.9 以上，样本量非常适合进行因素分析；KMO 取值居于 0.8~0.9，样本量很适合进行因素分析；KMO 取值居于 0.7~0.8，样本量适合进行因素分析；KMO 取值居于 0.6~0.7，样本量勉强可以进行因素分析；KMO 取值在 0.6 以下，样本量不适合进行因素分析；同时，Bartlett's 球形检验 χ^2 值的显著性 P 值要小于 0.05（吴明隆，2010）[364]；

第三步，采用主成分分析法，按照特征值（eigenvalue）大于 1，所保留因子解释总变异量在 50% 以上的标准选择因子个数。项目在所属因子的载荷要大于 0.4。如果题项在所有因子的载荷均小于 0.4，或者在两个或两个以上因子的载荷大于 0.4，则予以删除。

其次，运用 LISREL 8.70 统计软件对总体报酬感知量表和工作绩效量表所保留的测量条款，以及概念模型中 5 个变量进行验证性因子分析（CFA），以进一步确定测量项目和构念间的关系，检验模型对数据的拟合效果及各个变量的区分效度。判断依据为：一是测量模型中的因素负荷量均达到显著，即 $P<0.05$，t 的绝对值大于 1.96（吴明隆，2012）[365]；二是采纳侯杰泰、温忠麟等（2004）[366]建议的指标进行模型拟合度判断（如表 5.5 所示）。

表 5.5　　　　　　　　　　相关拟合指标

指标	卡方/自由度（CMIN/DF）	渐进残差均方根（RMSEA）	适配度系数（GFI）	增值适配指数（IFI）	非归准拟合指数（NNFI）	比较拟合指数（CFI）
临界值	1~5	<0.08	>0.9	>0.9	>0.9	>0.9
备注	越小越好	越小越好	越接近 1 越好	越接近 1 越好	越接近 1 越好	越接近 1 越好

③采用 SPSS 21.0 统计软件中的信度分析功能检验总体报酬感知、工作满意度、敬业度、个人—工作特征匹配、工作绩效 5 个变量测量量表的信度。判断标准是，分量表的 Cronbach's Alpha 值大于 0.5，最好高于 0.6；整体量表的

Cronbach's Alpha 值大于 0.7，最好高于 0.8（吴明隆，2010）[364]。

④运用 SPSS 21.0 统计软件，采用独立样本 t 检验的方法分析性别、户籍和婚姻 3 个控制变量对总体报酬感知、工作满意度、敬业度、个人—工作特征匹配和工作绩效 5 个主要变量的影响，采用单因素方差分析的方法考察年龄、学历、工龄 3 个控制变量对 5 个主要变量的影响。

⑤运用 SPSS 21.0 的相关分析功能和回归分析功能，在对变量间相关关系初步分析的基础上，通过多层线性回归分析的方法考察主效应、中介效应和调节效应，验证假设是否成立。在回归分析前还需检验预测变量是否存在多元共线性。预测变量间不存在多元共线性的判断标准是：方差膨胀系数 VIF<10，条件指标 CI<30，特征值>0.01。

⑥在中介效应检验方面，结构方程模型（Structural Equation Modeling，SEM）能给予最综合与最恰当的分析。在多层线性回归的基础上，采用 LISREL 8.70 统计软件对模型的中介效应以及整合模型进行检验，以确定各变量间关系的总效果（Total Effects）。

5.3 研究样本

5.3.1 研究样本的特征描述

本研究前后历时 2 个月，在中国 25 个省份的 149 个非国有企业共发放 750 套问卷，直接主管问卷的回收率是 78.3%，下属员工的问卷回收率是 87.2%。去掉漏答过多、明显不认真回答和不能配对的问卷后，最终得到"员工—主管"匹配的有效问卷 565 套，综合回收率为 75.39%。

（1）研究样本所在企业特征描述

参与问卷调查个体所在企业特征如表 5.6 所示。结果显示，本次调查的非国有企业类型多样，规模不等，分布广泛。其中，有限责任公司（32.2%）与合伙企业（22.8%）居多，中型企业（30.9%）与偏小型企业（26.2%）居多。样本在各个行业均有分布，具体情况为：制造业 35 家，占 23.5%；批发零售业 20 家，占 13.4%；住宿和餐饮业 19 家，占 12.8%；建筑业 11 家，占 7.4%；采矿业 7 家，占 4.7%；农林牧渔业和房地产业分别有 6 家，各占 4%；租赁和商务服务业、卫生与社会保障业、金融业分别有 4 家，各占 2.7%；信息、教育、文化体育、交通仓储、科研技术和地质勘探等其他行业企业，占10%。所调查的企业多属于成长阶段（46.3%），其次是成熟阶段（19.5%），再次是创业阶段（14.8%），很少处于转型阶段（3.4%）或衰退阶段（2.7%）；所在行业的竞争程度比较激烈（57.1%），行业技术变革大多比较快（46.3%），在市场中多属于挑战者（34.9%）或追随者（34.9%）的地位。可见，调查样本所在的企业具有当前中国非国有企业数量多、规模小、分布广、生命力强、所处市场竞争激烈的一般特征。

表 5.6　　　　　　　　样本所在企业特征（$N=149$）

特征	类型	企业数（个）	比例（%）	特征	类型	人数（人）	比例（%）
企业类型	个人独资企业	27	18.1	企业所处发展阶段	创业阶段	22	14.8
	合伙企业	34	22.8		成长阶段	69	46.3
	有限责任公司	48	32.2		成熟阶段	29	19.5
	股份有限公司	18	12.1		衰退阶段	4	2.7
	外资企业	5	3.4		转型阶段	5	3.4
	其他	1	0.7		缺失	20	13.3
	缺失	16	10.7	行业竞争程度	很激烈	28	18.8
企业所处行业	农、林、牧、渔	6	4.0		较激烈	57	38.3
	采矿业	7	4.7		一般	38	25.5
	制造业	35	23.5		不太激烈	7	4.7
	建筑业	11	7.4		很少竞争	1	0.7
	批发和零售业	20	13.4		缺失	18	12
	住宿和餐饮业	19	12.8	行业技术变革	很快	15	10.1
	居民服务和其他服务业	1	0.7		比较快	54	36.2
	房地产	6	4.0		一般	52	34.9
	金融	4	2.7		比较慢	6	4.0
	信息	3	2.0		很慢	3	2.0
	租赁和商务服务	4	2.7		缺失	19	12.8
	卫生、社会保障	4	2.7	企业在行业中地位	大型	16	10.7
	教育	2	1.3		偏大型	14	9.4
	文化、体育	1	0.7		中型	46	30.9

续表

特征	类型	企业数（个）	比例（%）	特征	类型	人数（人）	比例（%）
企业所处行业	交通、仓储	1	0.7	企业在行业中地位	偏小型	39	26.2
	科研、技术和地质勘探	2	1.3		小型	16	10.7
	其他	5	3.4		缺失	18	12.1
	缺失	18	12.1	市场竞争地位	市场领导者	19	12.8
					市场挑战者	52	34.9
	—				市场追随者	52	34.9
					市场补缺者	8	5.4
					缺失	18	12.1

注：149个企业分布在云南、四川、重庆、广西、贵州、陕西、甘肃、宁夏、青海、新疆、山西、河南、江西、河北、安徽、湖南、浙江、江苏、广东、福建、山东、上海、北京、天津、辽宁等25个省份。

（2）研究样本人口特征描述

员工个体特征如表5.7所示。表中数据显示，被调查者男性略多于女性，分别占53.3%和46.2%；农村户口略多于城市户口，分别占51.7%和45.8%；年龄多在35岁以下，占比81.4%，平均年龄为31.1岁（$SD=6.39$）；未婚员工略多于已婚员工，分别占比为50.4%和48%；工作性质多样，生产工人最多，占比为32.4%，其余还有营销人员（19.3%）、后勤服务人员（15.8%）和技术人员（12.9%）等；工作职位以一般员工为主，占比为72.9%；受教育水平以大专或高职学历最多，占比为29.4%，其次为本科、高中或中职，分别占比为25.8%和25%，初中及以下学历占比为15.8%，研究生及以上学历仅占比为2.8%；平均工作年限6.06年（$SD=5.84$）；平均每周工作天数5.61天（$SD=0.78$）；平均每天工作时间8.21小时（$SD=2.033$）；平均每月福利发放238.34元（$SD=487.67$），平均每月奖金发放352.99元（$SD=807.343$），平均每月工资3049.41元（$SD=2703.396$）。这些特征与非国有企业员工的年龄、学历、工龄、入职来源和收入等基本相符。

表 5.7　　参与问卷调查的员工特征统计（$N=565$）

特征	类型	人数（人）	比例（%）	特征	类型	人数（人）	比例（%）
性别	男	301	53.3	工作年限	1 年以下	35	6.2
	女	261	46.2		1～2 年（不含）	49	8.7
	缺失	3	0.5		2～5 年（不含）	110	19.5
户籍	城市户口	259	45.8		5～10 年（含）	74	13.1
	农村户口	292	51.7		10 年以上	297	52.6
	缺失	14	2.5	每周工作天数	5 天及以下	264	46.7
年龄	25 岁以下	132	23.4		6 天	210	37.2
	25～29 岁	221	39.1		7 天	73	12.9
	30～34 岁	107	18.9		缺失	18	3.2
	35～39 岁	46	8.1	平均每天工作时间	8 小时以下	49	8.7
	40～44 岁	40	7.1		8 小时	362	64.1
	45～49 岁	11	1.9		8 小时以上	141	24.9
	55 岁以上	1	0.2		缺失	13	2.3
	缺失	7	1.3	工作职位	一般员工	412	72.9
受教育程度	初中及以下	89	15.8		部门主管	90	15.9
	高中或中职	141	25.0		公司经理	33	5.8
	大专或高职	166	29.4		高层管理人员	9	1.6
	本科	146	25.8		缺失	21	3.8
	研究生及以上	16	2.8	血型	A 型	121	21.4
工作性质	生产工人	183	32.4		B 型	140	24.8
	营销人员	109	19.3		O 型	132	23.4
	后勤服务人员	89	15.8		AB 型	61	10.8
	技术人员	73	12.9		缺失	111	19.8
	管理人员	85	15.0	婚姻	未婚	285	50.4
	其他	15	2.7		已婚	271	48.0
	缺失	11	1.9		缺失	9	1.6

本研究调查的样本分布具有中国非国有企业的一般特征，因而具有较好的外部效度。

5.3.2 研究样本总体正态分布检验

参考庄玉梅（2011）[367]和蔡丽玲（2014）[328]的做法，首先对样本的数据分布进行检验。各个测量条款的描述性统计量如表 5.8 所示。检验结果显示，各个测量条款的偏度和峰度取值均在正常范围内（偏度统计量绝对值小于 3，峰度统计量绝对值小于 10），表明样本总体服从正态分布，所获数据可以进行后续的分析。

表 5.8　　样本各个测量条款数据的描述性统计（$N = 565$）

测量条款	均值	标准差	偏度		峰度	
	统计量	统计量	统计量	标准误	统计量	标准误
P1 – 1	3.50	1.084	– 0.589	0.103	0.095	0.205
P2 – 2	3.57	0.983	– 0.737	0.103	0.932	0.205
P3 – 3	3.57	0.900	– 0.522	0.103	0.700	0.206
P4 – 4	3.59	0.962	– 0.710	0.103	1.221	0.206
P5 – 5	3.67	1.045	– 0.782	0.103	0.563	0.206
P6 – 6	3.60	1.108	– 0.781	0.103	0.510	0.206
P7 – 7	3.52	1.116	– 0.598	0.103	– 0.007	0.206
P8 – 8	3.46	1.133	– 0.491	0.103	– 0.220	0.205
S1 – 9	3.51	0.980	– 0.484	0.103	0.138	0.205
B1 – 10	3.75	1.102	– 0.830	0.103	0.343	0.206
B2 – 11	3.61	1.115	– 0.708	0.103	0.252	0.206
B3 – 12	3.77	0.941	– 0.481	0.103	0.003	0.206
B4 – 13	3.84	1.002	– 0.751	0.103	0.354	0.206
B5 – 14	3.16	1.175	– 0.273	0.103	– 0.563	0.206
B6 – 15	3.61	0.916	– 0.507	0.103	– 0.536	0.205
S2 – 16	3.53	1.006	– 0.439	0.103	– 0.139	0.206
J1 – 17	3.58	1.034	– 0.402	0.103	– 0.363	0.206
J2 – 18	3.89	0.852	– 0.986	0.103	2.260	0.205
J3 – 19	3.73	0.885	– 0.562	0.103	0.861	0.205
J4 – 20	3.67	0.932	– 0.436	0.103	0.042	0.206
J5 – 21	3.60	0.930	– 0.416	0.103	0.554	0.206
J6 – 22	3.66	0.873	– 0.256	0.103	– 0.286	0.206

续表

测量条款	均值 统计量	标准差 统计量	偏度 统计量	标准误	峰度 统计量	标准误
J7-23	3.72	0.840	-0.318	0.103	0.015	0.205
J8-24	3.71	0.887	-0.343	0.103	-0.004	0.205
J9-25	3.81	0.822	-0.216	0.103	-0.535	0.273
S3-26	4.00	1.069	0	0.103	-2.800	1.481
JE1-27	3.84	0.946	-0.839	0.103	0.847	0.273
JE2-28	3.82	0.943	-0.701	0.103	0.496	0.205
JE3-29	3.64	0.968	-0.663	0.137	0.670	0.206
JE4-30	3.71	0.915	-0.713	0.103	1.102	0.273
JE5-31	3.86	0.859	-0.451	0.137	-0.081	0.305
S4-32	3.81	0.792	-0.283	0.153	-0.318	0.206
JB1-33	3.58	1.071	-0.587	0.103	-0.133	0.205
JB2-34	3.70	0.980	-0.423	0.103	-0.146	0.273
JB3-35	3.56	1.005	-0.314	0.103	-0.248	0.273
JB4-36	3.50	1.073	-0.389	0.103	-0.136	0.206
S5-37	3.55	0.978	-0.239	0.103	-0.436	0.206
PA1-38	3.64	0.910	-0.234	0.103	-0.284	0.206
PA2-39	3.63	0.907	-0.566	0.103	1.123	0.205
PA3-40	3.47	0.995	-0.387	0.103	0.008	0.206
PA4-41	3.47	1.028	-0.309	0.137	-0.067	0.273
PA5-42	3.53	1.047	-0.624	0.137	0.748	0.273
S6-43	3.70	0.909	-0.507	0.153	0.087	0.304
DC1-44	3.44	1.044	-0.331	0.103	-0.324	0.206
DC2-45	3.43	1.093	-0.348	0.103	-0.343	0.206
DC3-46	3.59	1.026	-0.515	0.103	0.075	0.206
DC4-47	3.47	1.061	-0.486	0.103	-0.027	0.206
DC5-48	3.53	1.075	-0.573	0.103	0.130	0.206
S7-49	3.60	0.939	-0.314	0.103	-0.059	0.206
JC1-50	3.89	0.856	-0.356	0.103	-0.329	0.205
JC2-51	3.98	0.881	-0.581	0.103	0.515	0.205
JC3-52	3.90	0.780	-0.782	0.103	1.180	0.205
JC4-53	4.19	0.801	-0.259	0.103	-0.734	0.205

续表

测量条款	均值	标准差	偏度		峰度	
	统计量	统计量	统计量	标准误	统计量	标准误
S8-54	4.16	0.879	-0.730	0.103	1.243	0.205
MTF1-1	4.12	0.762	-0.868	0.103	0.858	0.205
MTF2-2	3.91	0.792	-1.033	0.103	1.891	0.205
MTF3-3	4.08	0.881	-1.086	0.103	1.984	0.205
MTF4-4	4.26	0.799	-1.345	0.103	3.135	0.206
MTF5-5	4.14	0.863	-1.195	0.103	2.463	0.205
MV1-6	3.98	0.901	-0.965	0.103	1.565	0.205
MV2-7	4.03	0.852	-0.854	0.137	1.112	0.205
MV3-8	4.13	0.916	-1.378	0.103	2.743	0.205
MV4-9	3.79	0.939	-0.662	0.137	0.567	0.205
MV5-10	3.97	0.933	-1.026	0.103	1.594	0.205
MIP1-11	3.92	0.940	-0.667	0.103	-0.030	0.205
MIP2-12	3.89	0.978	-0.756	0.103	0.352	0.205
MIP3-13	3.95	0.983	-1.007	0.103	1.136	0.205
MIP4-14	3.93	0.852	-0.825	0.103	1.399	0.205
MIV1-15	3.87	0.974	-0.685	0.103	0.265	0.205
MIV2-16	3.97	0.965	-0.881	0.103	0.511	0.205
MIV3-17	3.93	0.908	-0.673	0.103	0.278	0.206
MIV4-18	3.96	0.977	-1.161	0.103	1.864	0.205
ME1-19	4.13	0.832	-0.954	0.103	1.270	0.205
ME2-20	4.08	0.871	-1.174	0.103	2.493	0.205
ME3-21	4.08	0.872	-1.130	0.137	2.422	0.273
MPP1-22	4.16	0.840	-1.146	0.103	2.171	0.205
MPP2-23	4.04	0.861	-0.822	0.103	0.934	0.205
MCP1-1	4.44	0.731	-1.557	0.103	3.873	0.205
MCP2-2	4.33	0.753	-1.436	0.103	4.066	0.205
MCP3-3	4.14	0.879	-1.311	0.103	3.186	0.205
MCP4-4	2.88	1.346	0.085	0.103	-1.129	0.205
MCP5-5	4.10	0.882	-1.251	0.103	2.639	0.206
MCP6-6	4.07	0.978	-1.294	0.103	2.179	0.205
MCP7-7	4.24	0.866	-1.488	0.103	3.559	0.205

续表

测量条款	均值	标准差	偏度		峰度	
	统计量	统计量	统计量	标准误	统计量	标准误
MCP8-8	4.15	0.945	-1.588	0.103	3.798	0.205
MTP1-9	4.23	0.878	-1.604	0.103	4.081	0.205
MTP2-10	4.18	0.898	-1.560	0.103	4.186	0.206
MTP3-11	4.24	0.798	-1.332	0.103	3.247	0.205
MTP4-12	4.17	0.858	-1.277	0.103	2.679	0.205
MTP5-13	4.06	0.923	-1.316	0.103	2.779	0.206
MTP6-14	4.13	0.905	-1.238	0.103	2.292	0.205
MSP1-15	4.16	0.893	-1.218	0.103	2.086	0.205
MSP2-16	4.16	0.854	-1.011	0.103	1.595	0.205
MSP3-17	4.16	0.865	-1.067	0.103	1.553	0.205
MSP4-18	4.09	0.979	-1.498	0.103	3.277	0.205
MSP5-19	2.76	1.417	0.311	0.103	-1.215	0.205
MNP1-20	3.99	0.937	-1.040	0.103	1.266	0.205
MNP2-21	3.92	0.990	-1.092	0.103	1.343	0.205
MNP3-22	3.96	0.964	-1.010	0.103	1.118	0.205
MNP4-23	3.90	1.036	-0.923	0.103	0.643	0.205
MNP5-24	3.97	0.981	-0.905	0.103	0.502	0.205
MNP6-25	4.17	0.884	-1.043	0.103	1.011	0.205

5.4 变量的建构效度和信度分析

正如本书第 5 章数据分析技术中阐明的原因,在假设检验前,首先要对量表的建构效度进行检验。由于本研究获取的样本量较大,并在不同时间收集,因而参照龙立荣等人(2010)[11]的做法,将 565 份有效样本随机分半,一半进行探索性因子分析($N=292$),另一半进行验证性因子分析($N=273$)。检验表明,两份样本的人口学与所测变量分布无显著差异。

5.4.1 工作绩效量表的探索性因子分析

采用同样的方法对工作绩效量表进行探索性因子分析,结果如表 5.9 所示。

所保留题项的因子负载均大于0.576,它们聚类为4个主成分,分别对应任务绩效、关系绩效、学习绩效和创新绩效4个变量,累计解释变异量为61.326%,大于50%的最低要求。

表5.9　　　　　　　　　工作绩效量表探索性因子结果（$N=292$）

变量		题项	成分			
			1	2	3	4
因素一	创新绩效	MNP1-20 寻求新流程和方法	0.632	—	—	—
		MNP2-21 经常提出有创意的点子和想法	0.792	—	—	—
		MNP3-22 沟通推销新想法	0.682	—	—	—
		MNP4-23 为新想法争取资源	0.753	—	—	—
		MNP5-24 为新想法制定合适的计划	0.861	—	—	—
		MNP6-25 是一个有创新精神的人	0.670	—	—	—
因素二	任务绩效	MTP1-9 履行工作说明书	—	0.656	—	—
		MTP2-10 按领导期望完成工作	—	0.757	—	—
		MTP3-11 实现团队设置的目标	—	0.847	—	—
		MTP4-12 工作效率高	—	0.603	—	—
因素三	学习绩效	MSP1-15 重视经验积累,提高工作效率	—	—	0.665	—
		MSP2-16 通过学习掌握了知识和技能	—	—	0.748	—
		MSP3-17 更好地履行职责	—	—	0.576	—
		MSP4-18 运用学到知识解决工作中的难题	—	—	0.710	—
因素四	关系绩效	MCP1-1 管理人员不在场也按指令做事	—	—	—	0.860
		MCP2-2 经常协助上级做事	—	—	—	0.638
		MCP3-3 始终维护上级决定	—	—	—	0.687
取样足够度的KMO度量			0.908			
Bartlett's球形检验		近似卡方	2041.784			
		df	136			
		Sig.	0.000			

5.4.2　工作满意度和个人—工作特征匹配量表的探索性因子分析

工作满意度和个人—工作特征匹配量表的探索性因子分析结果表明（如表5.10所示）,工作满意度8个条目聚类为1个因子,解释了总变异量的69.57%,

大于 50%，表明这 8 个条目反映了同一构念；个人—工作特征匹配 9 个条目也聚类为 1 个因子，解释了总变异量的 51.4%，大于 50%，也表明这 9 个条目反映了一个构念。

表 5.10　工作满意度和个人—工作特征匹配量表探索性因子分析结果

变量	题项	因子载荷	变量	题项	因子载荷
工作满意度	S1-9 对薪酬的满意程度	0.640	个人—工作特征匹配	J1-17 工作负荷大小的感觉	0.614
	S2-16 对福利的满意程度	0.973		J2-18 目前工作的稳定性	0.569
	S3-26 对工作本身的满意程度	0.973		J3-19 个人能力及特长在工作中发挥的情况	0.651
	S4-32 对工作条件的满意程度	0.861		J4-20 工作对个人能力提升情况	0.746
	S5-37 工作与家庭生活兼顾情况	0.818		J5-21 在工作中的威信和影响力	0.741
	S6-43 对工作认可方面满意程度	0.640		J6-22 所从事工作的挑战性	0.803
	S7-49 对职业发展的满意程度	0.702		J7-23 工作令人愉快的程度	0.763
	S8-54 对工作关系的满意程度	0.973		J8-24 觉得工作的重要程度	0.804
				J9-25 工作中的自主程度	0.723

5.4.3　研究量表的信度检验

依据学者们的建议和通常的做法，本研究运用 SPSS 21.0 统计软件分析各量表的 CITC（Corrected Item – Total Correlation）值和 Cronbach's Alpha 值来判断调研数据的信度水平（Cronbach, 1951[368]；孙国强, 2011[287]；蔡丽玲, 2014[328]）。CITC 分析法，是运用修正条款的总相关系数对各变量的测量条款进一步净化筛选，以减少测量条款的多因子负载现象，提升整体量表内部一致性水平的方法。一般来说，CITC 小于 0.3 的测量条款应予以删除。表 5.8 中数据显示，所保留条款的 CITC 值均大于 0.3，Cronbach's α 系数均在 0.651~0.94，大于或接近 0.7，各个保留条款删除后量表的 Cronbach's α 系数将会减小，表明所用量表满足研究的基本要求（如表 5.11 所示）。

表 5.11 　　　　　研究所用量表的信度检验（$N=292$）

变量	维度	保留题项	CITC	条款删除后的 Cronbach's α	Cronbach's α
敬业度	任务中心	MTF1-1	0.688	0.766	0.820
		MTF2-2	0.676	0.766	
		MTF3-3	0.616	0.784	
		MTF4-4	0.571	0.797	
		MTF5-5	0.530	0.810	
	活力	MV1-6	0.649	0.793	0.832
		MV2-7	0.704	0.779	
		MV3-8	0.664	0.789	
		MV4-9	0.578	0.814	
		MV5-10	0.570	0.817	
	主动参与	MIP1-11	0.578	0.748	0.79
		MIP2-12	0.674	0.698	
		MIP3-13	0.553	0.764	
		MIP4-14	0.602	0.740	
	效能感	ME1-19	0.661	0.703	0.797
		ME2-20	0.612	0.754	
		ME3-21	0.650	0.714	
	积极坚持	MPP1-22	0.590	—	0.740
		MPP2-23	0.590	—	
	价值内化	MIV1-15	0.594	0.709	0.773
		MIV2-16	0.613	0.699	
		MIV3-17	0.637	0.689	
		MIV4-18	0.469	0.771	
工作满意度	工作满意度	S1-9	0.636	0.938	0.945
		S2-16	0.937	0.914	
		S3-26	0.985	0.910	
		S4-32	0.854	0.921	
		S5-37	0.774	0.927	

续表

变量	维度	保留题项	CITC	条款删除后的 Cronbach's α	Cronbach's α
工作满意度	工作满意度	S6-43	0.636	0.938	0.945
		S7-49	0.510	0.943	
		S8-54	0.985	0.910	
个人—工作特征匹配	个人—工作特征匹配	J1-17	0.565	0.878	0.885
		J2-18	0.514	0.882	
		J3-19	0.592	0.876	
		J4-20	0.648	0.871	
		J5-21	0.664	0.869	
		J6-22	0.724	0.865	
		J7-23	0.666	0.870	
		J8-24	0.726	0.864	
		J9-25	0.629	0.873	
工作绩效	关系绩效	MCP1-1	0.622	0.659	0.785
		MCP2-2	0.656	0.629	
		MCP3-3	0.535	0.774	
	任务绩效	MTP1-9	0.563	0.745	0.784
		MTP2-10	0.630	0.710	
		MTP3-11	0.610	0.723	
		MTP4-12	0.561	0.746	
	学习绩效	MSP1-15	0.707	0.821	0.860
		MSP2-16	0.725	0.815	
		MSP3-17	0.735	0.810	
		MSP4-18	0.669	0.842	
	创新绩效	MNP1-20	0.643	0.867	0.880
		MNP2-21	0.667	0.864	
		MNP3-22	0.673	0.862	
		MNP4-23	0.708	0.857	
		MNP5-24	0.743	0.850	
		MNP6-25	0.705	0.858	

5.4.4 工作绩效量表的验证性因子分析

为了进一步确认工作绩效测量量表的维度结构，本研究在探索性因子分析检验其区分效度的基础上，采用 LISREL 8.70 统计软件对另一半样本 273 份数据进行验证性因子分析，运行结果如表 5.12。表 5.12 中数据显示，工作绩效四因子中各个条目的因子负荷均大于 0.5，潜在变量的平均变异萃取量 AVE 除任务绩效接近 0.5 外，其余均大于 0.5，组合信度 CR 均大于 0.7，表明工作绩效测量模型具有良好的结构效度。

表 5.12　　　　工作绩效验证性因子分析（$N = 273$）

变量	保留题项	标准化因子负荷（λ）	解释量 R^2	t 值	潜在变量的平均变异萃取量 AVE	组合信度 CR
关系绩效 (MTP)	MCP1-1	0.62	0.59	13.65	0.5235	0.768
	MCP2-2	0.62	0.66	14.63		
	MCP3-3	0.60	0.39	10.59		
任务绩效 (MCP)	MTP1-9	0.64	0.48	12.13	0.474	0.783
	MTP2-10	0.66	0.48	12.08		
	MTP3-11	0.61	0.50	12.54		
	MTP4-12	0.60	0.44	11.58		
学习绩效 (MSP)	MSP1-15	0.75	0.62	14.97	0.6082	0.8612
	MSP2-16	0.73	0.64	15.46		
	MSP3-17	0.76	0.65	15.52		
	MSP4-18	0.80	0.54	13.68		
创新绩效 (MNP)	MNP1-20	0.73	0.51	13.03	0.5628	0.885
	MNP2-21	0.77	0.51	13.02		
	MNP3-22	0.73	0.54	13.66		
	MNP4-23	0.82	0.58	14.20		
	MNP5-24	0.83	0.63	15.26		
	MNP6-25	0.73	0.62	15.00		
拟合度指标	χ^2	df	χ^2/df	GFI	NFI	CFI	NNFI	RMSEA
	284.65	113	2.51	0.89	0.96	0.98	0.97	0.075

5.5 本章小结

本章研究和阐述了4个方面的内容:

第一,介绍了研究变量测量工具选择和调查问卷设计的基本原则,在已有测量量表的基础上,结合访谈结果,修正并确定了工作满意度、敬业度、工作绩效、个人—工作特征匹配4个主要变量的测量工具,确定了控制变量的测量。在变量测量工具选择上,尽可能选用适合中国文化情境的成熟量表,并结合非国有企业现状进行了修订。工作满意度的测量,则是采用单维度方法,参照Spector (1985)[349]对工作满意度的结构划分,即从"薪酬、福利、工作特征、工作条件、工作关系、绩效认可、职业发展和工作家庭平衡"8个方面各取1个题项。敬业度的测量选用了曾晖(2009)[352]开发的植根于中国情境的量表(MEEI),删除测谎问项和转换人称后保留了23个问项。工作绩效选用了韩翼开发的包括任务绩效、关系绩效、学习绩效和创新绩效4个层面的量表,引入Scott等的创新绩效条目进行了精简和修订,保留了25个题项。

第二,阐述了研究数据的收集过程和进行数据处理时将要用到的分析技术。样本选择与问卷调查的原则是:尽可能扩大覆盖面,尽可能提高有效回收率,并避免数据的同源性误差。本研究采用广泛随机抽样的方法提高测量的外部效度,采用配套问卷测试不同变量的方法有效减小调查数据的同源偏差,采用他评的方式避免社会赞许性误差。问卷收回后,本研究借助SPSS 21.0统计软件和LISREL 8.70统计软件的相关功能处理数据,检验假设。

第三,对回收的问卷进行了检查和筛选,最终保留了565套有效问卷。运用SPSS 21.0统计软件的频率分析功能对样本的组织特征和人口统计学特征进行了简单的分析。分析结果表明,所调查的样本具有非国有企业的一般特征,所收回的问卷具有较好的外部效度。经过对问卷各测量条款的均值、标准差、峰度和偏度进行的分析,结果显示样本数据服从正态分布,可以进行下一步的分析。

第四,对量表进行了效度和信度分析。采用SPSS 21.0统计软件的降维功能进行探索性因子分析。分析结果显示,工作绩效包括4个因子,将其命名为任务绩效、关系绩效、学习绩效和创新绩效。之后进行的可靠性分析结果表明,探索性因子分析后所保留条款的各变量CITC值均大于0.3,各个级量表的α系数居于 0.651~0.94，均大于或接近 0.7，反映了所有测量量表均具有较好的信度，满足了研究的基本要求。在此基础上，采用 LISREL 8.70 统计软件对工作绩效量表进行验证性因子分析。分析结果显示，量表中各测量条款的标准化因子负荷（λ）、t 值、潜在变量的平均变异萃取量 AVE 以及组合信度 CR 基本达到相应的指标，表明各测量条款能有效体现测量变量的特征，各变量有较好的聚敛效度。各项拟合指标均符合标准，说明各个潜变量的拟合效果合适。

第 6 章 员工总体报酬、满意度、敬业度与工作绩效现状分析

本章运用 SPSS 21.0 统计软件，首先对调研所得数据进行描述性统计分析，透视非国有企业员工总体报酬、工作满意度、个人—工作特征匹配、敬业度和工作绩效现状，剖析非国有企业发展中的问题。其次，探究人口统计学特征变量对总体报酬感知、工作满意度、敬业度、个人—工作特征匹配和工作绩效等主要变量的影响，以确认其作为控制变量放入回归方程的必要，同时为非国有企业实行灵活的自助式报酬策略和人力资源管理方法提供依据。

6.1 非国有企业员工总体报酬感知现状分析

6.1.1 外在报酬感知现状分析

非国有企业员工外在报酬感知及其3个维度测量条款的描述性统计结果显示（见表6.1），薪酬感知的总体均值为3.545，处于一般水平与较好水平之间，表现出一定的离散水平。各测量题项的均值在 3.46~3.60，差异不大。

员工对于当月绩效奖金与工作绩效挂钩的感知较好，而对于薪酬与企业利润挂钩的感知较差。正因如此，在访谈中，员工普遍没有对企业的归属感，更缺乏与企业同舟共济的责任感。非国有企业员工福利感知整体均值为3.732，依然处于一般与较好水平之间，表现出一定的离散水平，但好于薪酬感知。各测量题项

表 6.1　非国有企业员工外在报酬感知的描述统计（$N = 565$）

题项	均值	均值标准误	标准差	最大值	最小值
外在报酬感知	3.687	0.027	0.636	—	—
薪酬感知	3.545	0.035	0.823	—	—
P1-1 基本工资逐年上涨	3.50	0.046	1.084	5	1
P2-2 薪酬水平与技能匹配	3.57	0.041	0.983	5	1
P3-3 薪酬水平与同行业企业匹配	3.57	0.038	0.900	5	1
P4-4 薪酬与工作量相符程度	3.59	0.041	0.962	5	1
P6-6 当月绩效奖金与工作绩效挂钩	3.60	0.047	1.108	5	1
P7-7 年终绩效奖金与工作绩效挂钩	3.52	0.047	1.116	5	1
P8-8 本人薪酬与企业利润挂钩	3.46	0.048	1.133	5	1
福利感知	3.732	0.036	0.846	—	—
B1-10 及时足额为员工缴纳五险一金	3.75	0.047	1.102	5	1
B2-11 为员工缴纳其他社会保险	3.61	0.047	1.115	5	1
B4-13 保证员工节假日休息时间	3.84	0.042	1.002	5	1
工作条件感知	3.784	0.031	0.728	—	—
JE1-27 工作环境的安全性	3.84	0.053	0.946	5	1
JE2-28 工作环境的舒适性	3.82	0.040	0.943	5	1
JE3-29 休息场所的舒适性	3.64	0.041	0.968	5	1
JE4-30 工作时间的灵活性	3.71	0.039	0.915	5	1
JE5-31 交通便利程度	3.86	0.048	0.859	5	1

的均值在 3.61~3.84，差异不大。其中，员工对于节假日休息的感知较好，其次是五险一金的缴纳，感知较差的是企业为员工缴纳的其他社会保险。

员工的工作条件感知整体均值为 3.784，表现出一定的离散水平，接近较好水平，且高于薪酬感知和福利感知。各测量题项的均值在 3.64~3.86，差异不大。其中，员工对于交通便利情况、工作环境的安全性和舒适性感知较好，对于休息场所的舒适性感知较差。这与我们深入企业访谈中看到的情况相符。当前，非国有企业的工作环境和工作条件已经有了较大的改善，但在人性化管理方面有待进一步提高。尤其是工作场所内工间休息场所的完善，对于增进员工之间的交流、促进员工间的和谐关系及缓解员工的身心疲劳大有益处。

6.1.2 内在报酬感知现状分析

非国有企业员工内在报酬感知及其3个维度的描述性统计结果显示（见表6.2）：非国有企业员工自主与认可感知的均值为3.577，依然处于一般与较好水平之间，表现出一定的离散水平，但低于外在报酬感知的均值。各测量题项的均值在3.47~3.70，差异不大。其中，受到上司表扬和额外奖励的机会、参与管理提出意见的可能性两个方面感知最差，公司对家庭的关照感知较差，感知较好的是公司目标与个人目标的一致性、考核标准易于达到两个方面，感知最好的是工作中的身心健康。反映出管理实践中，企业领导不能及时给予员工工作肯定，很少创造机会使员工参与管理，对员工的家庭关照较少，使员工对企业缺乏归属感，降低了员工对内在报酬感知。

表6.2　非国有企业员工内在报酬感知的描述统计（$N=565$）

题项	均值	均值标准误	标准差	最大值	最小值
内在报酬感知	3.681	0.028	0.658	—	—
自主与认可感知	3.577	0.031	0.745	—	—
JB2-34 工作中身心健康	3.70	0.041	0.980	5	1
JB3-35 工作场所灵活性	3.56	0.056	1.005	5	1
JB4-36 公司对家庭的关照	3.50	0.045	1.073	5	1
PA1-38 公司目标与个人目标的一致性	3.64	0.038	0.910	5	1
PA2-39 考核标准易于达到	3.63	0.038	0.907	5	1
PA3-40 受到上司表扬或额外奖励的机会	3.47	0.042	0.995	5	1
PA4-41 参与管理或提出建议的可能性	3.47	0.058	1.028	5	1
PA5-42 工作中意见得到反馈的情况	3.53	0.059	1.047	5	1
职业发展感知	3.490	0.037	0.888	—	—
DC1-44 公司支持的学习进修培训	3.44	0.044	1.044	5	1
DC2-45 轮岗或在岗实习机会	3.43	0.046	1.093	5	1
DC3-46 公司组织培训	3.59	0.043	1.026	5	1
DC4-47 晋升机会	3.47	0.045	1.061	5	1
DC5-48 公司提供的未来晋升阶梯或路径	3.53	0.045	1.075	5	1

续表

题 项	均值	均值标准误	标准差	最大值	最小值
工作关系感知	3.979	0.028	0.657	—	—
JC1-50 主管给予的有价值的帮助	3.89	0.036	0.856	5	1
JC2-51 主管对个人情况的关心	3.91	0.037	0.881	5	1
JC3-52 与同事间的融洽程度	4.12	0.033	0.780	5	1
JC4-53 受到同事的鼓励情况	3.98	0.034	0.801	5	1

非国有企业员工职业发展感知的均值为3.490，属于一般水平，在总体报酬感知中评价最差，反映了员工对职业发展较为关注，但现实与理想的差距较大。各测量题项的均值在3.43~3.59，差异不大。其中，轮岗或在岗的实习机会、公司支持的学习培训两项评价最低，晋升机会评价较差；公司组织的培训评价最高，公司提供的晋升路径评价较高。在访谈中，笔者发现，虽然很多企业有计划地开展培训，也有比较明确的晋升路径，但由于培训的内容多为企业文化的宣传，以及晋升路径配套制度的不健全，一般员工感觉公司的活动和政策似乎与自身的成长发展没有多大关联，因而难以激发员工的内在动力。

非国有企业员工工作关系感知的均值为3.979，相当于较好水平，在总体报酬感知中评价最高，既反映了员工对工作关系的看重，又反映现实与理想较为接近。各测量题项的均值在3.89~4.12，差异不大。其中，对同事关系的评价较高，对上级主管关系的评价较低。

综上，以均值从高到低对总体报酬感知6因子排序，依次为：工作关系感知、工作条件感知、福利感知、自主与认可感知、薪酬感知和职业发展感知。可见，尽管非国有企业员工内在报酬感知均值为3.681，与外在报酬感知均值3.687基本相当，但内在报酬感知中的自主与认可感知、职业发展感知均排在较后位置，反映了非国有企业员工内在报酬感知较差的客观现实。

6.2 非国有企业员工工作满意度和敬业度现状分析

6.2.1 工作满意度现状分析

非国有企业员工工作满意度的描述性统计如表6.3所示：

表 6.3　　　　　　非国有企业员工工作满意度的描述统计

题项	均值	均值标准误	标准差	最大值	最小值
工作满意度	3.629	0.0288	0.684	—	—
S1-9 对薪酬的满意程度	3.51	0.041	0.980	5	1
S2-16 对公司福利发放的满意程度	3.53	0.042	1.006	5	1
S3-26 对工作本身的满意程度	3.62	0.378	1.069	5	1
S4-32 对工作条件的满意程度	3.81	0.050	0.792	5	1
S5-37 工作与生活兼顾情况	3.55	0.041	0.978	5	1
S6-43 对绩效认可方面的满意程度	3.70	0.057	0.909	5	1
S7-49 对工作与职业发展的满意程度	3.60	0.040	0.939	5	1
S8-54 对工作关系的满意程度	3.90	0.037	0.879	5	1

表 6.3 中数据显示：非国有企业员工工作满意度的均值为 3.629，属于一般水平与较好水平之间，表现出一定的离散水平。各测量题项的均值在 3.51~3.90，差异较大。其中，对薪酬的满意程度最低，对公司福利发放的满意程度较低，对工作与生活兼顾的工作满意度也不高，而对工作关系的满意程度较高。

6.2.2 敬业度现状分析

非国有企业员工敬业度的描述性统计如表 6.4 所示。

表 6.4　　　　　非国有企业员工敬业度描述统计（$N=565$）

题项	均值	均值标准误	标准差	最大值	最小值
敬业度	4.033	0.025	0.601	—	—
任务中心	4.165	0.026	0.623	—	—
MTF1-1 尽全力克服工作上的困难	4.19	0.032	0.762	5	1
MTF2-2 主动帮同事解决工作上的困难	4.16	0.033	0.792	5	1
MTF3-3 主动传授经验	4.08	0.037	0.881	5	1
MTF4-4 严格遵守单位制度	4.26	0.034	0.799	5	1
MTF5-5 承诺做出高品质工作	4.14	0.036	0.863	5	1
活力	3.979	0.029	0.696	—	—
MV1-6 每天上班工作很愉快	3.98	0.038	0.901	5	1
MV2-7 工作是充满激情	4.03	0.036	0.852	5	1

续表

题项	均值	均值标准误	标准差	最大值	最小值
MV3-8 每天尽力工作	4.13	0.039	0.916	5	1
MV4-9 能够连续工作很长时间不厌倦	3.79	0.040	0.939	5	1
MV5-10 愿意承担有挑战性的工作	3.97	0.039	0.933	5	1
主动参与	3.923	0.031	0.738	—	—
MIP1-11 主动搜集工作信息或学习技能	3.92	0.040	0.940	5	1
MIP2-12 主动提出改进建议	3.89	0.041	0.978	5	1
MIP3-13 自由表达思想感情	3.95	0.041	0.983	5	1
MIP4-14 认为自己是有价值的人	3.93	0.036	0.852	5	1
价值内化	3.933	0.031	0.746	—	—
MIV1-15 用赞美的语言描述自己的工作	3.87	0.041	0.974	5	1
MIV2-16 主动介绍产品或服务	3.97	0.041	0.965	5	1
MIV3-17 自己的工作对实现目标有作用	3.93	0.038	0.908	5	1
MIV4-18 对外界高度评价自己的公司	3.96	0.041	0.977	5	1
效能感	4.094	0.030	0.719	—	—
ME1-19 按上级要求高标准完成工作	4.13	0.035	0.832	5	1
ME2-20 工作状态良好	4.08	0.037	0.871	5	1
ME3-21 每天工作发挥其特长	4.08	0.049	0.872	5	1
积极坚持	4.104	0.032	0.748	—	—
MPP1-22 勇于面对困难	4.16	0.035	0.840	5	1
MPP2-23 工作不顺利也不放弃	4.04	0.036	0.861	5	1

表6.4中数据显示，各测量题项的均值在3.79~4.19，差异较大。其中，均值最高的是"尽全力克服工作上的困难"（4.19），均值最低的是"连续工作很长时间而不厌倦"（3.79）。这与非国有企业岗位责任明确，工作内容较为枯燥单调，及以计件工资形式为主的管理现状有关。6个维度的均值在3.923~4.165，差异不大。按照均值由大到小排序，依次为：任务中心（4.165）、积极坚持（4.104）、效能感（4.094）、活力（3.979）、价值内化（3.933）和主动参与（3.923）。可见，非国有企业员工在价值内化和主动参与两个方面均值较低，在任务中心、积极坚持和效能感3个方面均值较高。反映了非国有企业员工对工作不仅具有良好的胜任能力，而且持续投入的程度较高。但相对来说，对工作和

组织缺乏自内而外的认同。敬业度的总体均值为 4.033，属于较好水平。

6.3 非国有企业员工工作绩效和个人—工作特征匹配现状分析

6.3.1 工作绩效现状分析

非国有企业员工工作绩效的描述性统计结果如表 6.5 所示。

表 6.5 非国有企业员工工作绩效描述统计（$N=565$）

题项	均值	均值标准误	标准差	最大值	最小值
工作绩效	4.159	0.025	0.585	—	—
关系绩效	4.304	0.027	0.640	—	—
MCP1-1 管理人员不在场也按指令做事	4.44	0.031	0.731	5	1
MCP2-2 经常协助上级做事	4.33	0.032	0.753	5	1
MCP3-3 始终维护上级决定	4.14	0.037	0.879	5	1
任务绩效	4.206	0.028	0.665	—	—
MTP1-9 履行工作说明书	4.23	0.037	0.878	5	1
MTP2-10 按领导期望完成工作	4.18	0.038	0.898	5	1
MTP3-11 实现团队设置的目标	4.24	0.034	0.798	5	1
MTP4-12 工作效率高	4.17	0.036	0.858	5	1
学习绩效	4.144	0.031	0.729	—	—
MSP1-15 重视经验积累，提高工作效率	4.16	0.038	0.893	5	1
MSP2-16 通过学习掌握了知识和技能	4.16	0.036	0.854	5	1
MSP3-17 更好地履行职责	4.16	0.036	0.865	5	1
MSP4-18 用学到知识解决工作中的难题	4.09	0.041	0.979	5	1
创新绩效	3.984	0.032	0.764	—	—
MNP1-20 寻求新流程和方法	3.99	0.039	0.937	5	1
MNP2-21 经常提出有创意的点子和想法	3.92	0.042	0.990	5	1
MNP3-22 沟通推销新想法	3.96	0.041	0.964	5	1
MNP4-23 为新想法争取资源	3.90	0.044	1.036	5	1
MNP5-24 为新想法制定合适的计划	3.97	0.041	0.981	5	1
MNP6-25 是一个有创新精神的人	4.17	0.037	0.884	5	1

表 6.5 中数据显示，工作绩效的总体均值为 4.159，属于较好水平，并表现

出一定的离散性。4 个维度的均值在 3.984~4.304，差异较大。按照均值由大到小排序，依次为：关系绩效（4.304）、任务绩效（4.206）、学习绩效（4.144）和创新绩效（3.984）。可见，非国有企业员工的关系绩效较高，创新绩效较低。各测量题项的均值在 3.90~4.44，差异较大。其中，均值最高的是"管理人员不在场也能按指令做事"（4.44），均值最低的是"为新想法争取资源"（3.90）。可见，非国有企业要转变盈利模式，必须依靠创新提高效率，因而员工的创新能力亟待提高。

6.3.2 个人—工作特征匹配现状分析

非国有企业员工个人—工作特征匹配描述性统计结果参见表 6.6。表 6.6 中数据显示，个人—工作特征匹配的均值为 3.709，属于一般水平与较好水平之间，表现出一定的离散水平。各测量题项的均值在 3.60~3.89，差异较大。其中，工作的稳定程度最好，工作中的威信和影响力、工作的负荷两项匹配度最低，工作对个人能力的提升以及工作的挑战性匹配度较低。反映了在当前劳动力市场上，员工对工作的选择有较大的自主权，但从工作中获得的意义感和责任感较小，弱化了员工工作的内在动力。

表 6.6　　非国有企业员工个人—工作特征匹配的描述统计（$N=565$）

题　项	均值	均值标准误	标准差	最大值	最小值
个人—工作特征匹配	3.709	0.027	0.640	—	—
J1-17 工作负荷大小的感觉	3.61	0.039	0.916	5	1
J2-18 目前工作的稳定性	3.89	0.036	0.852	5	1
J3-19 个人能力及特长在工作中发挥的情况	3.73	0.037	0.885	5	1
J4-20 工作对个人能力提升的情况	3.67	0.039	0.932	5	1
J5-21 在工作中的威信和影响力	3.60	0.039	0.930	5	1
J6-22 所从事工作的挑战性	3.66	0.037	0.873	5	1
J7-23 工作令人愉快的程度	3.72	0.035	0.840	5	1
J8-24 觉得工作的重要程度	3.71	0.037	0.887	5	1
J9-25 工作中的自主程度	3.81	0.046	0.822	5	1

6.4 人口统计学变量对总体报酬感知、工作满意度、敬业度、个人—工作特征匹配和工作绩效的影响分析

就个体层面而言,已有研究表明,人口统计特征、人格特征、情绪、价值观和能力等会对员工的偏好和行为产生极大的影响(罗宾斯 等,2008)[23]。回顾人口统计特征变量对报酬感知与工作绩效影响的研究结果,性别、婚姻、年龄、学历和工龄是学者们最为关注的几个因素,但现有的研究结论由于研究对象和所用测量工具的不同尚不一致。事实上,个体的多重属性造成了其需求的多元化和工作动力的复杂化,正如组织文化之父埃德加·沙因(1965)所提出的"复杂人"假设,人的需求受到社会生命周期、家庭生产周期、职业周期3个方面的综合影响,将随着员工的年龄、婚姻、学历等发生变化。为了避免这些因素对解释变量可能产生的影响,本研究将以上变量作为控制变量。如本书第3章所述,在研究主要变量的关系前,有必要探究哪些控制变量会对主要变量产生影响,以免随意放入控制变量对研究结果造成污染(Becker,2005[277];Spector et al.,2011[278]),而且所得出的研究结论也有助于非国有企业施行灵活的自助式报酬策略和人力资源管理方法。对于性别、婚姻和户籍这3个两分类变量,运用平均数差异检验的独立样本 t 检验,分析它们对总体报酬感知、工作满意度、个人—工作特征匹配、敬业度和工作绩效5个主要变量的影响;对于年龄、工作年限、受教育程度这3个多分类变量,则需要运用单因素方差分析法进行两两比较,检验它们对主要变量的影响差异。

6.4.1 性别的影响分析

关于性别对报酬偏好和工作绩效的影响,引起了学者们激烈的争论。在对经济性薪酬的偏好中,有学者发现女性对绩效工资的偏好水平高于男性(Baruch et al.,2004[369]),美国和瑞典的女性员工对收益不确定的长期福利偏好较低(Save - Soderbergh,2003[370]),而在我国企业中,女性员工对社保类福利和设施类福利的偏好显著高于男性(龙立荣 等,2010[11]),但 Lawton 等人(2008)[371]、张贵群等人(2013)[372]的研究却表明,男女员工对经济性福利的偏好没有显著差异。在非经济报酬方面,有学者认为男性更看重权利、职业发展与

自我实现,而女性更看重工作的社会因素,倾向于同自己喜欢的人在一起工作,更愿意为那些支持自己职业发展和技能提高、给予自己足够认可度的企业家(组织)工作(Cheung et al.,1999)[373]。关于性别对工作绩效的影响,国外学者主流的观点是,男女在竞争动力、动机、社会交往、学习能力、分析能力和解决问题能力等方面都没有表现出明显的差异,性别对工作绩效不会产生显著影响(Weiss et al.,2003)[374];但在我国,由于"男主外、女主内"等社会传统的影响,世俗的观点认为女性员工的工作绩效要低于男性,致使企业在员工招聘与晋升发展中存在着较为明显的性别歧视现象。不过性别是否对绩效产生影响,在我国学术界并没有明确的结论。本研究中性别对各主要变量的影响结果如表6.7所示:

表6.7 性别对主要变量的影响结果(独立样本t检验)

变量	性别	N(样本数)	均值	标准差	t值	η^2
薪酬感知	男	301	3.502	0.882	−1.285 n.s.	—
	女	261	3.591	0.752		
福利感知	男	301	3.714	0.842	−0.648 n.s.	—
	女	261	3.760	0.843		
工作条件感知	男	301	3.760	0.727	−0.917 n.s.	—
	女	261	3.816	0.727		
自主与认可感知	男	301	3.561	0.772	−0.578 n.s.	—
	女	261	3.597	0.717		
职业发展感知	男	300	3.493	0.892	0.111 n.s.	—
	女	261	3.484	0.885		
工作关系感知	男	301	3.952	0.656	−0.969 n.s.	—
	女	261	4.006	0.660		
个人—工作特征匹配	男	301	3.670	0.653	−1.472 n.s.	—
	女	261	3.750	0.624		
工作满意度	男	301	3.605	0.688	−0.906 n.s.	—
	女	261	3.658	0.681		
敬业度	男	301	3.976	0.629	−2.089 n.s.	—
	女	261	4.084	0.597		

续表

变量	性别	N（样本数）	均值	标准差	t 值	η^2
关系绩效	男	301	4.276	0.656	-1.210 n.s.	—
	女	261	4.339	0.622		
任务绩效	男	301	4.155	0.686	-2.121*	0.012
	女	261	4.273	0.634		
学习绩效	男	301	4.077	0.763	-2.234*	0.011
	女	261	4.214	0.681		
创新绩效	男	301	3.934	0.779	-1.683 n.s.	—
	女	261	4.042	0.744		

注：n.s. 表示 $P>0.05$，即未达到 0.05 显著水平；* 表示 $P<0.05$，即在 0.05 水平上显著相关；双尾检验。

结果显示，性别仅对工作绩效中的任务绩效和学习绩效有显著影响。即男女员工在任务绩效和学习绩效方面有显著差异，其中，女性任务绩效均值高于男性 0.118，女性学习绩效高于男性 0.137；进一步计算效果值（Size of Effect）发现，性别可以解释任务绩效变量总方差中的 1.2%，解释学习绩效变量总方差中的 1.1%，均小于 6%，表明性别与这两个变量的关联强度为低度（吴明隆，2010）[364]。此外，从均值来看，除了职业发展外，女性对其他五项报酬的感知均高于男性，工作满意度、敬业度、工作绩效也都高于男性，说明在同等报酬条件下，由于男性在家庭中承担着更大的责任，承载的社会和家庭期望更高，虽然比女性更容易在职场竞争中赢得优势，但对报酬的期望也更高，感知就较差。而女性由于受传统观念、生育等带来职业发展的间断、女性自身所承担的社会角色等影响，虽然在竞争中处于劣势，很难晋升到较高的职位，但更容易满足现状，对企业绩效的贡献更多。然而现实中，我国社会和企业依然对女性的职业发展存在着较为严重的性别歧视现象。不过也有一些令人欣喜的现象，某些高科技公司为了提升它们对女性员工的吸引力，纷纷针对女性员工和应聘者出台了特殊的政策，如脸书（Facebook）和苹果（Apple）公司推出了资助女性员工冷冻卵子的福利项目。

6.4.2 户籍的影响分析

我国是典型的二元经济结构国家，在实现城镇化和农村地区工业化的过程中,大量的农村籍务工人员涌入城市进入非国有企业。由于户籍制度及其派生出来的一系列不平等制度,普遍存在着"同工不同酬"现象,使得户籍对员工的报酬偏好与感知、工作绩效产生影响,但现有的研究结论并不一致(才国伟 等,2013[105];刘志强,2014[16])。本研究中户籍对主要变量的影响结果见表6.8。表中结果显示,户籍对福利感知、工作条件感知和敬业度有显著影响。其中,农村户口员工福利感知、工作条件感知和敬业度的均值分别低于城市户口员工0.344、0.193和0.124;进一步计算效果值,户籍可以分别解释福利感知变量总方差的4.1%,工作条件感知变量总方差的1.9%,敬业度变量总方差的1.1%,均小于6%,说明户籍与这3个变量间的关系为低强度关联。从均值来看,农村户口员工的薪酬感知等同于城市户口的员工,其他5项报酬感知均低于城市户口的员工,工作满意度、工作特征匹配、敬业度低于城市户口员工,学习绩效和创新绩效略低于城市户口员工,但其任务绩效和关系绩效略高于城市户口员工,说明农村户口员工更遵守纪律,工作效率更高,如果企业能够改善其工作条件、注重对其培训,提供更多的职业机会,农村户口的员工将表现出较高的敬业度和更为全面的工作绩效。

表6.8 户籍对主要变量的影响结果(独立样本 t 检验)

变量	户籍	N(样本数)	均值	标准差	t值	η^2
薪酬感知	城市户口	259	3.538	0.822	-0.003 n.s.	—
	农村户口	292	3.538	0.829		
福利感知	城市户口	259	3.913	0.760	4.871***	0.041
	农村户口	292	3.569	0.895		
工作条件感知	城市户口	259	3.880	0.721	3.118***	0.019
	农村户口	292	3.687	0.733		
自主与认可感知	城市户口	259	3.619	0.735	1.429 n.s.	—
	农村户口	292	3.527	0.761		
职业发展感知	城市户口	259	3.560	0.893	1.893 n.s.	—
	农村户口	291	3.416	0.893		
工作关系感知	城市户口	259	4.002	0.666	1.007 n.s.	—
	农村户口	292	3.945	0.654		

续表

变量	户籍	N（样本数）	均值	标准差	t值	η^2
个人—工作特征匹配	城市户口	259	3.758	0.639	1.725 n.s.	—
	农村户口	292	3.664	0.638		
工作满意度	城市户口	259	3.661	0.685	1.144 n.s.	—
	农村户口	292	3.594	0.687		
敬业度	城市户口	259	4.088	0.550	2.381*	0.011
	农村户口	292	3.964	0.669		
关系绩效	城市户口	259	4.295	0.618	-0.339 n.s.	—
	农村户口	292	4.314	0.660		
任务绩效	城市户口	259	4.211	0.660	-0.32 n.s.	—
	农村户口	292	4.213	0.671		
学习绩效	城市户口	259	4.181	0.719	1.158 n.s.	—
	农村户口	292	4.108	0.750		
创新绩效	城市户口	259	4.023	0.750	-1.090 n.s.	—
	农村户口	292	3.952	0.775		

注：n.s. 表示 $P>0.05$，即未达到 0.05 显著水平；* 表示 $P<0.05$，即在 0.05 水平上显著相关；*** 表示 $P<0.001$，即在 0.001 水平上显著相关；双尾检验。

6.4.3 婚姻的影响分析

Becker（1981）[375]的婚姻理论强调，婚后夫妻之间存在的劳动分工将在不同程度上影响夫妻彼此的工作时间与精力，从而影响其对报酬的偏好、感知和工作绩效。比如，有孩子的女性员工更喜欢弹性的工作时间和工作地点，及企业提供的设施性福利，以协调所承担的家庭责任（Shellenbarger，1991[376]；龙立荣 等，2013[377]）。本研究中婚姻对各主要变量的影响结果如表 6.9 所示。

表 6.9　　婚姻对主要变量的影响结果（独立样本 t 检验）

变量	婚姻	N（样本数）	均值	标准差	t值	η^2
薪酬感知	已婚	271	3.508	0.792	-0.865 n.s.	—
	未婚	285	3.569	0.860		
福利感知	已婚	271	3.731	0.790	-0.005 n.s.	—
	未婚	285	3.732	0.907		

续表

变量	婚姻	N（样本数）	均值	标准差	t 值	η^2
工作条件感知	已婚	271	3.763	0.729	-0.594 n.s.	—
	未婚	285	3.800	0.735		
自主与认可感知	已婚	271	3.533	0.773	-1.199 n.s.	—
	未婚	285	3.610	0.727		
职业发展感知	已婚	271	3.433	0.952	-1.338 n.s.	—
	未婚	284	3.535	0.831		
工作关系感知	已婚	271	3.985	0.672	0.332 n.s.	—
	未婚	285	3.967	0.647		
个人—工作特征匹配	已婚	271	3.675	0.676	-0.983 n.s.	—
	未婚	285	3.729	0.607		
工作满意度	已婚	271	3.599	0.720	-0.844 n.s.	—
	未婚	285	3.649	0.656		
敬业度	已婚	271	4.024	0.655	0.015 n.s.	—
	未婚	285	4.022	0.584		
关系绩效	已婚	271	4.262	0.710	-1.398 n.s.	—
	未婚	285	4.339	0.571		
任务绩效	已婚	271	4.209	0.694	0	—
	未婚	285	4.209	0.642		
学习绩效	已婚	271	4.070	0.778	-2.255*	0.011
	未婚	285	4.209	0.676		
创新绩效	已婚	271	3.995	0.794	0.231 n.s.	—
	未婚	285	3.980	0.730		

注：n.s. 表示 $P>0.05$，即未达到 0.05 显著水平；* 表示 $P<0.05$，即在 0.05 水平上显著相关；双尾检验。

表 6.9 的数据显示，婚姻仅对工作绩效中的学习绩效有显著影响。即未婚员工和已婚员工的学习绩效有显著差异，未婚员工学习绩效均值高于已婚员工 0.139，说明未婚员工更容易学习新知识并将其应用到工作中。进一步发现，婚姻解释了学习绩效变量总方差的 1.1%＜6%，说明婚姻与学习绩效间为低强度关联。从均值来看，除工作关系外，未婚员工对其余五项报酬感知均高于已婚员工，表示已婚员工面临着较大的生活压力，对报酬的期望更高。未婚员工的个

人—工作特征匹配均值较高,说明未婚员工受各方面牵绊较少,他们更倾向于寻找工作特征与个人匹配程度高的工作。

6.4.4 年龄的影响分析

工龄也可以看作员工在职业发展过程中的经验资源（Gardner et al., 2012）[378]，依据 Demerouti（2001）在资源保存理论基础上提出的工作要求和工作资源模型（JD-R），人们拥有的工作资源越多，越能够激发其工作动机，从而导致积极的工作成果，表现出较高的工作绩效，这一观点得到了 Cronin 等人（2007）[379]的支持。但按照萨博（1953）的职业生涯五阶段理论来分析，个体进入工作岗位后，其职业发展会经历探索、确立、维持和衰退4个阶段，随着年龄的增长，员工的工作绩效将表现为倒U形曲线（刘敏 等，2014）[380]。然而，也有一些研究揭示，年龄和工作绩效之间并不相关（Schmidt et al., 1998）[381]。此外，年龄也会显著影响员工对报酬的偏好和感知，如随着年龄的增长，员工的薪酬满意度将逐渐提高（Dulebohn, 2008[382]；刘志强，2014[16]），对绩效奖励的偏好降低，对养老金储蓄计划（企业年金）的偏好提高。

本研究在调查中按照年龄分为8组，但从样本的统计情况看，45岁以上样本仅有12人。为了便于对不同年龄非国有企业员工在各主要变量上的差异进行比较，将年龄在40~44岁，45~49岁、50~54岁、55岁以上四组样本合并为"40岁以上"一组，并赋值为5。年龄对各主要变量的影响的结果见表6.10。

表6.10　　　　　年龄对主要变量的影响结果（单因素方差分析）

变量	年龄	N（样本数）	均值	标准差	F检验	事后多重比较	
						Scheffe 法	LSD 法
工作满意度	25岁以下（A）	132	3.572	0.670	3.241**	n.s.	B>A
	25~29岁（B）	221	3.742	0.677			B>C
	30~34岁（C）	107	3.585	0.708			B>E
	35~39岁（D）	46	3.563	0.697			
	40岁以上（E）	55	3.417	0.633			
敬业度	25岁以下（A）	132	3.913	0.595	3.789**	B>A	B>A
	25~29岁（B）	221	4.151	0.599			B>C
	30~34岁（C）	107	3.969	0.628			B>E
	35~39岁（D）	46	4.054	0.704			
	40岁以上（E）	55	3.864	0.562			

续表

变量	年龄	N（样本数）	均值	标准差	F检验	事后多重比较 Scheffe法	事后多重比较 LSD法
关系绩效	25岁以下（A）	132	4.293	0.562	1.421	—	—
	25~29岁（B）	221	4.360	0.670			
	30~34岁（C）	107	4.287	0.643			
	35~39岁（D）	46	4.326	0.715			
	40岁以上（E）	55	4.109	0.609			
任务绩效	25岁以下（A）	132	4.186	0.628	1.354	—	—
	25~29岁（B）	221	4.262	0.691			
	30~34岁（C）	107	4.248	0.586			
	35~39岁（D）	46	4.109	0.790			
	40岁以上（E）	55	4.050	0.659			
学习绩效	25岁以下（A）	132	4.093	0.703	2.381*	n.s.	B > A B > C B > E
	25~29岁（B）	221	4.251	0.736			
	30~34岁（C）	107	4.076	0.750			
	35~39岁（D）	46	4.085	0.745			
	40岁以上（E）	55	3.978	0.667			
创新绩效	25岁以下（A）	132	3.861	0.775	2.178	—	—
	25~29岁（B）	221	4.089	0.761			
	30~34岁（C）	107	3.977	0.737			
	35~39岁（D）	46	4.018	0.802			
	40岁以上（E）	55	3.818	0.727			
薪酬感知	25岁以下（A）	132	3.376	0.950	7.219***	B > A B > E C > E	B > A B > E C > E D > E
	25~29岁（B）	221	3.737	0.744			
	30~34岁（C）	107	3.558	0.753			
	35~39岁（D）	46	3.594	0.717			
	40岁以上（E）	55	3.100	0.810			
福利感知	25岁以下（A）	132	3.543	0.937	2.311*	Tamhane法 B > A	—
	25~29岁（B）	221	3.855	0.834			
	30~34岁（C）	107	3.723	0.799			
	35~39岁（D）	46	3.699	0.833			
	40岁以上（E）	55	3.727	0.720			

续表

变量	年龄	N（样本数）	均值	标准差	F 检验	事后多重比较 Scheffe 法	事后多重比较 LSD 法
工作条件感知	25 岁以下（A）	132	3.726	0.754	1.237	—	—
	25~29 岁（B）	221	3.853	0.727			
	30~34 岁（C）	107	3.785	0.711			
	35~39 岁（D）	46	3.786	0.790			
	40 岁以上（E）	55	3.619	0.633			
自主与认可感知	25 岁以下（A）	132	3.549	0.740	1.526	—	—
	25~29 岁（B）	221	3.646	0.736			
	30~34 岁（C）	107	3.579	0.742			
	35~39 岁（D）	46	3.484	0.867			
	40 岁以上（E）	55	3.406	0.674			
职业发展感知	25 岁以下（A）	132	3.452	0.883	3.075**	B>E	B>E A>E C>E
	25~29 岁（B）	220	3.611	0.849			
	30~34 岁（C）	107	3.450	0.913			
	35~39 岁（D）	46	3.458	0.862			
	40 岁以上（E）	55	3.153	0.944			
工作关系感知	25 岁以下（A）	132	3.962	0.620	1.408	—	—
	25~29 岁（B）	221	4.022	0.650			
	30~34 岁（C）	107	4.002	0.650			
	35~39 岁（D）	46	3.837	0.808			
	40 岁以上（E）	55	3.882	0.638			
个人—工作特征匹配	25 岁以下（A）	132	3.658	0.601	2.827*	n.s.	A>E C>E
	25~29 岁（B）	221	3.821	0.630			
	30~34 岁（C）	107	3.615	0.701			
	35~39 岁（D）	46	3.646	0.690			
	40 岁以上（E）	55	3.588	0.558			

注：n.s. 表示 $P>0.05$，即未达到 0.05 显著水平；* 表示 $P<0.05$，即在 0.05 水平上显著相关；** 表示 $P<0.01$，即在 0.01 水平上显著相关；*** 表示 $P<0.001$，即在 0.001 水平上显著相关。

结果显示，年龄对薪酬感知、福利感知、职业发展感知、个人—工作特征匹配、工作满意度、敬业度和学习绩效均有显著影响。即不同年龄的员工对薪酬、福利和职业发展的关注与评价不同,工作满意度、敬业度和学习绩效的表现均有差异。进一步采用 Scheffe 法和 LSD 法进行多重比较,由于福利的方差齐性检验显著性小于 0.05,所以再用 Tamhane 法进行多重比较。

关于薪酬感知,25~29 岁员工显著好于 25 岁以下的员工和 40 岁以上的员工,30~34 岁组员工显著好于 40 岁以上的员工,35~39 岁员工显著好于 40 岁以上员工。在福利感知方面,25~29 岁员工显著好于 25 岁以下员工。在职业发展感知上,25 岁以下员工显著好于 40 岁以上员工,30~34 岁员工显著好于 40 岁以上员工。在工作满意度、敬业度和学习绩效三个变量上,25~29 岁员工显著好于 25 岁以下员工、30~34 岁员工和 40 岁以上员工。该结论表示,25~29 岁是工作的黄金期,这一年龄段的员工精力充沛,既能脚踏实地,又乐于接受新知识,在工作中受到重用,各方面表现出色。25 岁以下的员工,多是从学校毕业刚进入工作岗位,有较好的职业发展前景,但在丰满的理想与骨感的现实碰撞中对薪酬和福利等报酬感知较差,工作满意度、敬业度和绩效还不高。40 岁以上是事业的衰退期,这一阶段普通员工面临沉重的经济负担,因而期望更高的报酬,当现实不能满足需求时,对薪酬、福利等经济性报酬感知较差,工作满意度、敬业度和绩效随之下降。

可见,本研究的结论符合萨博的职业生涯发展五阶段理论,表明在职业发展早期,人们普遍对自我和职场认识不足,容易在职业发展上受挫,这时工作满意度和职业幸福感整体较低;而随着年龄的增长,大多数人会在中年期达到职业发展的顶峰,个人职业理想得到实现;而到职业生涯后期,很多人会遭遇职业发展停滞甚至倒退问题。但值得注意的是,由于技术发展速度的提高,人们的职业发展高峰已提前至 25~29 岁,40 岁已进入职业的衰退期。总体而言,非国有企业员工的薪酬感知、福利感知、职业发展感知、个人—工作特征匹配、工作满意度、敬业度和绩效随着年龄的增长呈先升后降的关系,参见图 6.1 和图 6.2。

6.4.5 学历的影响分析

由于学历的高低在某种程度上反映了人力资本投入的大小,相比较而言,高学历员工更希望得到较高的报酬、较好的福利和更好的职业发展,因而学历对员工的报酬感知会有较为显著的影响(张士菊 等,2007[104];赵剑治 等,2009[383];周志新 等,2014[384]),而且随着学历的提高,员工对可直接支配性较

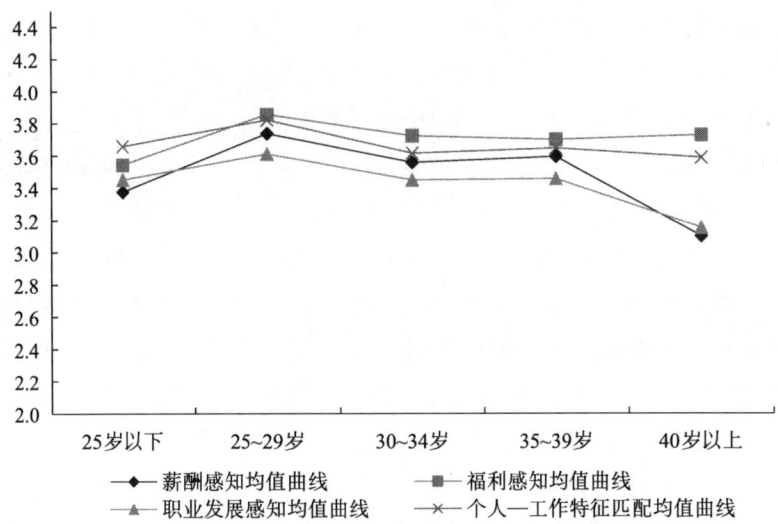

图 6.1 不同年龄非国有企业员工报酬感知和个人—工作特征匹配均值曲线

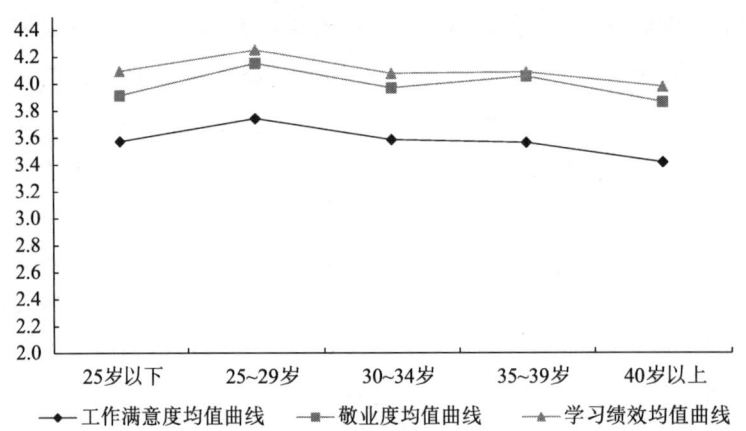

图 6.2 不同年龄非国有企业员工工作满意度、敬业度和学习绩效均值曲线

低、变动性较高的经济性薪酬项目的偏好增强（龙立荣 等，2010）[385]。本研究将学历分为 5 组：初中及以下（A）、高中或中职（B）、大专或高职（C）、本科（D）、研究生及以上（E）。从回收样本的统计情况看，研究生及以上学历人数较少，原因在于所选取样本绝大多数来自非科技型企业的一线普通员工。学历影响主要变量的单因素方差分析结果见表 6.11。

表 6.11　　学历对主要变量影响的单因素方差分析

变量	受教育程度	N（样本数）	均值	标准差	F 检验	事后多重比较 Scheffe 法	事后多重比较 LSD 法
薪酬感知	初中及以下（A）	89	3.4179	0.78097	2.182	—	
	高中或中职（B）	141	3.4186	0.92210			
	大专或高职（C）	166	3.5775	0.79418			
	本科（D）	146	3.6887	0.76970			
	研究生及以上（E）	16	3.7054	0.65459			
福利感知	初中及以下（A）	89	3.4944	0.92163	7.317***	Tamhane 法：D>A D>B D>C	
	高中或中职（B）	141	3.6868	0.82795			
	大专或高职（C）	166	3.6145	0.86842			
	本科（D）	146	4.0228	0.69111			
	研究生及以上（E）	16	4.1875	0.83417			
工作条件感知	初中及以下（A）	89	3.5146	0.66127	4.284***	Tamhane 法：C>A D>A	
	高中或中职（B）	141	3.7246	0.82794			
	大专或高职（C）	166	3.8855	0.70796			
	本科（D）	146	3.8842	0.65795			
	研究生及以上（E）	16	3.9208	0.59739			
自主与认可感知	初中及以下（A）	89	3.4261	0.72003	1.614	—	
	高中或中职（B）	141	3.5328	0.79552			
	大专或高职（C）	166	3.6081	0.71983			
	本科（D）	146	3.6848	0.69872			
	研究生及以上（E）	16	3.5641	0.84513			
职业发展感知	初中及以下（A）	89	3.1556	0.92323	3.757**	C>A D>A	B>A C>A D>A
	高中或中职（B）	141	3.4426	0.93589			
	大专或高职（C）	166	3.6163	0.87097			
	本科（D）	145	3.5907	0.79237			
	研究生及以上（E）	16	3.4625	0.80239			
工作关系感知	初中及以下（A）	89	3.8483	0.63248	0.964	—	—
	高中或中职（B）	141	3.9911	0.75321			
	大专或高职（C）	166	4.0301	0.63651			
	本科（D）	146	3.9914	0.59409			
	研究生及以上（E）	16	3.9063	0.67623			

续表

变量	受教育程度	N（样本数）	均值	标准差	F 检验	事后多重比较 Scheffe 法	事后多重比较 LSD 法
个人—工作特征匹配	初中及以下（A）	89	3.5435	0.65130	2.121***	n.s.	C > A D > A
	高中或中职（B）	141	3.6773	0.65847			
	大专或高职（C）	166	3.7244	0.62856			
	本科（D）	146	3.8161	0.59520			
	研究生及以上（E）	16	3.7266	0.75227			
工作满意度	初中及以下（A）	89	3.4941	0.66181	2.612*	n.s.	C > A C > B D > A D > B
	高中或中职（B）	141	3.5270	0.75787			
	大专或高职（C）	166	3.7034	0.59732			
	本科（D）	146	3.7393	0.68165			
	研究生及以上（E）	16	3.5518	0.75807			
敬业度	初中及以下（A）	89	3.8479	0.70740	2.014	—	—
	高中或中职（B）	141	4.0149	0.60785			
	大专或高职（C）	166	4.0909	0.60128			
	本科（D）	146	4.0668	0.58556			
	研究生及以上（E）	16	4.0238	0.48467			
关系绩效	初中及以下（A）	89	4.2809	0.62543	0.086	—	—
	高中或中职（B）	141	4.2884	0.75511			
	大专或高职（C）	166	4.3273	0.61679			
	本科（D）	146	4.3025	0.57669			
	研究生及以上（E）	16	4.3125	0.46298			
任务绩效	初中及以下（A）	89	4.1414	0.63606	0.950	—	—
	高中或中职（B）	141	4.1578	0.75024			
	大专或高职（C）	166	4.2937	0.62763			
	本科（D）	146	4.1832	0.64510			
	研究生及以上（E）	16	4.2656	0.57350			
学习绩效	初中及以下（A）	89	3.9148	0.77259	2.952*	n.s.	C > A D > A
	高中或中职（B）	141	4.0904	0.78903			
	大专或高职（C）	166	4.2149	0.68160			
	本科（D）	146	4.2277	0.65779			
	研究生及以上（E）	16	4.2500	0.82158			

续表

变量	受教育程度	N（样本数）	均值	标准差	F检验	事后多重比较 Scheffe法	LSD法
创新绩效	初中及以下（A）	89	3.8090	0.84483	1.881	—	—
	高中或中职（B）	141	3.9574	0.83224			
	大专或高职（C）	166	4.0522	0.63640			
	本科（D）	146	4.0331	0.74731			
	研究生及以上（E）	16	3.9583	0.86603			

注：n.s. 表示 $P>0.05$，即未达到0.05显著水平；* 表示 $P<0.05$，即在0.05水平上显著相关；** 表示 $P<0.01$，即在0.01水平上显著相关；*** 表示 $P<0.001$，即在0.001水平上显著相关。

表6.11显示，学历对福利感知、工作条件感知、职业发展感知、个人—工作特征匹配、工作满意度和学习绩效均有显著影响。进一步采用Scheffe法和LSD法进行多重比较，因福利和工作条件的方差齐性检验显著性小于0.05，所以再用Tamhane法进行多重比较。有以下发现：

关于福利感知，本科学历的员工显著好于初中组和大专组的员工。在工作条件感知方面，大专组显著好于初中组，本科组也显著好于初中组。在职业发展感知上，高中组、大专组、本科组都显著好于初中组。关于工作满意度，大专组显著高于初中组和高中组，本科组显著高于初中组和高中组。在学习绩效上，大专组和本科组都显著好于初中组。

这一结论说明，初中学历的员工因受限于自身的能力，对工种的选择面较窄，所从事的工作多属于工作条件差、收入低的体力活，因而对报酬的感知较差，工作满意度低，学习绩效也相对较差。本科和高职毕业的员工在非国有企业中通常能学有所用，大部分企业也设有学历工资，因而对报酬的评价较高，工作满意度和学习绩效也较好。研究生学历的员工是一个特殊的群体，在非科技型企业，他们的知识并不能很好地发挥，因而其职业发展感知、工作满意度、个人—工作特征匹配都较本科生低。

总体而言，非国有企业员工的福利感知、工作条件感知、学习绩效随着学历的提高而呈上升，职业发展感知、个人—工作特征匹配和工作满意度随着学历的上升先升后降，本科学历员工的个人—工作特征匹配程度最高，工作满意度最高。这表明在现代社会学历不仅是获得一份好工作的敲门砖，而且会影响个人的整体职业发展潜力，高学历的员工更容易获得领导的重视，在工作中也容易获得更多支持，晋升机会更大，职业发展迅速，职业满意度相对更强。但在非科技型的非国有企业，研究生学历显得大材小用，加之其实践经验缺乏，各方面的发展并不尽如人意。具体情况见图 6.3。

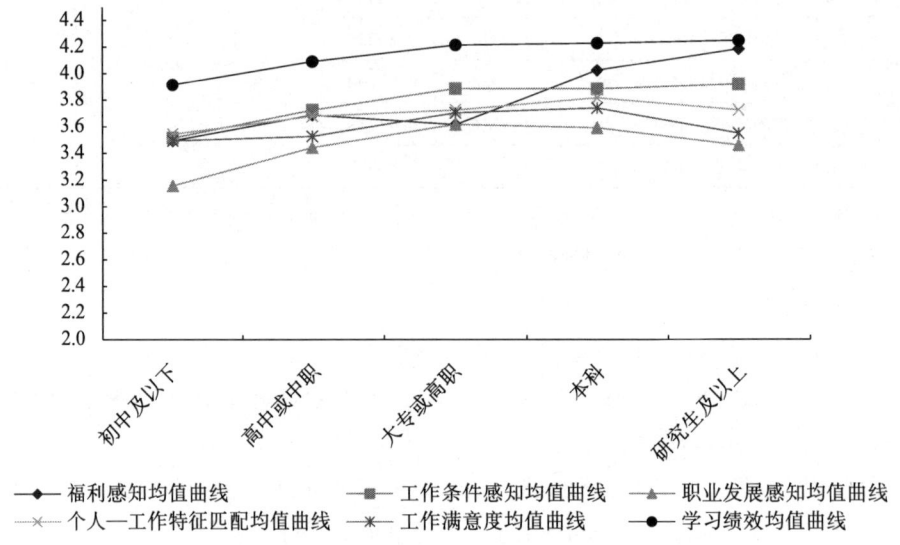

图 6.3 受学历显著影响的各主要变量的均值曲线

6.4.6 工龄的影响分析

为了便于比较，本研究结合企业员工的离职曲线将工作年限分为五个时段：1年以下、1~2年（含2年）、2~5年（含5年）、5~10年（含10年）、10年以上。工龄对各主要变量的影响结果见表 6.12。

表 6.12　　工龄对主要变量的影响结果（单因素方差分析）

变量	工龄	N（样本数）	均值	标准差	F 检验	事后多重比较	
						Scheffe 法	LSD 法
薪酬感知	1年以下（A）	35	3.4490	0.82876	3.787**	Tamhane 法：E > C	—
	1~2年（B）	49	3.5131	0.83753			
	2~5年（C）	110	3.3506	0.97500			
	5~10年（D）	74	3.4173	0.83382			
	10年以上（E）	297	3.6658	0.73698			

续表

变量	工龄	N（样本数）	均值	标准差	F检验	事后多重比较 Scheffe 法	事后多重比较 LSD 法
福利感知	1年以下（A）	35	3.4381	0.94202	4.196**	Tamhane 法：E > A E > B E > D	—
	1~2年（B）	49	3.5238	0.87665			
	2~5年（C）	110	3.7152	0.87418			
	5~10年（D）	74	3.5541	0.96558			
	10年以上（E）	297	3.8513	0.76564			
工作条件感知	1年以下（A）	35	3.8457	0.72936	3.389**	Tamhane 法：E > C E > B	—
	1~2年（B）	49	3.6000	0.80829			
	2~5年（C）	110	3.6109	0.72681			
	5~10年（D）	74	3.8081	0.85524			
	10年以上（E）	297	3.8646	0.66760			
自主与认可感知	1年以下（A）	35	3.4536	0.83693	0.498	—	—
	1~2年（B）	49	3.5867	0.68617			
	2~5年（C）	110	3.5239	0.68266			
	5~10年（D）	74	3.5989	0.82475			
	10年以上（E）	297	3.6046	0.74673			
职业发展感知	1年以下（A）	35	3.3543	0.97990	0.294	—	—
	1~2年（B）	49	3.4367	0.83434			
	2~5年（C）	110	3.4982	0.80628			
	5~10年（D）	74	3.5243	0.94894			
	10年以上（E）	296	3.5034	0.90275			
工作关系感知	1年以下（A）	35	3.8857	0.64837	1.499	—	—
	1~2年（B）	49	3.8214	0.68084			
	2~5年（C）	110	3.9841	0.60510			
	5~10年（D）	74	4.0980	0.77063			
	10年以上（E）	297	3.9840	0.63966			
个人—工作特征匹配	1年以下（A）	35	3.6825	0.65742	0.847	—	—
	1~2年（B）	49	3.5669	0.57968			
	2~5年（C）	110	3.7222	0.58384			
	5~10年（D）	74	3.6742	0.70904			
	10年以上（E）	297	3.7389	0.64939			

续表

变量	工龄	N（样本数）	均值	标准差	F 检验	事后多重比较 Scheffe 法	事后多重比较 LSD 法
工作满意度	1 年以下（A）	35	3.4873	0.81651	1.284	—	—
	1~2 年（B）	49	3.5607	0.59073			
	2~5 年（C）	110	3.5532	0.63673			
	5~10 年（D）	74	3.6468	0.74143			
	10 年以上（E）	297	3.6814	0.68277			
敬业度	1 年以下（A）	35	3.8047	0.76141	2.580*	n.s.	D > A
	1~2 年（B）	49	3.9137	0.52943			D > C
	2~5 年（C）	110	3.9904	0.60973			D > E
	5~10 年（D）	74	4.1550	0.68188			
	10 年以上（E）	297	4.0497	0.58815			
关系绩效	1 年以下（A）	35	4.2571	0.64719	2.907*	D > B	D > B
	1~2 年（B）	49	4.1429	0.55277			D > C
	2~5 年（C）	110	4.3212	0.73215			D > E
	5~10 年（D）	74	4.5090	0.63683			
	10 年以上（E）	297	4.2778	0.60745			
任务绩效	1 年以下（A）	35	4.3071	0.62452	1.733	—	—
	1~2 年（B）	49	4.1582	0.62227			
	2~5 年（C）	110	4.1773	0.71785			
	5~10 年（D）	74	4.3750	0.69766			
	10 年以上（E）	297	4.1703	0.64481			
学习绩效	1 年以下（A）	35	4.2714	0.62829	2.204	—	—
	1~2 年（B）	49	4.0561	0.61081			
	2~5 年（C）	110	4.1227	0.78675			
	5~10 年（D）	74	4.3480	0.86486			
	10 年以上（E）	297	4.1004	0.69094			
创新绩效	1 年以下（A）	35	3.9095	0.80475	1.317	—	—
	1~2 年（B）	49	3.8061	0.73231			
	2~5 年（C）	110	3.9515	0.76969			
	5~10 年（D）	74	4.1059	0.89160			
	10 年以上（E）	297	4.0028	0.72447			

注：n.s. 表示 $P > 0.05$，即未达到 0.05 显著水平；* 表示 $P < 0.05$，即在 0.05 水平上显著相关；** 表示 $P < 0.01$，即在 0.01 水平上显著相关。

表 6.12 结果显示，工龄对薪酬感知、福利感知、工作条件感知、敬业度和关系绩效均有显著影响。即不同工龄的员工对薪酬、福利、工作条件的关注与评价不同，所表现的敬业行为和关系绩效存在差异，2~5年（含5年）员工的薪酬感知均值最低，5~10（含10年）年员工的福利感知均值最低，工龄对员工的内在报酬感知没有影响。

进一步采用 Scheffe 法和 *LSD* 法进行多重比较，因薪酬感知、福利感知和工作条件感知的方差齐性检验显著性小于 0.05，所以再用 Tamhane 法进行多重比较，结果显示如下。工龄在 10 年以上的员工对薪酬的关注和评价显著好于 2~5 年（含5年）的员工，对福利的关注和评价显著好于 2 年以下的员工和 5~10 年（含10年）的员工，对工作条件的关注和评价显著好于 1~5 年（含5年）的员工。5~10 年（含10年）工龄的员工敬业度显著好于 1 年以下、2~5 年（含5年）工龄和 10 年以上工龄的员工，其关系绩效也显著好于 1~5 年工龄和 10 年以上工龄的员工。

总体而言，非国有企业员工的外在报酬感知随着工龄的延长而提高，敬业度和关系绩效随着工龄的增长先升后降，如图 6.4 所示。然而从宏观环境看，我国老龄社会已经到来，中华人民共和国民政部 2017 年 8 月 3 日公布的《2016 年社会服务发展统计公报》显示，截至 2016 年底，全国 60 岁及以上老年人口 23086 万人，占总人口的 16.7%，呈逐年上涨趋势。因此，加强对老龄化人才价值的汲取和挖掘将是企业人力资源管理工作的一个重要趋势。如今，很多欧美企业已开始通过调整人力资源管理政策和实践，有效发挥老龄员工的丰富经验，为组织发展创造价值。

6.5 本章小结

本章研究和阐述了两个方面的内容：

第一，对总体报酬感知、工作满意度、敬业度、个人—工作特征匹配和工作绩效 5 个主要变量进行了描述性统计分析，通过均值和标准差的计算，分析了中国非国有企业员工总体报酬感知、工作满意度、敬业度、个人—工作特征匹配和工作绩效的现状。

第二，运用独立样本 *t* 检验和单因素方差分析的方法，探究了员工的性别、

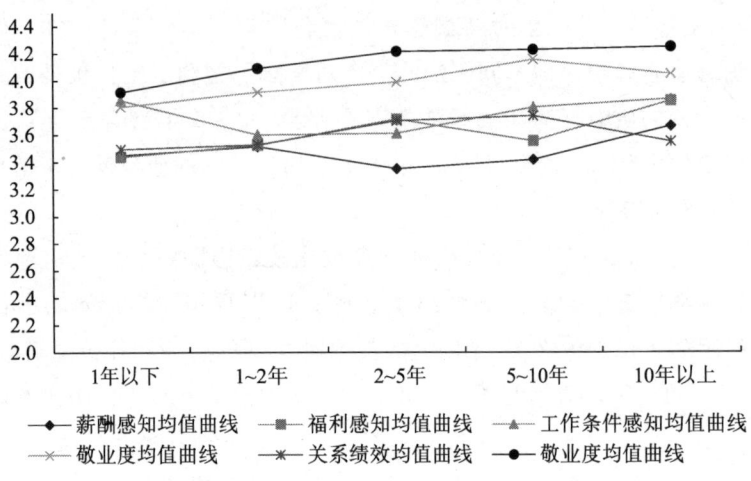

图6.4 工龄显著影响的各主要变量的均值曲线

户籍、婚姻、年龄、受教育程度和工龄等人口统计特征变量对其总体报酬感知6个维度，以及工作满意度、敬业度、个人—工作特征匹配、工作绩效4个维度的影响。分析结果显示：对影响总体报酬感知的变量有户籍、年龄、受教育程度和工龄；影响工作满意度的变量有年龄和受教育程度；影响敬业度变量有户籍、年龄和工龄；影响个人—工作特征匹配的变量有年龄和受教育程度；影响工作绩效的变量有性别、婚姻、年龄和受教育程度。这一结论说明，人口统计学变量对5个主要变量有显著影响，应该作为控制变量放入主效应分析的回归方程中；同时，非国有企业通过实行灵活的自助式报酬策略，有可能提高员工的工作满意度、敬业度和绩效，因而对提高报酬的激励效率有着积极的意义。

第 7 章 总体报酬对工作绩效作用机理的模型检验

本章运用 SPSS 21.0 统计软件、LISREL 软件对调查所获得的 565 份数据进行变量的相关分析和区分效度分析,再利用多元层级回归分析方法和结构方程模型检验第 1 章建立的概念模型 2 和第 3 章推演的研究假设,最后形成相应的研究结论。

7.1 主要变量的相关分析和区分效度检验

7.1.1 总体报酬感知、工作满意度、敬业度和工作绩效的相关分析

总体报酬感知及其 6 个维度、工作满意度、敬业度、个人—工作特征匹配、工作绩效及其 4 个维度等变量的均值、标准差、相关系数和信度系数参见表 7.1。结果显示,各级量表的内部一致性系数均大于 0.7,说明各变量的测量量表均具有较好的内部一致性。

从相关系数来看,员工的工作绩效与总体报酬感知($r=0.340$,$P<0.01$)及其 6 个维度:薪酬感知($r=0.208$,$P<0.01$)、福利感知($r=0.196$,$P<0.01$)、工作条件感知($r=0.250$,$P<0.01$)、自主与认可感知($r=0.293$,$P<0.01$)、职业发展感知($r=0.316$,$P<0.01$)、工作关系感知($r=0.325$,$P<0.01$)均显著正相关,与工作满意度($r=0.296$,

表7.1 主要变量的均值、标准差、相关系数和内部一致性系数

变量	M	SD	1	2	3	4	5	6	7	8	9	10	11	12	13	14	15
1. 薪酬感知	3.56	0.82	(0.902)	—	—	—	—	—	—	—	—	—	—	—	—	—	—
2. 福利感知	3.73	0.85	0.414**	(0.700)	—	—	—	—	—	—	—	—	—	—	—	—	—
3. 工作条件感知	3.78	0.73	0.555**	0.390**	(0.843)	—	—	—	—	—	—	—	—	—	—	—	—
4. 自主与认可感知	3.58	0.75	0.600**	0.454**	0.685**	(0.885)	—	—	—	—	—	—	—	—	—	—	—
5. 职业发展感知	3.49	0.89	0.624**	0.412**	0.604**	0.753**	(0.893)	—	—	—	—	—	—	—	—	—	—
6. 工作关系感知	3.98	0.66	0.333**	0.333**	0.497**	0.563**	0.503**	(0.800)	—	—	—	—	—	—	—	—	—
7. 总体报酬感知	3.68	0.60	0.772**	0.661**	0.797**	0.872**	0.851**	0.674**	(0.946)	—	—	—	—	—	—	—	—
8. 个人—工作特征匹配	3.71	0.64	0.606**	0.507**	0.611**	0.731**	0.684**	0.591**	0.804**	(0.878)	—	—	—	—	—	—	—
9. 工作满意度	3.63	0.68	0.697**	0.472**	0.672**	0.797**	0.748**	0.616**	0.863**	0.745**	(0.931)	—	—	—	—	—	—
10. 敬业度	4.03	0.62	0.303**	0.268**	0.353**	0.407**	0.433**	0.396**	0.464**	0.499**	0.396**	(0.942)	—	—	—	—	—
11. 关系绩效	4.30	0.64	0.138**	0.123**	0.169**	0.173**	0.205**	0.226**	0.220**	0.258**	0.201**	0.547**	(0.745)	—	—	—	—
12. 任务绩效	4.21	0.67	0.167**	0.167**	0.207**	0.251**	0.229**	0.318**	0.284**	0.289**	0.246**	0.595**	0.561**	(0.780)	—	—	—
13. 学习绩效	4.14	0.73	0.156**	0.156**	0.213**	0.236**	0.242**	0.245**	0.267**	0.350**	0.223**	0.633**	0.581**	0.679**	(0.829)	—	—
14. 创新绩效	3.98	0.76	0.227**	0.203**	0.241**	0.308**	0.367**	0.295**	0.354**	0.417**	0.312**	0.709**	0.506**	0.599**	0.657**	(0.875)	—
15. 工作绩效	4.16	0.59	0.208**	0.196**	0.250**	0.293**	0.316**	0.325**	0.340**	0.398**	0.296**	0.747**	0.779**	0.844**	0.878**	0.840**	(0.923)

注：(1) $N=565$；$n.s.$ 表示 $P>0.05$，即未达到 0.05 显著水平；* 表示 $P<0.05$，即在 0.05 水平上显著相关；** 表示 $P<0.01$，即在 0.01 水平上显著相关；双尾检测；(2) 括号中数据为相应量表的内部一致性信度系数。

$P<0.01$)、敬业度（$r=0.747$，$P<0.01$）、个人—工作特征匹配（$r=0.398$，$P<0.01$）也显著正相关；员工敬业度与其工作满意度（$r=0.396$，$P<0.01$）、总体报酬感知（$r=0.464$，$P<0.01$）及其6个维度、个人—工作特征匹配（$r=0.499$，$P<0.01$）显著正相关；员工工作满意度与其总体报酬感知（$r=0.863$，$P<0.01$）及其6个维度显著正相关，与个人—工作特征匹配（$r=0.745$，$P<0.01$）显著正相关；工作绩效4个维度与敬业度、工作满意度也都显著正相关。这一结论使本书所提出的研究假设 H1~H6 得到了初步的支持。此外，总体报酬感知与敬业度的相关系数（$r=0.464$，$P<0.01$）比其与工作绩效的相关系数（$r=0.340$，$P<0.01$）更大，而敬业度与工作绩效的相关系数（$r=0.747$，$P<0.01$）比总体报酬感知与工作绩效的相关系数更大，这一模式提示敬业度可能在总体报酬感知与工作绩效间起着中介作用。同理，敬业度在工作满意与工作绩效间也可能起着中介作用。假设 H7、H8 也得到了初步支持。但要验证所提出的研究假设，还需进一步采用层级回归技术和结构方程模型探讨变量间的关系。

7.1.2 总体报酬感知、工作满意度、敬业度、个人—工作特征匹配和工作绩效的区分效度检验

为了确认研究模型中所涉及的总体报酬感知、工作满意度、敬业度、个人—工作特征匹配和工作绩效5个主要变量的区分效度，本研究假设了所有的备选模型，包括1个五因子基准模型、2个四因子模型、1个三因子模型、1个二因子模型和1个一因子模型，再采用 LIEREL 8.70 统计软件通过全部样本（565份数据）对总体报酬感知、工作满意度、敬业度、个人—工作特征匹配和工作绩效5个主要变量的所有条目进行验证性因子分析，结果见表7-2。

表7.2　5个变量验证性因子分析结果（$N=565$）

模型	χ^2	df	χ^2/df	GFI	NFI	CFI	NNFI	RMSEA	AIC	$\Delta\chi^2$
总体报酬感知	1625.00	499	3.26	0.85	0.96	0.97	0.97	0.068	—	—
敬业度	1881.6	215	8.75	0.78	0.95	0.96	0.95	0.12	—	—
工作绩效	320.75	113	2.84	0.94	0.98	0.98	0.98	0.055	—	—
五因子基准模型	14650.6	3817	3.84	0.63	0.94	0.96	0.96	0.071	15026	—

续表

模型	χ^2	df	χ^2/df	GFI	NFI	CFI	NNFI	RMSEA	AIC	$\Delta\chi^2$
四因子模型 A	16005.7	3821	4.19	0.61	0.94	0.95	0.95	0.075	16373	$\Delta\chi^2$ (4) = 1355.1**
四因子模型 B	15454.6	3821	4.04	0.62	0.94	0.95	0.95	0.073	15822	$\Delta\chi^2$ (4) = 804**
三因子模型	15495.4	3824	4.05	0.62	0.94	0.95	0.95	0.074	15857	$\Delta\chi^2$ (7) = 844.8**
二因子模型	16837.3	3826	4.40	0.6	0.93	0.95	0.95	0.078	17195	$\Delta\chi^2$ (9) = 2186.7**
一因子模型	57227.6	3827	14.95	0.3	0.91	0.92	0.92	0.16	57583	$\Delta\chi^2$ (10) = 42577**

注：$N=565$，* 表示 $P<0.05$，即在 0.05 水平上显著相关，** 表示 $P<0.01$，即在 0.01 水平上显著相关；双尾检验；GFI = Goodness of Fit Index；NFI = Normed Fit Index；CFI = Comparative Fit Index；RMSEA = Root Mean Square Error of Approximation；NNFI = Non-Normed Fit Index；AIC = Akaike informationg criteria。

五因子模型：总体报酬感知；工作满意度；个人—工作特征匹配；敬业度；工作绩效

四因子模型 A：总体报酬感知；工作满意度；个人—工作特征匹配；敬业度 + 工作绩效

四因子模型 B：总体报酬感知 + 个人—工作特征匹配；工作满意度；敬业度；工作绩效

三因子模型：总体报酬感知 + 个人—工作特征匹配 + 工作满意度；敬业度；工作绩效

二因子模型：总体报酬感知 + 个人—工作特征匹配 + 工作满意度；敬业度 + 工作绩效

一因子模型：总体报酬感知 + 个人—工作特征匹配 + 工作满意度 + 敬业度 + 工作绩效

表 7.2 数据显示，总体报酬感知、敬业度和工作绩效测量模型的大样本数据拟合程度可以接受；五因子模型具有可接受的拟合度（$\chi^2/df = 3.84$，GFI = 0.63，CFI = 0.96，NNFI = 0.96，RMSEA = 0.071），而且相对于其他备选模型，五因子模型对数据的拟合效果最理想（χ^2/df 最小，RMSEA 也最小）。另外，按照杨付等人（2014）的做法，通过 χ^2 值和 AIC 值相比较，基准模型的 AIC 值最小，与备选模型的 $\Delta\chi^2$ 均显著，进一步证明基准模型与备选模型存在显著差异，且在所有模型中，基准模型最优。因此，五因子模型能更好地代表测量的因子结构，5 个变量具有良好的区分效度，确实代表了 5 个不同的构念。

7.2 总体报酬感知与工作满意度、敬业度、工作绩效关系的假设检验

层次多元线性回归法能够简洁地说明自变量和因变量之间的关系以及关系的强度,发现自变量对因变量的预测力差异,因而本节采用层次多元线性回归法来检验假设 H1、H2 和 H3。

7.2.1 总体报酬感知与工作满意度关系的假设检验

具体分两步进行检验:第 1 步,放入控制变量和因变量;第 2 步,用强制进入法放入自变量。多重共线性统计量方差膨胀因子在 1.045~3.740,小于 4,说明多元回归共线性问题不明显,不会显著影响假设检验结果。分析结果见表 7.3 中的 M1 和 M2。

表7.3　总体报酬感知各维度对工作满意度、敬业度影响的回归分析结果

变量	工作满意度			敬业度		
	M1	M2	M3	M4	M5	M6
性别	0.092	0.002	0.006	0.102	0.063	0.051
户籍	-0.025	-0.001	0.025	-0.054	-0.046	-0.032
年龄	-0.132	-0.030	-0.042	-0.005	0.008	0.039
婚姻状况	-0.033	-0.023	-0.026	0.089	0.075	0.018
学历	0.139*	-0.001	-0.005	-0.051	-0.060	0.006
工龄	0.148	0.052	0.036	0.004	-0.012	-0.005
薪酬感知	—	0.320***	—	—	0.003	—
福利感知	—	0.047	—	—	0.002	—
工作条件感知	—	0.119**	—	—	-0.043	—
自主与认可感知	—	0.249***	—	—	0.045	—
职业发展感知	—	0.156***	—	—	0.156***	—
工作关系感知	—	0.200***	—	—	0.203***	—
总体报酬感知	—	—	0.845***	—	—	0.370***
R^2	0.033	0.746	0.718	0.013	0.188	0.155

续表

变量	工作满意度			敬业度		
	M1	M2	M3	M4	M5	M6
ΔR^2	0.033	0.709	0.685	0.013	0.175	0.136
F	2.067†	78.896***	127.776***	0.792	6.210***	5.309***
ΔF	2.067†	138.225***	731.338***	0.792	10.600***	37.198***

注：†表示 $P<0.1$，即在 0.1 水平上显著相关；*表示 $P<0.05$，即在 0.05 水平上显著相关；**表示 $P<0.01$，即在 0.01 水平上显著相关；***表示 $P<0.001$，即在 0.001 水平上显著相关。

M1 显示，控制变量解释了工作满意度方差的 3.3%（$F=2.067$，$P<0.1$），仅有学历与工作满意度显著正相关（$P<0.05$）。M2 显示，在控制了有关变量的影响后，总体报酬感知 6 个维度能显著增加工作满意度变异 70.9% 的解释量（$F=78.896$，$P<0.001$），表明总体报酬感知 6 个维度共同对工作满意度有显著的正向作用，但各维度对工作满意度的影响不同。其中，薪酬感知对工作满意度的影响最大（$\beta=0.320$，$P<0.001$），之后依次为自主与认可感知（$\beta=0.249$，$P<0.001$）、工作关系感知（$\beta=0.200$，$P<0.001$），职业发展感知（$\beta=0.156$，$P<0.001$），工作条件感知（$\beta=0.119$，$P<0.01$），而福利感知对工作满意度的影响不显著（$\beta=0.047$，$n.s.$）。M3 显示，在控制了有关变量的影响后，总体报酬感知能显著增加工作满意度变异 68.5% 的解释量（$F=127.776$，$P<0.001$），表明总体报酬感知对工作满意度有显著的正向作用（$\beta=0.845$，$P<0.001$）。

总体报酬感知与工作满意度的关系模型如图 7.1。假设 H1、H1-1、H1-3、H1-4、H1-5、H1-6 都得到了支持，但 H1-2 不成立。

7.2.2 总体报酬感知与敬业度关系的假设检验

检验方法同 7.2.1，分析结果见表 7.3 中的 M4、M5 和 M6。多重共线性诊断表明，所有方差膨胀因子在 1.016~3.413，小于 4，说明多元回归共线性问题不明显，对假设检验结果没有显著影响。M4 显示，控制变量解释了敬业度方差的 1.3%（$F=0.792$，$P>0.1$），表明控制变量对敬业度没有显著影响。

M5 显示，在控制了有关变量的影响后，总体报酬感知各维度能显著增加敬业度变异 17.5% 的解释量（$F=6.210$，$P<0.001$），表明总体报酬感知各维度共同对敬业度有显著的正向作用，而且总体报酬感知各维度对敬业度的影响不同：薪酬感知、福利感知、工作条件感知、自主与认可感知对敬业度都没有显著影

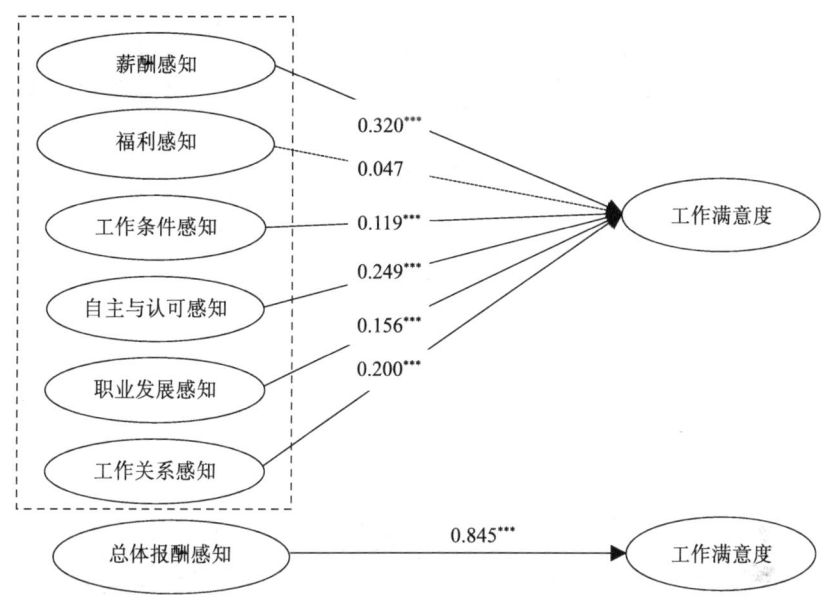

注：*** 表示 $P<0.001$，即在 0.001 水平上显著相关。

图 7.1　总体报酬感知与工作满意度的关系模型

响，而职业发展感知对敬业度有显著正向影响，且影响较大（$\beta=0.156$，$P<0.001$），工作关系感知对敬业度也有显著正向影响，但影响程度小于职业发展感知（$\beta=0.203$，$P<0.001$）。

M6 显示，在控制了有关变量的影响后，总体报酬感知能显著增加敬业度变异 13.6% 的解释量（$F=5.309$，$P<0.001$），表明总体报酬感知各维度共同对敬业度有显著的正向作用（$\beta=0.370$，$P<0.001$）。总体报酬感知与敬业度的关系模型见图 7.2。假设 H2 得到了部分支持，假设 H2-1、H2-2、H2-3、H2-4 不成立，假设 H2-5、H2-6 通过了验证。

7.2.3　总体报酬感知与工作绩效关系的假设检验

检验方法同 7.2.1，分析结果见表 7.4 中的 M7~M16。多重共线性统计量方差膨胀因子在 1.016~3.413，均小于 3，表明多元回归共线性问题不明显，对假设检验不会造成显著影响。

■ 非国有企业员工总体报酬及其结构对工作绩效的影响研究

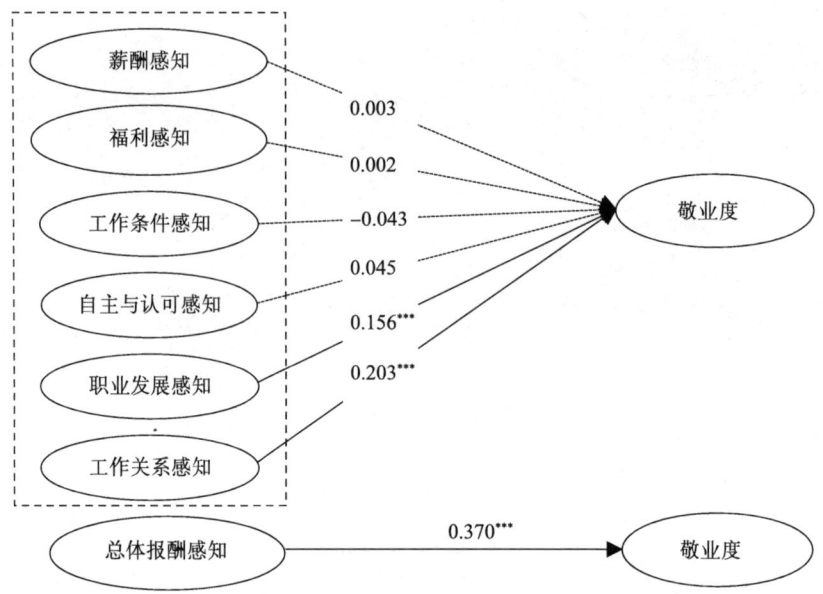

图 7.2　总体报酬感知与敬业度的关系模型

注：***表示 $P<0.001$，即在 0.001 水平上显著相关。

表 7.4　　　　　工作绩效对总体报酬感知的回归分析结果

变量	关系绩效		任务绩效		学习绩效		创新绩效		工作绩效	
	M7	M8	M9	M10	M11	M12	M13	M14	M15	M16
性别	0.104	0.083	0.164*	0.128*	0.071	0.044	0.049	0.026	0.111†	0.130*
户籍	-0.057	-0.034	0.007	0.029	-0.010	0.004	0.003	0.007	-0.015	0.029
年龄	-0.049	-0.133	-0.019	-0.012	-0.017	-0.001	0.053	0.070	-0.007	-0.008
婚姻	0.195*	0.176*	0.187*	0.175*	0.17*	0.157*	-0.021	-0.001	0.184*	0.168*
学历	-0.049	-0.008	0.008	-0.012	0.061	0.039	-0.015	-0.041	-0.049†	-0.007
工龄	0.313***	0.292**	0.163*	0.131	0.008	-0.008	-0.031	-0.037	0.183*	0.154*
薪酬感知	—	-0.086	—	-0.019	—	-0.043	—	-0.021	—	-0.049
福利感知	—	0.071	—	0.063	—	0.016	—	0.002	—	0.043
工作条件感知	—	-0.030	—	-0.015	—	0.036	—	-0.089	—	-0.013
自主与认可感知	—	-0.055	—	-0.084	—	0.041	—	0.018	—	0.027

续表

变量	关系绩效		任务绩效		学习绩效		创新绩效		工作绩效	
	M7	M8	M9	M10	M11	M12	M13	M14	M15	M16
职业发展感知	—	0.057	—	0.001	—	0.070	—	0.264 ***	—	0.121 *
工作关系感知	—	0.233 ***	—	0.250 ***	—	0.197 ***	—	0.185 ***	—	0.220 **
R^2	0.062	0.112	0.05	0.126	0.02	0.097	0.005	0.128	0.019	0.114
ΔR^2	0.062	0.05	0.05	0.076	0.02	0.077	0.005	0.123	0.019	0.084
F	2.196 *	2.199 **	1.744†	3.279 **	1.210	2.877 ***	0.310	3.943 ***	1.201	3.468 **
ΔF	2.196 *	2.128 *	1.744†	2.508 **	1.210	4.202 ***	0.310	6.940 ***	1.201	5.272 **

注：†表示 $P<0.1$，即在 0.1 水平上显著相关； * 表示 $P<0.05$，即在 0.05 水平上显著相关； ** 表示 $P<0.01$，即在 0.01 水平上显著相关； *** 表示 $P<0.001$，即在 0.001 水平上显著相关。

M7 显示，控制变量解释了关系绩效方差的 6.2%（$\Delta F=2.196$，$P<0.1$），表明控制变量对关系绩效有显著影响，其中，工龄对关系绩效的影响最大（$\beta=0.313$，$P<0.001$），其次是婚姻（$\beta=0.195$，$P<0.05$），其他控制变量对关系绩效影响不显著。M8 显示，在控制了有关变量的影响后，总体报酬感知能增加关系绩效变异 5% 的解释量（$\Delta F=2.128$，$P<0.05$），表明总体报酬感知对关系绩效有显著的正向作用，进一步发现，仅有工作关系感知对关系绩效的正向影响显著（$\beta=0.233$，$P<0.01$），其他 5 个维度对关系绩效的影响没有达到显著水平。

M9 显示，控制变量解释了任务绩效方差的 5%（$F=1.744$，$P<0.1$），表明控制变量对任务绩效有显著影响，其中，婚姻对任务绩效影响最大（$\beta=0.187$，$P<0.05$），之后依次是性别（$\beta=0.164$，$P<0.05$）与工龄（$\beta=0.163$，$P<0.05$），其他控制变量对任务绩效无显著影响。M10 显示，在控制了有关变量的影响后，总体报酬感知能增加任务绩效变异 7.6% 的解释量（$F=3.729$，$P<0.01$），表明总体报酬感知对任务绩效有显著的正向作用，进一步发现，仅有工作关系感知这一维度对任务绩效的正向影响显著（$\beta=0.25$，$P<0.01$），其他 5 个维度对任务绩效的影响没有达到显著水平。

M11 显示，控制变量解释了学习绩效方差的 2%（$F=1.210$，$P>0.1$），表明控制变量整体对学习绩效影响不显著，仅有婚姻对学习绩效影响显著（$\beta=$

0.17，$P<0.05$）。M12 显示，在控制了有关变量的影响后，总体报酬感知能增加学习绩效变异 7.7%的解释量（$F=2.877$，$P<0.001$），表明总体报酬感知对学习绩效有显著的正向作用，进一步发现，仅有工作关系感知这一维度对学习绩效的正向影响显著（$\beta=0.197$，$P<0.01$），其他 5 个维度对学习绩效的影响没有达到显著水平。

M13 显示，控制变量解释了创新绩效方差的 0.5%（$F=0.310$，$P>0.1$），表明控制变量对创新绩效影响不显著。M14 显示，在控制了有关变量的影响后，总体报酬感知能增加创新绩效变异 12.3%的解释量（$F=3.943$，$P<0.001$），表明总体报酬感知对创新绩效有显著的正向作用，进一步发现，职业发展感知对创新绩效的正向影响最为显著（$\beta=0.264$，$P<0.01$），其次是工作关系感知（$\beta=0.185$，$P<0.01$），其他 4 个维度对创新绩效的影响没有达到显著水平。

M15 显示，控制变量解释了工作绩效方差的 1.9%（$F=1.201$，$P>0.1$），表明控制变量整体对工作绩效影响不显著，但婚姻、性别、工龄和学历对工作绩效有一定的影响，其他控制变量对工作绩效影响不显著。M16 显示，在控制了有关变量的影响后，总体报酬感知能增加工作绩效变异 8.4%的解释量（$F=3.468$，$P<0.01$），表明总体报酬感知对工作绩效有显著的正向作用，进一步发现，仅有工作关系感知（$\beta=0.220$，$P<0.01$）和职业发展感知（$\beta=0.121$，$P<0.05$）对工作绩效有显著正向影响，其他 4 个维度对工作绩效的影响没有达到显著水平。总体报酬感知与工作绩效的关系模型见图 7.3。

综上，假设 H3、H3-5 得到了部分支持，H3-6 得到了支持，但假设 H3-1、H3-2、H3-3、H3-4 都不成立。

7.3 工作满意度与敬业度、工作绩效关系的假设检验

7.3.1 工作满意度与敬业度关系的假设检验

同理，采用多元回归分析法检验工作满意度与敬业度的关系。多重共线性统计量方差膨胀因子均在 1.016~2.227，小于 3，表明多元回归共线性问题不明显，没有对假设检验结果造成显著影响。回归分析结果见表 7.5 中的 M17~M18。

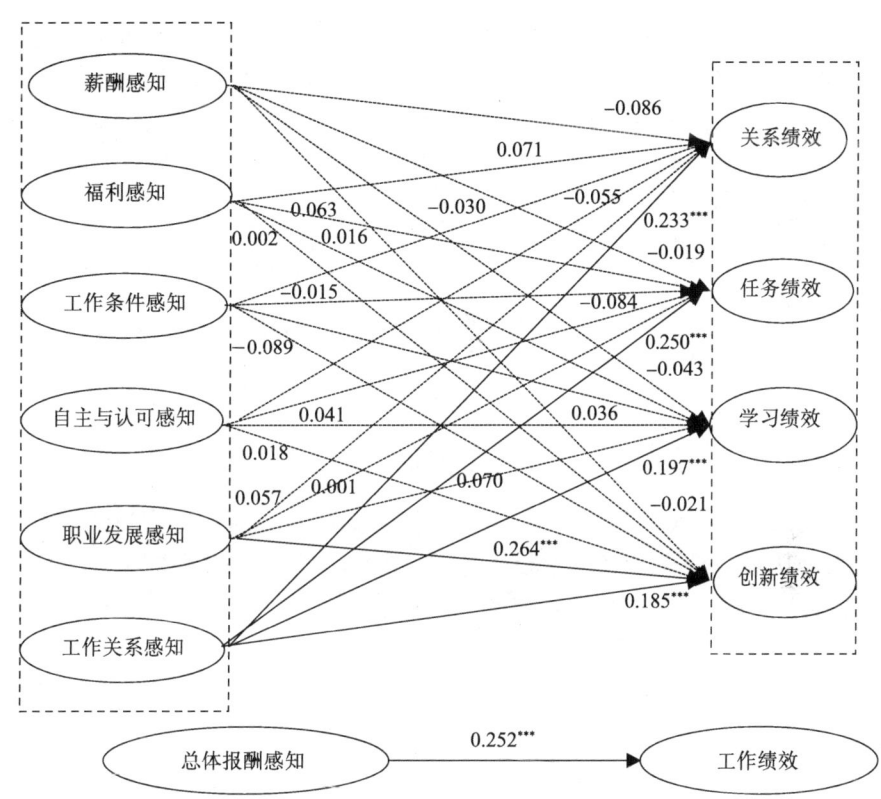

图 7.3 总体报酬感知与工作绩效的关系模型

注：***表示 $P<0.001$，即在 0.001 水平上显著相关。

表 7.5　　　　　　　　敬业度对工作满意度的回归分析结果

变量		性别	户籍	年龄	婚姻	学历	工龄	工作满意度	备注
敬业度	M17	0.102	0.054	-0.005	0.089	0.004	0.097	—	$R^2=0.013$，$\Delta R^2=0.013$ $F=0.792$
	M18	0.073	-0.046	0.037	0.100	-0.016	0.050	0.312***	$R^2=0.107$，$\Delta R^2=0.094$ $F=6.018$***

注：***表示 $P<0.001$，即在 0.001 水平上显著相关。

M17 显示，控制变量解释了敬业度方差的 1.3%（$\Delta F=0.792$，$P>0.1$），表明控制变量对敬业度影响不显著。

M18 显示，在控制了有关变量的影响后，工作满意度能增加敬业度变异 9.4%的解释量（$F = 6.018$，$P < 0.001$），表示工作满意度对敬业度有显著的正向影响（$\beta = 0.312$，$P < 0.001$）。工作满意度与敬业度的关系模型见图 7.4。假设 H4 通过了检验，成立。

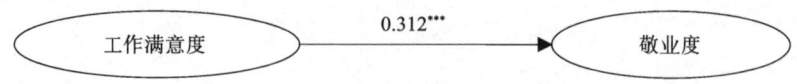

图 7.4　工作满意度与敬业度的关系模型

注：*** 表示 $P < 0.001$，即在 0.001 水平上显著相关。

7.3.2　工作满意度与工作绩效关系的假设检验

多重共线性统计量方差膨胀因子在 1.023~2.227，小于 3，表明多元回归共线性问题不明显，没有对假设检验造成显著影响。回归分析结果见表 7.6 中的 M19~M23。控制变量对因变量的影响与表 7.4 中的 M7、M9、M11、M13 和 M15 相同，故略去。

表 7.6　工作满意度对工作绩效影响的回归分析结果

变量	关系绩效 M19	任务绩效 M20	学习绩效 M21	创新绩效 M22	工作绩效 M23
性别	0.079	0.142*	0.055	0.030	0.088
户籍	-0.055	0.01	-0.005	0.008	-0.155
年龄	-0.037	0.000	0.006	0.080	0.017
婚姻	0.138*	0.143*	0.101	0.000	0.109
教育	0.024	-0.014	0.033	-0.048	-0.002
工龄	0.139†	0.042	-0.011	-0.054	0.029
工作满意度	0.105†	0.163**	0.202***	0.236***	0.211***
R^2	0.04	0.065	0.059	0.059	0.063
ΔR^2	0.011	0.026	0.039	0.054	0.043
F	2.084†	3.474**	3.148***	3.146**	3.354**
ΔF	3.371†	8.276**	12.605***	17.241***	13.861***

注：† 表示 $P < 0.1$，即在 0.1 水平上显著相关；* 表示 $P < 0.05$，即在 0.05 水平上显著相关；** 表示 $P < 0.01$，即在 0.01 水平上显著相关；*** 表示 $P < 0.001$，即在 0.001 水平上显著相关。

M19 显示，控制了有关变量的影响后，工作满意度能增加关系绩效变异 1.1% 的解释量（$F = 2.084$, $P < 0.1$），表明工作满意度对关系绩效有较为显著的正向影响（$\beta = 0.105$, $P < 0.1$）。

M20 显示，控制了有关变量的影响后，工作满意度能增加任务绩效变异 2.6% 的解释量（$F = 3.474$, $P < 0.01$），表明工作满意度对任务绩效有显著的正向影响（$\beta = 0.163$, $P < 0.01$）。

M21 显示，控制了有关变量的影响后，工作满意度能增加学习绩效变异 3.9% 的解释量（$F = 3.148$, $P < 0.001$），表明工作满意度对学习绩效有显著的正向影响（$\beta = 0.202$, $P < 0.001$）。

M22 显示，控制了有关变量的影响后，工作满意度能增加创新绩效变异 5.4% 的解释量（$F = 3.146$, $P < 0.01$），表明工作满意度对创新绩效有显著的正向影响（$\beta = 0.236$, $P < 0.001$）。

M23 显示，控制了有关变量的影响后，工作满意度能增加工作绩效变异 4.3% 的解释量（$F = 3.354$, $P < 0.01$），表明工作满意度对工作绩效有显著的正向影响（$\beta = 0.211$, $P < 0.001$）。

工作满意度对工作绩效的影响关系模型见图 7.5。因此，假设 H5、H5-1、H5-2、H5-3、H5-4 均获得了支持，假设成立。

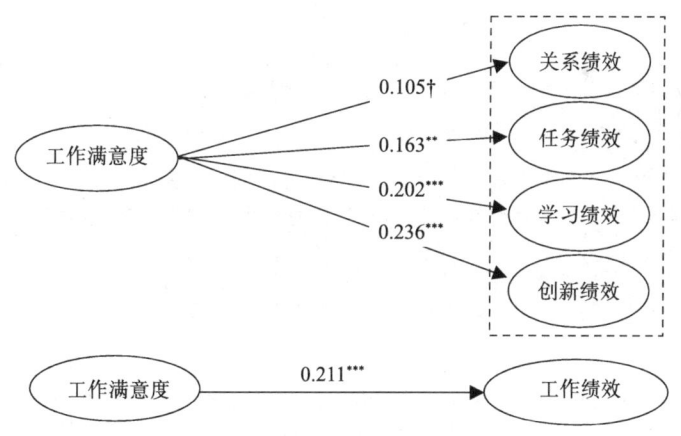

图 7.5　工作满意度与工作绩效的关系模型

注：† 表示 $P < 0.1$，即在 0.1 水平上显著相关； ** 表示 $P < 0.01$，即在 0.01 水平上显著相关； *** 表示 $P < 0.001$，即在 0.001 水平上显著相关。

7.4 敬业度与工作绩效关系的假设检验

依然采用多元回归分析法检验敬业度与工作绩效的关系。共线性诊断表明所有方差膨胀因子均在 1.016~2.227，小于 3，说明多元回归共线性问题不明显，没有显著影响假设检验的结果。回归分析结果见表 7.7 中的模型 M24~M28。控制变量对因变量的影响与表 7.4 相同，故略去。

表 7.7   工作绩效对敬业度的回归分析结果

变量	关系绩效 M24	任务绩效 M25	学习绩效 M26	创新绩效 M27	工作绩效 M28
性别	0.043	0.104*	0.016	-0.011	0.042
户籍	-0.030	0.007	0.024	0.041	0.024
年龄	-0.053	-0.023	-0.022	0.048	-0.012
婚姻	0.134*	0.134*	0.090†	-0.014	0.097*
教育	0.002	-0.033	0.016	-0.064	-0.024
工龄	0.138*	0.045	-0.006	-0.047	0.033
敬业度	0.531***	0.600***	0.654***	0.710***	0.739***
R^2	0.308	0.395	0.0441	0.502	0.558
ΔR^2	0.279	0.356	0.422	0.497	0.539
F	22.299***	32.693***	39.647***	50.653***	63.393***
ΔF	121.128***	176.742***	227.298***	300.825***	367.076***

注：† 表示 $P<0.1$，即在 0.1 水平上显著相关；* 表示 $P<0.05$，即在 0.05 水平上显著相关；** 表示 $P<0.01$，即在 0.01 水平上显著相关；*** 表示 $P<0.001$，即在 0.001 水平上显著相关。

M24 显示，控制了有关变量的影响后，敬业度能增加关系绩效变异 27.9% 的解释量（$F=22.299$，$P<0.001$），表明敬业度对关系绩效有显著的正向影响（$\beta=0.531$，$P<0.001$）。

M25 显示，控制了有关变量的影响后，敬业度能增加任务绩效变异 35.6% 的解释量（$F=32.693$，$P<0.001$），表明敬业度对任务绩效有显著的正向影响（$\beta=0.6$，$P<0.001$）。

M26 显示，控制了有关变量的影响后，敬业度能增加学习绩效变异 42.2% 的解释量（$F=39.647$，$P<0.001$），表明敬业度对学习绩效有显著的正向影响

($\beta=0.654$，$P<0.001$)。

M27 显示，控制了有关变量的影响后，敬业度能增加创新绩效变异 49.7% 的解释量（$F=50.653$，$P<0.001$），表明敬业度对创新绩效有显著的正向影响（$\beta=0.710$，$P<0.001$）。

M28 显示，控制了有关变量的影响后，敬业度能增加工作绩效变异 53.9% 的解释量（$F=63.393$，$P<0.001$），表明敬业度对工作绩效有显著的正向影响（$\beta=0.739$，$P<0.001$）。

敬业度对工作绩效的影响关系模型见图 7.6。综上，假设 H6、H6-1、H6-2、H6-3、H6-4 都通过了检验，假设成立。

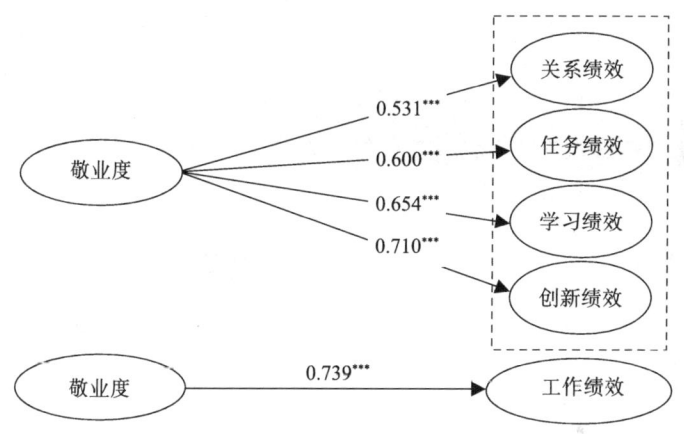

图 7.6　敬业度与工作绩效的关系模型

注：***表示 $P<0.001$，即在 0.001 水平上显著相关。

7.5　敬业度的中介效应检验

中介效应（Mediator Effect）表达了一组变量之间的间接因果关系（徐云杰，2011）[387]。研究中介效应旨在探索某些已知关系背后的原理和内部作用机制，使变量之间的关系链更为清楚和完善，以便整合现有的片段式的研究和理论。本研究假设敬业度是总体报酬感知和工作绩效间、工作满意度和工作绩效间的中介变量，旨在清晰和完善员工对报酬的态度与工作结果间的关系链。对于中介效应的检验，最常用也是最传统的方法是 Baron 等人（1986）[388]的三步曲，即变量间中介效应成立需满足的3个条件：一是因变量受自变量显著影响；二是中介变量受自变量显著影响；三是控制中介变量后，自变量对因变量的影响明显变化，若是效应显著减小，则是部分中介，若是效应消失，则是完全中介。本书也依据这一步骤对敬业度的中介效应进行检验。

7.5.1 敬业度在总体报酬感知与工作绩效间的中介效应检验

表7.3中的M6显示，总体报酬感知对中介变量敬业度的影响显著（$\beta = 0.370$，$P < 0.001$），满足了中介效应检验的第2个条件。表7.8为工作绩效对总体报酬感知、工作满意度和敬业度的回归分析结果。

表7.8 工作绩效对总体报酬感知、工作满意度和敬业度的回归分析结果

变量	工作绩效		
	M29	M30	M31
性别	0.082	0.044	0.044
户籍	-0.030	0.021	-0.120
年龄	0.015	-0.015	-0.015
婚姻	0.109*	0.096*	0.096*
教育	-0.016	-0.021	-0.022
工龄	0.031†	0.035	0.035
总体报酬感知	0.252***	-0.025	—
工作满意度	—	—	-0.021
敬业度	—	0.748***	0.745***
R^2	0.080	0.559	0.559
ΔR^2	0.061	0.478	0.496
F	4.379***	54.721***	54.244***
ΔF	19.892***	325.314***	337.116***

注：†表示$P<0.1$，即在0.1水平上显著相关；*表示$P<0.05$，即在0.05水平上显著相关；**表示$P<0.01$，即在0.01水平上显著相关；***表示$P<0.001$，即在0.001水平上显著相关。

M29显示，总体报酬感知对因变量工作绩效的影响显著（$\beta = 0.252$，$P < 0.001$），满足了中介效应检验的第一个条件。还需要进一步考察工作绩效对员工总体报酬感知和敬业度的预测作用，分析结果见表7.8中的M30（控制变量的影响结果同表7.4中的M15，略去）。共线性统计量方差膨胀因子在1.016~2.221，表明多元回归分析多重共线性不明显，对假设检验结果没有显著影响。

M30 显示，当总体报酬感知和敬业度同时进入回归方程时，敬业度对组织绩效的影响达到极其显著的水平（$\beta = 0.748$，$P < 0.001$），但总体报酬感知对工作绩效的回归系数却明显降低，不仅由 M29 中的极其显著（$\beta = 0.252$，$P < 0.001$）变成不显著（$\beta = -0.025$，$P > 0.1$），回归系数还成为负数，说明总体报酬感知对工作绩效的影响因为敬业度的加入而显著降低，满足了中介效应检验的第三个条件。因此，敬业度在总体报酬感知对工作绩效的影响中起到了完全中介效应，即总体报酬感知对工作绩效的影响完全是通过敬业度传递的，总体报酬感知通过影响敬业度作用于工作绩效，假设 H7 通过了检验，假设成立。

进一步地，检验总体报酬感知中与敬业度和工作绩效显著相关的职业发展感知和工作关系感知两个维度，是否都通过敬业度的中介效应间接影响有关的工作绩效维度。前面的检验已经证实，总体报酬感知中的职业发展感知与敬业度和工作绩效中的创新绩效显著正相关，满足了敬业度具有中介效应的前提条件。同样地，总体报酬感知中的工作关系感知与敬业度和工作绩效的 4 个维度均显著正相关，也具备了敬业度具有中介效应的基础。相关回归方程见表 7.9。

表 7.9　　　　　　　　　　多元回归分析结果

变量	创新绩效				关系绩效		任务绩效		学习绩效	
	M32	M33	M34	M35	M36	M37	M38	M39	M40	M41
性别	0.048	-0.014	0.028	-0.012	0.082	0.053	0.132*	0.098†	0.034	-0.001
户籍	0.000	0.042	0.018	0.040	-0.046	-0.030	0.022	0.041	0.004	0.023
年龄	0.105	0.089	0.082	0.090	-0.110	-0.104	-0.006	0.000	0.005	0.012
婚姻	0.081	0.021	0.068	0.022	0.183*	0.150*	0.169*	0.131*	0.155†	0.115†
教育	-0.123†	-0.097†	-0.079	-0.100	0.004	-0.011	-0.042	-0.059	0.015	-0.003
工龄	0.038	-0.015	0.024	-0.013	0.291***	0.265***	0.132	0.100	0.096	0.063
职业发展感知	0.266***	-0.012	—	—	—	—	—	—	—	—
工作关系感知	—	—	0.24***	-0.026	0.174**	-0.015	0.250***	0.028	0.211***	-0.020
敬业度	—	0.71***	—	0.72***	—	0.515***	—	0.61***	—	0.63***
R^2	0.092	0.514	0.077	0.515	0.092	0.317	0.111	0.423	0.066	0.404
ΔR^2	0.061	0.422	0.055	0.438	0.029	0.226	0.06	0.312	0.043	0.338
F	2.939**	27.05***	2.413*	27.10***	2.91**	11.87***	3.59***	18.71***	2.06*	17.32***

注：† 表示 $P<0.1$，即在 0.1 水平上显著相关；* 表示 $P<0.05$，即在 0.05 水平上显著相关；** 表示 $P<0.01$，即在 0.01 水平上显著相关；*** 表示 $P<0.001$，即在 0.001 水平上显著相关。

比较 M32 和 M33 发现，当职业发展感知和敬业度同时进入回归方程时，敬业度对组织绩效的影响达到极为显著的水平（$\beta = 0.710$，$P < 0.001$），而职业发展感知对创新绩效的回归系数由原来的极其显著（$\beta = 0.266$，$P < 0.001$）变成不显著（$\beta = -0.12$，$P > 0.1$），回归系数变为负值，说明职业发展感知对工作绩效的影响因为敬业度的加入而显著降低。因此，敬业度在职业发展感知对创新绩效的影响中具有完全中介效应，即职业发展感知对创新绩效的影响完全是通过敬业度来传递的。同理，分别将 M34 和 M35、M36 和 M37、M38 和 M39、M40 和 M41 进行比较，得出结论，敬业度在工作关系感知与创新绩效、关系绩效、任务绩效和学习绩效间具有完全中介效应，即工作关系感知对工作绩效 4 个维度的影响也完全通过敬业度进行传递。

7.5.2 敬业度在工作满意度与工作绩效间的中介效应检验

表 7.5 中的 M18 和表 7.6 中的 M23 显示，工作满意度对中介变量敬业度及因变量工作绩效的影响均显著，满足了中介效应检验的前两个条件。还需要进一步考察工作绩效对员工工作满意度和敬业度的预测作用，分析结果见表 7.8 中的 M31（控制变量的影响结果同表 7.4 中的 M15，略去）。共线性统计量方差膨胀因子在 1.016~2.229，小于 3，表明多元回归分析共线性不明显，未对假设检验结果造成显著影响。

M31 显示，当工作满意度和敬业度同时进入回归方程时，敬业度对工作绩效的影响达到极其显著的水平（$\beta = 0.745$，$P < 0.001$），但是工作满意度对工作绩效的回归系数却明显降低，不仅由原来的极其显著（$\beta = 0.211$，$P < 0.001$）变得不显著（$\beta = -0.021$，$P > 0.1$），而且成为负数，说明工作满意度对工作绩效的影响因为敬业度的加入而显著降低，满足了中介效应检验的第 3 个条件。因此，敬业度在工作满意度对工作绩效的影响中起到了完全中介效应，即工作满意度对工作绩效的影响完全是通过敬业度传递的，工作满意度通过影响敬业度作用于工作绩效，假设 H8 通过了检验，成立。

7.5.3 敬业度中介效应的结构方程检验

由于分步的中介效应检验方法不能准确考察间接作用的大小，结构方程却能同时计算多个因变量间的复杂关系，因此本研究进一步采用 LISREL 8.70 统计软件对非国有企业员工的总体报酬感知、工作满意度、敬业度和工作绩效相互影响的复杂关系进行检验，画出了总体报酬感知—敬业度—工作绩效路径图（图7.7），工作满意度—敬业度—工作绩效路径图（图7.8）。

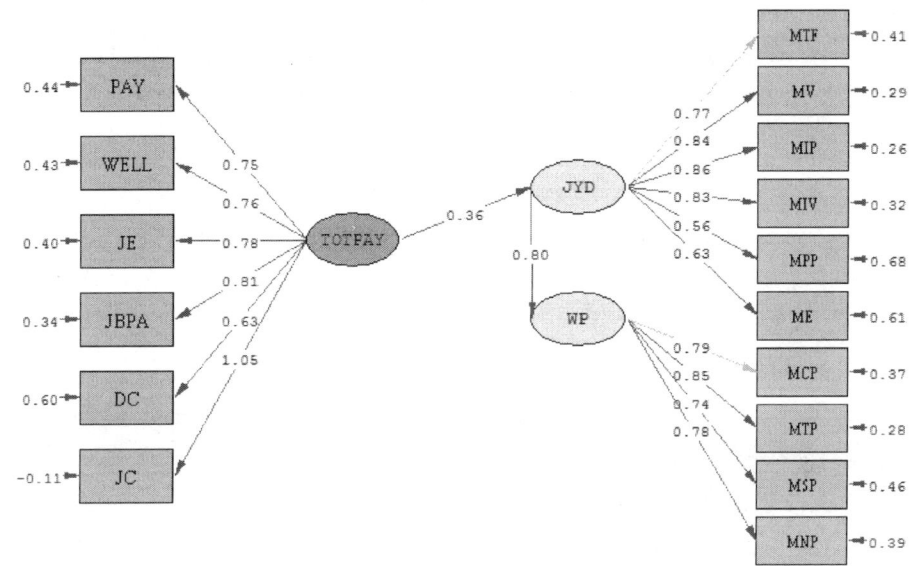

图 7.7　总体报酬感知—敬业度—工作绩效路径图

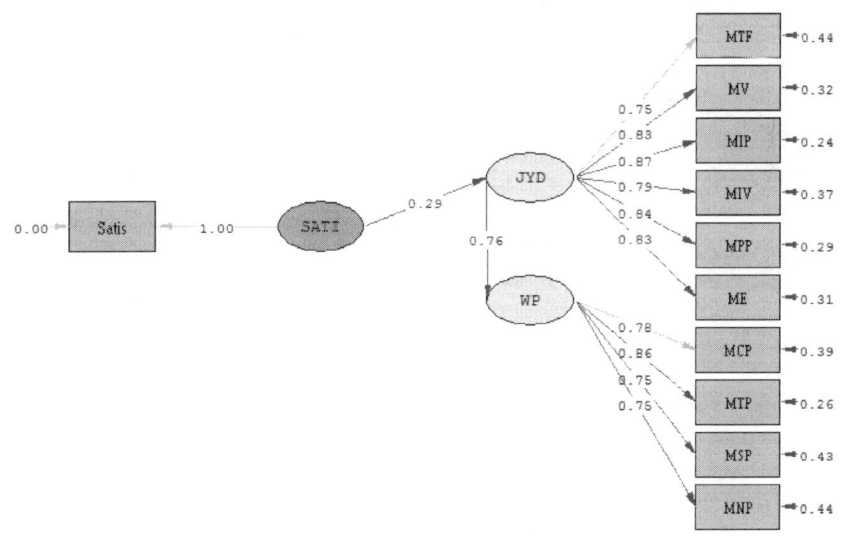

图 7.8　工作满意度—敬业度—工作绩效路径图

■ 非国有企业员工总体报酬及其结构对工作绩效的影响研究

在图 7.7~图 7.9 中，TOTPAY 代表总体报酬感知，JYD 代表敬业度，WP 代表工作绩效；总体报酬感知包括 6 个维度，薪酬感知（PAY）、福利感知（WELL）、工作条件感知（JE）、自主与认可感知（JBPA）、职业发展感知（DC）、工作关系感知（JC）；敬业度有 6 个维度，任务中心（MTF）、活力（MV）、主动参与（MIP）、价值内化（MIV）、积极坚持（MPP）、效能感（ME）；工作绩效有 4 个维度，关系绩效（MCP）、任务绩效（MTP）、学习绩效（MSP）、创新绩效（MNP）。

图 7.7 显示，总体报酬感知对敬业度影响路径的标准化系数为 0.36（标准误差为 0.04，t 值为 9.16），敬业度对工作绩效影响路径的标准系数为 0.80（标准误差为 0.05，t 值为 16.13）。

图 7.8 显示，工作满意度对敬业度的影响路径的标准化系数为 0.29（标准误差为 0.06，t 值为 6.81），敬业度对工作绩效影响路径的标准化系数为 0.76（标准误差为 0.76，t 值为 14.98）。

图 7.9 显示，总体报酬感知对敬业度影响的路径系数为 0.69（标准误差为 0.12，t 值为 5.92），总体报酬感知对工作满意度影响的路径系数为 0.89（标准误差为 0.02，t 值为 26.62），敬业度对工作绩效影响的路径系数为 0.76（标准误差为 0.05，t 值为 15.03）。

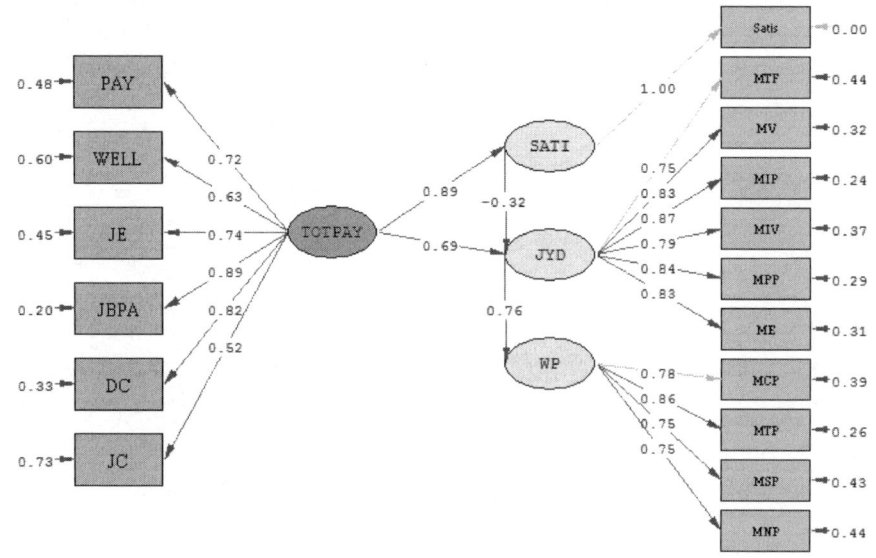

图 7.9　整合模型

可见，结构方程对中介效应的验证结果与回归分析结果吻合，表明：总体报酬感知、工作满意度对工作绩效的影响都要通过敬业度的传导，即敬业度在总体报酬感知、工作满意度与工作绩效之间起着完全中介效应；而工作满意度并未在总体报酬感知对敬业度的影响中起到中介效应。

7.6 个人—工作特征匹配的调节效应检验

调节效应（Moderator Effect）也常被称作相互影响效应（Interaction Effect），对其研究的目的是为了探析一组关系在不同条件下的变化及其背后的原因，从而找出理论的适用范围，使理论对变量间关系的解释更为精细。本研究假设"个人—工作特征匹配"会影响到总体报酬感知与工作满意度、敬业度2个变量间的关系，旨在探索个人—工作特征匹配不同的情况下，总体报酬感知各维度与工作满意度、敬业度关系的变化。

检验连续变量调节效应的方法有多种。由于样本数量有限，本书依据罗胜强、姜嬿（2008）[389]的建议，采用层级回归分析法分三步检验调节效应：①将变量中心化，以减小变量间的多重共线性；②构造中心化后的自变量和调节变量的乘积项；③构造方程，先把控制变量和因变量放入方程，再把未中心化的自变量和调节变量、所构造的乘积项都放到多元层级回归方程中。若乘积项的系数显著（或 ΔR^2 显著），说明调节作用存在，否则，调节作用不存在。

7.6.1 个人—工作特征匹配对总体报酬感知与工作满意度关系的调节效应检验

个人—工作特征匹配对总体报酬感知与工作满意度关系的调节效应检验的层级线性回归分析结果见表7.10，表7.3中的M1显示了控制变量对工作满意度的影响。M42~M48的共线性统计量方差膨胀因子在1.016~2.223，均小于3，表明多元回归中共线性问题不明显，不会对假设检验结果有显著影响。

表7.10　个人—工作特征匹配对总体报酬感知与工作满意度间关系的调节效应

变量	工作满意度						
	M42	M43	M44	M45	M46	M47	M48
性别	-0.007	0.020	0.008	0.024	0.032	0.006	0.003
年龄	-0.035	-0.086	-0.043	-0.052	-0.059	-0.067	-0.045

续表

变量	工作满意度						
	M42	M43	M44	M45	M46	M47	M48
婚姻状况	-0.024	-0.045	-0.030	-0.047	-0.023	-0.032	-0.024
学历	0.037	0.060	0.026	0.062	0.047	0.072	0.004
工龄	0.052	0.060	0.033	0.044	0.067	0.053	0.038
薪酬感知	0.42***	—	—	—	—	—	—
福利感知	—	0.094**	—	—	—	—	—
工作条件感知	—	—	0.34***	—	—	—	—
自主与认可感知	—	—	—	0.51***	—	—	—
职业发展感知	—	—	—	—	0.44***	—	—
工作关系感知	—	—	—	—	—	0.25***	—
总体报酬感知	—	—	—	—	—	—	0.686***
个人—工作匹配	0.49***	0.68***	0.55***	0.35***	0.45***	0.58***	0.204***
薪酬感知×个人—工作特征匹配	0.030	—	—	—	—	—	—
福利感知×个人—工作特征匹配	—	0.080*	—	—	—	—	—
工作条件感知×个人—工作特征匹配	—	—	0.077*	—	—	—	—
自主与认可感知×个人—工作特征匹配	—	—	—	0.055	—	—	—
职业发展感知×个人—工作特征匹配	—	—	—	—	0.106**	—	—
工作关系感知×个人—工作特征匹配	—	—	—	—	—	0.080*	—
总体报酬感知×个人—工作特征匹配	—	—	—	—	—	—	0.030
R^2	0.658	0.188	0.624	0.669	0.669	0.582	0.735
ΔR^2	0.001	0.006	0.006	0.003	0.011	0.006	0.001
F	71.9***	46.01***	62.0***	75.7***	75.5***	52.1***	103.65***

注：*表示 $P<0.05$，即在0.05水平上显著相关；**表示 $P<0.01$，即在0.01水平上显著相关；***表示 $P<0.001$，即在0.001水平上显著相关。

M42 表明个人—工作特征匹配对薪酬感知与工作满意度的关系没有调节作用（$\beta=0.030$, n.s.），即薪酬感知对工作满意度的影响程度与个人—工作特征匹配程度无关。因此，假设 H9-1 不成立。

M43 显示，控制了福利感知（$\beta=0.094$, $P<0.01$）和个人—工作特征匹配（$\beta=0.68$, $P<0.001$）的主效应之后，"福利感知×个人—工作特征匹配"交互

项对工作满意度的影响显著（$\beta=0.08$，$P<0.05$），表明个人—工作特征匹配能调节福利感知与工作满意度之间的关系。为了更直观地反映个人—工作特征匹配在福利感知与工作满意度关系中的调节效应方向，按照 Aiken 和 West（1991）[279]的建议进行了简单斜率检验（Simple Slope Test），并以高于平均值一个标准差（+1SD）作为高水平个人—工作特征匹配的代表，以低于平均值一个标准差（-1SD）作为低水平个人—工作特征匹配的代表，绘制了交互效应图 7.10。简单斜率检验结果显示，对于个人—工作特征匹配高的员工，福利感知与工作满意度的正相关关系更强，而对于个人—工作特征匹配低的员工，福利感知对工作满意度的正相关关系更弱。因此，假设 H9-2 通过了检验。可见，对于个人—工作特征匹配较低的员工，增加福利方面的投入，并不一定能增加其工作满意度。依此可以推测，模型 2 显示的工作满意度对福利感知影响不显著，与当前中国非国有企业员工大多数个人—工作特征匹配程度低有很大的关系。

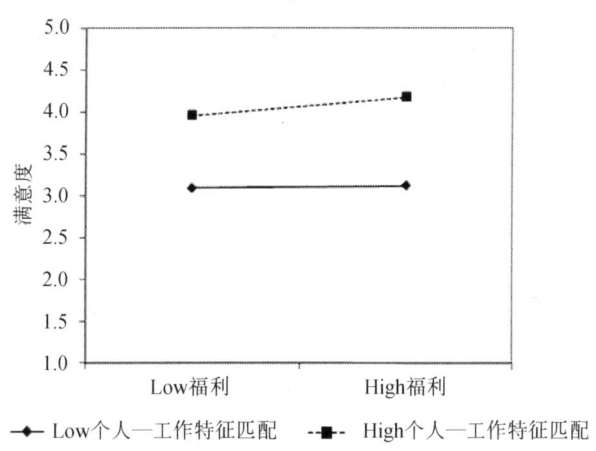

图 7.10　个人—工作特征匹配对福利感知与工作满意度关系的调节作用

M44 显示，控制了工作条件感知（$\beta=0.34$，$P<0.001$）和个人—工作特征匹配（$\beta=0.55$，$P<0.001$）的主效应之后，"工作条件感知×个人—工作特征匹配"交互项对工作满意度的影响显著（$\beta=0.077$，$P<0.05$），表明个人—工作特征匹配也会调节工作条件感知与工作满意度之间的关系。简单斜率检验结果显示，对于个人—工作特征匹配高的员工，工作条件感知与工作满意度的正相关关系更强，而对于个人—工作特征匹配低的员工，工作条件与工作满意度的正相关关系更弱。交互效应参见图 7.11。因此，假设 H9-3 通过了检验。

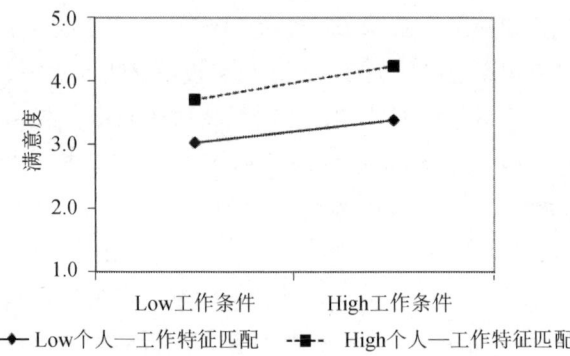

图 7.11　个人—工作特征匹配对工作条件感知与工作满意度关系的调节作用

M45 表明，控制了自主与认可感知（$\beta=0.51$，$P<0.001$）和个人—工作特征匹配（$\beta=0.35$，$P<0.001$）的主效应之后，"自主与认可感知×个人—工作特征匹配"交互项对工作满意度的影响不显著（$\beta=0.055$，n.s.），表明个人—工作特征匹配对自主与认可感知和工作满意度的关系没有调节作用，即自主与认可感知对工作满意度的影响与个人—工作特征匹配没有关系。因此，假设 H9-4 不成立。

M46 显示，控制了职业发展感知（$\beta=0.44$，$P<0.001$）和个人—工作特征匹配（$\beta=0.45$，$P<0.001$）的主效应之后，"职业发展感知×个人—工作特征匹配"交互项对工作满意度的影响显著（$\beta=0.106$，$P<0.01$），表明个人—工作特征匹配也会调节职业发展感知与工作满意度的关系。简单斜率检验显示，对个人—工作特征匹配高的员工，职业发展感知与工作满意度的正相关关系更强，而对于个人—工作特征匹配低的员工，职业发展感知对工作满意度的正相关关系更弱。因此，假设 H9-5 得到了验证。交互效应参见图 7.12。

M47 显示，控制了工作关系感知（$\beta=0.25$，$P<0.001$）和个人—工作特征匹配（$\beta=0.58$，$P<0.001$）的主效应之后，"工作关系感知×个人—工作特征匹配"交互项对工作满意度的影响显著（$\beta=0.080$，$P<0.05$），表明个人—工作特征匹配能调节工作关系感知与工作满意度的关系。简单斜率检验结果显示，对于个人—工作特征匹配高的员工，工作关系感知与工作满意度的正相关关系更强，而对于个人—工作特征匹配低的员工，工作关系感知与工作满意度的正相关关系更弱。假设 H9-6 得到了验证。交互效应参见图 7.13。

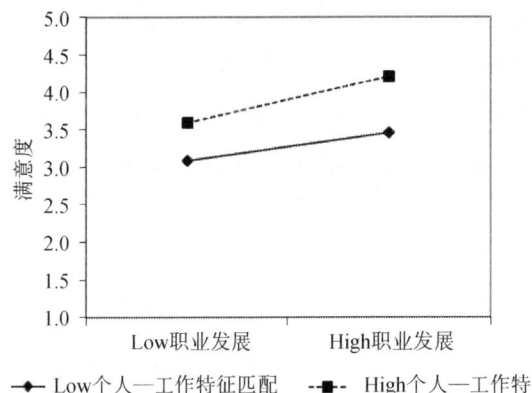

图 7.12　个人—工作特征匹配对职业发展感知与工作满意关系的调节作用

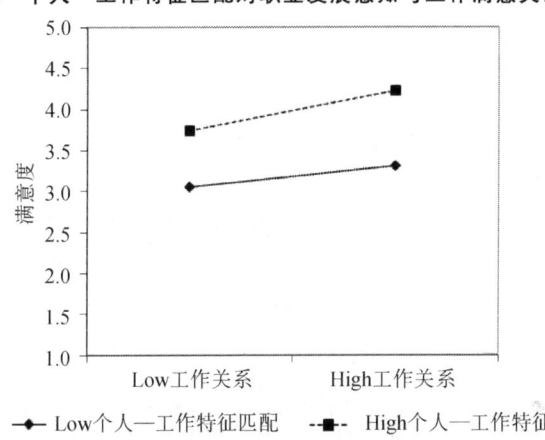

图 7.13　个人—工作特征匹配对工作关系感知与工作满意度关系的调节作用

M48 显示，控制了总体报酬感知（$\beta = 0.686$，$P < 0.001$）和个人—工作特征匹配（$\beta = 0.204$，$P < 0.001$）的主效应之后，"总体报酬感知 × 个人—工作特征匹配"交互项对工作满意度的影响不显著（$\beta = 0.030$，$n.s.$），这一结果表明个人—工作特征匹配对总体报酬感知与工作满意度的关系没有调节作用，即总体报酬感知对工作满意度的影响与个人—工作特征匹配程度没有关系。因此，假设 H9 不成立。

7.6.2　个人—工作特征匹配对总体报酬感知与敬业度关系的调节效应检验

个人—工作特征匹配对总体报酬感知与敬业度关系的调节效应检验的层级线

性回归分析结果见表7.11，表7.3中的M4显示了控制变量对敬业度的影响。M49~M55的共线性统计量方差膨胀因子在1.045~2.817，均小于3，表明多元回归中共线性问题不明显，不会对假设检验结果有显著影响。

表7.11　个人—工作特征匹配对总体报酬感知与敬业度关系的调节效应（$N=565$）

变量	敬业度						
	M49	M50	M51	M52	M53	M54	M55
性别	0.059	0.062	0.067	0.069	0.072	0.056	0.063
户籍	-0.036	-0.033	-0.040	-0.037	-0.047	-0.034	-0.036
年龄	0.008	0.027	0.028	0.030	0.030	0.023	0.030
婚姻状况	0.094	0.079	0.087	0.080	0.085	0.083	0.089
学历	-0.008	-0.011	-0.016	-0.003	-0.026	0.005	-0.059
工龄	0.070	0.040	0.047	0.040	0.054	0.033	-0.019
薪酬感知	0.036	—	—	—	—	—	0.046
福利感知	—	0.006	—	—	—	—	—
工作条件感知	—	—	-0.001	—	—	—	—
自主与认可感知	—	—	—	0.083	—	—	—
职业发展感知	—	—	—	—	0.254**	—	—
工作关系感知	—	—	—	—	—	0.244**	—
总体报酬感知	—	—	—	—	—	—	0.18***
个人—工作特征匹配	0.350***	0.374***	0.386***	0.307***	0.201*	0.214**	0.23***
薪酬感知×个人—工作特征匹配	0.147*	—	—	—	—	—	—
福利感知×个人—工作特征匹配	—	0.021	—	—	—	—	—
工作条件感知×个人—工作特征匹配	—	—	0.104†	—	—	—	—
自主与认可感知×个人—工作特征匹配	—	—	—	0.061	—	—	—
职业发展感知×个人—工作特征匹配	—	—	—	—	0.046	—	—
工作关系感知×个人—工作特征匹配	—	—	—	—	—	0.112†	—

续表

变量	敬业度						
	M49	M50	M51	M52	M53	M54	M55
总体报酬感知×个人—工作特征匹配	—	—	—	—	—	—	0.074
R^2	0.180	0.180	0.168	0.165	0.159	0.199	0.178
ΔR^2	0.021	0	0.011	0.004	0.002	0.011	0.005
F	5.03***	4.30***	4.63***	4.51***	5.53***	5.68***	4.96***

注：†表示 $P<0.1$，即在0.1水平上显著相关；*表示 $P<0.05$，即在0.05水平上显著相关；**表示 $P<0.01$，即在0.01水平上显著相关；***表示 $P<0.001$，即在0.001水平上显著相关。

M49 显示，控制了薪酬感知（$\beta=0.036$，n.s.）和个人—工作特征匹配（$\beta=0.350$，$P<0.001$）的主效应之后，"薪酬感知×个人—工作特征匹配"交互项对敬业度的影响显著（$\beta=0.147$，$P<0.05$），表明个人—工作特征匹配调节薪酬感知与敬业度的关系。简单斜率检验显示，个人—工作特征匹配高的员工，薪酬感知与敬业度正相关关系更强，而个人—工作特征匹配低的员工，薪酬感知与敬业度的相关关系更弱，甚至出现负相关，即随着薪酬感知的增加，敬业度降低。假设 H10-1 得到了验证。交互效应见图 7.14。

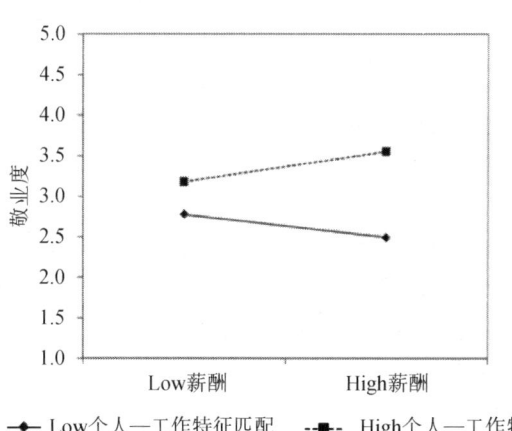

图 7.14 个人—工作特征匹配对薪酬感知与敬业度关系的调节作用

M50 显示，控制了福利感知（$\beta=0.006$，n.s.）和个人—工作匹配（$\beta=0.374$，$P<0.001$）的主效应之后，"福利感知×个人—工作匹配"交互项对敬

业度的影响不显著（$\beta = 0.021$，$n.s.$），表明个人—工作特征匹配对福利感知与工作满意度的关系没有调节作用，即福利感知对工作满意度的影响与个人—工作特征匹配程度没有关系。因此，假设 H10-2 不成立。

M51 显示，控制了工作条件感知（$\beta = -0.01$，$n.s.$）和个人—工作特征匹配（$\beta = 0.386$，$P < 0.001$）的主效应之后，"工作条件×个人—工作特征匹配"交互项对敬业度的影响较为显著（$\beta = 0.104$，$P < 0.1$），表明个人—工作特征匹配调节工作条件感知与敬业度的关系。简单斜率检验显示，个人—工作特征匹配高的员工，工作条件感知与敬业度正相关关系更强，而个人—工作特征匹配低的员工，工作条件感知与敬业度的相关关系更弱，甚至出现负相关，即随着工作条件的改善，敬业度降低。假设 H10-3 得到了验证。交互效应参见图 7.15。

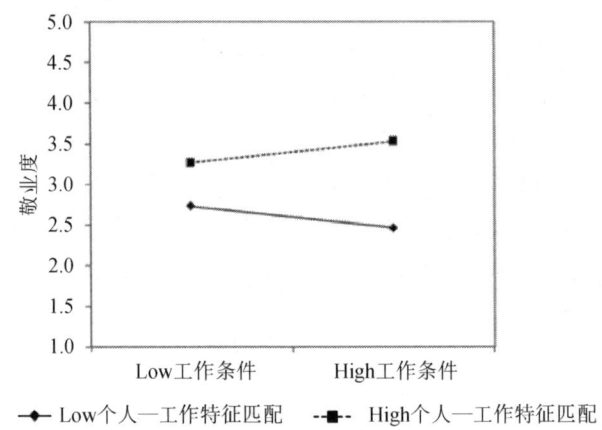

图 7.15 个人—工作特征匹配对工作条件感知与敬业度关系的调节作用

M52 显示，控制了自主与认可感知（$\beta = 0.083$，$n.s.$）和个人—工作特征匹配（$\beta = 0.307$，$P < 0.001$）的主效应之后，"自主与认可感知×个人—工作特征匹配"交互项对敬业度的影响不显著（$\beta = 0.061$，$n.s.$），表明个人—工作特征匹配程度对自主与认可感知和敬业度的关系没有影响。

M53 显示，控制了职业发展感知（$\beta = 0.254$，$P < 0.01$）和个人—工作匹配（$\beta = 0.201$，$P < 0.05$）的主效应之后，"职业发展感知×个人—工作特征匹配"交互项对敬业度的影响不显著（$\beta = 0.046$，$n.s.$），表明个人—工作特征匹配对职业发展感知与敬业度的关系没有影响。因此，假设 H10-5、H10-6 均不成立。

M54 显示,控制了工作关系感知（$\beta = 0.244$，$P < 0.01$）和个人—工作特征匹配（$\beta = 0.214$，$P < 0.01$）的主效应之后,"工作关系感知 × 个人—工作特征匹配"交互项对敬业度的影响比较显著（$\beta = 0.112$，$P < 0.1$）,表明个人—工作特征匹配程度调节工作关系感知对敬业度的作用。简单斜率检验显示,个人—工作特征匹配高的员工,工作关系感知与敬业度的相关关系更强,而个人—工作特征匹配低的员工,工作关系感知对敬业度的相关关系更弱,假设 H10 - 6 得到了验证。交互效应见图 7.16。

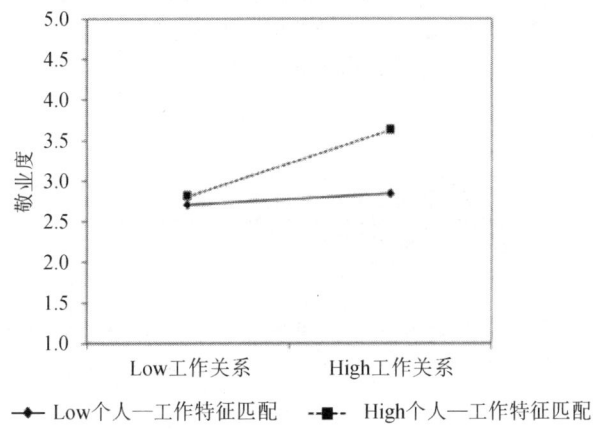

图 7.16 个人—工作特征匹配对工作关系感知与敬业度关系的调节作用

7.7 研究结果

7.7.1 假设检验结果统计与模型修正

①通过检验,所提出的 48 条假设中有 30 条成立,2 条部分获得支持,16 条不成立（见表 7.12）,获得支持率 66.7%。

表 7.12 研究假设检验结果汇总

编号	假设内容	检验结果
H1	非国有企业员工总体报酬感知及其 6 个维度对工作满意度有显著正向影响,且影响程度存在差异	支持
H1 - 1	员工薪酬感知对其工作满意度的正向影响最为显著	支持

续表

编号	假设内容	检验结果
H1-2	员工福利感知对其工作满意度有显著正向影响	不支持
H1-3	员工工作条件感知对其工作满意度有显著正向影响	支持
H1-4	员工自主与认可感知对其工作满意度有显著正向影响	支持
H1-5	员工职业发展感知对其工作满意度有显著正向影响	支持
H1-6	员工工作关系感知对其工作满意度有显著正向影响	支持
H2	非国有企业员工总体报酬感知及其6个维度对其敬业度有显著正向影响，且内在报酬感知对敬业度的正向影响比外在报酬感知更为显著	支持
H2-1	员工薪酬感知对其敬业度有显著正向影响	不支持
H2-2	员工福利感知对其敬业度有显著正向影响	不支持
H2-3	员工工作条件感知对其敬业度有显著正向影响	不支持
H2-4	员工自主与认可感知对其敬业度有显著正向影响	不支持
H2-5	员工职业发展感知对其敬业度有显著正向影响	支持
H2-6	员工工作关系感知对其敬业度有显著正向影响	支持
H3	非国有企业员工总体报酬感知及其6个维度对工作绩效及其4个维度有显著正向影响，且内在报酬感知对工作绩效影响较外在报酬感知更显著	部分支持
H3-1	员工薪酬感知对工作绩效及其4个维度有显著正向影响	不支持
H3-2	福利感知对工作绩效及其4个维度有显著正向影响	不支持
H3-3	员工工作条件感知对工作绩效及其4个维度有显著正向影响	不支持
H3-4	员工自主与认可感知对工作绩效及其4个维度有显著正向影响	不支持
H3-5	员工职业发展感知与对工作绩效及其4个维度有显著正向影响	部分支持
H3-6	员工工作关系感知对工作绩效及其4个维度有显著正向影响	支持
H4	非国有企业员工工作满意度对其敬业度有显著正向影响	支持
H5	非国有企业员工工作满意度对其工作绩效有显著正向影响	支持
H5-1	员工工作满意度对其任务绩效有显著正向影响	支持
H5-2	员工工作满意度对其关系绩效有显著正向影响	支持
H5-3	员工工作满意度对其学习绩效有显著正向影响	支持
H5-4	员工工作满意度对其创新绩效有显著正向影响	支持
H6	非国有企业员工敬业度对其工作绩效有显著正向影响	支持
H6-1	员工敬业度对其任务绩效有显著正向影响	支持
H6-2	员工敬业度对其关系绩效有显著正向影响	支持

续表

编号	假设内容	检验结果
H6-3	员工敬业度对其学习绩效有显著正向影响	支持
H6-4	员工敬业度对其创新绩效有显著正向影响	支持
H7	**非国有企业员工总体报酬感知通过敬业度的中介效应间接影响其工作绩效**	支持
H8	**非国有企业员工工作满意度通过敬业度的中介效应间接影响其工作绩效**	支持
H9	**个人—工作特征匹配对总体报酬感知与工作满意度关系有显著调节作用**	不支持
H9-1	个人—工作特征匹配对薪酬感知与工作满意度关系有显著的调节作用	不支持
H9-2	个人—工作特征匹配对福利感知与工作满意度关系有显著的调节作用	支持
H9-3	个人—工作特征匹配对工作条件感知与工作满意度关系有显著的调节作用	支持
H9-4	个人—工作特征匹配对自主与认可感知和工作满意度关系有显著调节作用	不支持
H9-5	个人—工作特征匹配对职业发展感知与工作满意度关系有显著的调节作用	支持
H9-6	个人—工作特征匹配对工作关系感知与工作满意度关系有显著的调节作用	支持
H10	**个人—工作特征匹配对总体报酬感知与敬业度的关系有显著的调节作用**	不支持
H10-1	个人—工作特征匹配对薪酬感知与敬业度的关系有显著的调节作用	支持
H10-2	个人—工作特征匹配对福利感知与敬业度的关系有显著调节作用	不支持
H10-3	个人—工作特征匹配对工作条件感知与敬业度的关系有显著调节作用	支持
H10-4	个人—工作特征匹配对自主与认可感知和敬业度的关系有显著的调节作用	不支持
H10-5	个人—工作特征匹配对职业发展感知与敬业度的关系有显著的调节作用	不支持
H10-6	个人—工作特征匹配对工作关系感知与敬业度的关系有显著的调节作用	支持

②依据检验结果，将构建的理论模型进行修订，如图7.17所示。

7.7.2 结论和讨论

①总体报酬感知及其6个维度对工作满意度都有正向影响，但影响程度存在差异。从解释变量回归系数值来看，薪酬感知对工作满意度的影响最为显著，之后依次为自主与认可感知、工作关系感知、职业发展感知、工作条件感知和福利感知。从显著性来看，薪酬感知、自主与认可感知、工作关系感知、职业发展感知和工作条件感知的回归系数都通过了1%的显著性检验，而福利感知的回归系数没有通过10%显著性水平检验。这一结论与陈利军等人（2009）[112]、王炳成（2011）[113]、张宁俊（2011）[118]等学者的研究结论一致，但与龙立荣（2010）[11]、才国伟等人（2013）[105]的观点不一致。龙立荣等人（2010）[11]认

■ 非国有企业员工总体报酬及其结构对工作绩效的影响研究

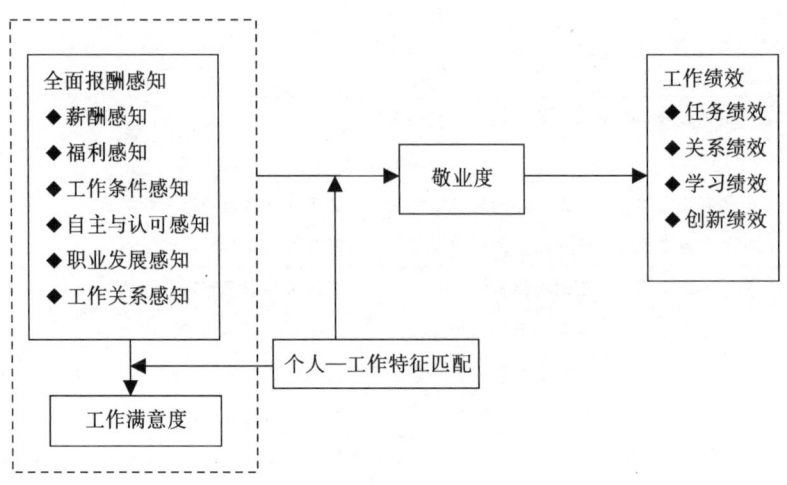

图7.17 本研究的整合模型

为,中国员工对"社保类福利"的整体偏好水平最高,才国伟等人(2013)[105]以广东地区企业员工为样本,发现对工作满意度影响最大的因素是工资收入,相对于简单提高工资而言,购买各种保险和完善保险制度有助于提高员工工作满意度。分析研究结论不一致的原因,一方面本研究的样本分布区域较广,主要以非国有企业员工为研究对象,区域不同,企业性质不同,因而需求不同。另一方面,大多数非国有企业,尤其是北方地区的中小非国有企业既没有很好地履行为员工缴纳国家规定保险的义务,更没有为员工办理其他社会保险,而养老金发放不足,养老双轨规制带来的不公平都进一步影响了员工对社会福利的感知。中国社会科学院发布的《中国养老金发展报告2012》表明,2011年企业部门缴费人数占参保职工人数比例比值不断下滑,2006年比例为89.98%,2011年下降至85.22%;不同养老保险制度的养老金最低200元,最高10000元,相差最高近50倍。此外,从调查情况看,非国有企业基层员工主要实行责任到人的计件工资制,为了得到较高的工资,员工不得不"被自愿"加班,因而公司保证节假日休息的福利对于员工来说似乎无关痛痒。调查数据也显示,90%以上的样本每天平均工作时间在8小时及以上,60%的样本每周工作时间在6天及以上。

②总体报酬感知及其6个维度对敬业度影响程度存在差异,内在报酬感知中的职业发展感知与工作关系感知对敬业度有显著正向影响,因而比外在报酬感知对敬业度的影响更强,彰显了内部报酬对提高员工敬业度的重要性。从解释变量

回归系数值来看，职业发展感知对敬业度的影响最为显著，之后依次为工作关系感知、自主与认可感知、工作条件感知、薪酬感知和福利感知。其中，工作条件感知与敬业度负相关。从显著性来看，职业发展感知、工作关系感知与敬业度的回归系数通过了1%的显著性检验，而自主与认可感知、工作条件感知、薪酬感知、福利感知对敬业度的回归系数没有通过10%的显著性水平检验。总的来说，总体报酬感知对敬业度有显著正向影响。这一结论虽然否定了先前的部分假设，但也得到了 Saks（2006）[151]和陈方英（2007）[159]等学者研究结果的支持，充分说明在不同的国家激发员工敬业度的有效因素不尽相同，经济性报酬对敬业度的影响带有明显的区域性（Kiisa et al.，2012）[161]。之所以出现这种情况，与不同的报酬要素使个体在工作角色扮演过程中产生的心理状态有关。正如埃德加·沙因（1965）所言，一个人是否感到心满意足，肯为组织出力，决定于他本身的动机构建、与组织之间的相互关系、工作的性质、本身的工作能力和技术水平、动机的强弱以及与同事相处的状况，人们可以在许多不同类型的动机基础上，成为组织中生产率最高的一员，全心全意地参加到组织中去。① 依据 Kahn（1990）[137]的观点，工作的意义、心理的安全性和资源可获得性三种心理状态对员工敬业度有显著影响，非国有企业为员工所提供的内在报酬，尤其是职业发展能够使员工感受到工作的意义，而工作关系使员工产生更高的心理安全感，因此与员工的敬业度显著相关；所提供的薪酬、福利、工作条件和自主与认可几个方面的报酬难以促使员工从根本上对工作产生意义感、心理安全感及资源的可获得性，因此对敬业度的影响不显著。

③总体报酬感知及其6个维度对工作绩效及其4个维度的影响存在差异，内在报酬感知对工作绩效的影响显著高于外在报酬感知。从解释变量回归系数值来看，对于关系绩效，工作关系感知对其影响最为显著，其次是薪酬感知、福利感知、职业发展感知、自主与认可感知、工作条件感知。对于任务绩效，工作关系感知对其影响最为显著，其次是自主与认可感知、福利感知、薪酬感知、工作条件感知和职业发展感知。对于学习绩效，工作关系感知对其影响最为显著，之后依次是职业发展感知、薪酬感知、自主与认可感知、工作条件感知和福利感知。对于创新绩效，则是职业发展感知对其影响最为显著，之后依次是工作关系感

---

① 转引自刘延平：《组织理论代表人物评析》，经济科学出版社2010年版，第223-230页。

知、工作条件感知、薪酬感知、自主与认可感知和福利感知。从显著性来看，总体报酬感知中的工作关系感知对工作绩效及其4个维度的回归系数通过了1%的显著性检验，职业发展感知对创新绩效的回归系数也通过了1%的显著性检验。其余回归系数均未通过10%的显著性水平检验。整体而言，总体报酬感知对工作绩效有显著正向影响。这一结论与总体报酬感知及其各维度对敬业度的影响基本相同，说明某些报酬要素并不一定能促使员工形成内在驱动力，采取行动实现绩效，而且即使有所行动，并不一定会获得相应的绩效，因为绩效除了受行动的影响外，还受到个人能力、知识和经验的影响（Borman et al., 1997）[190]。同时，也说明在中国这个以关系为导向的社会环境中，工作关系这一报酬要素对工作绩效的提升具有重要的意义。

④工作满意度对敬业度有显著正向影响。这一结论与杨红明等人（2012）[164]、汪伟（2013）[125]等人的研究结果一致，说明工作满意度是敬业度的前提条件。

⑤工作满意度对工作绩效及其4个维度都有显著正向影响。这一结论与传统的观点一致（Harter et al, 2002[21]；韩翼等，2007[194]），表明快乐的员工具有较高的效率。

⑥敬业度与工作绩效强相关。这一结论与 Harter et al.（2002）[21]、方来坛等人（2011）[179]以及李鸿雁等人（2014）[310]的研究结论一致，表明敬业度对工作绩效有较好的预测作用，在一定程度上是生产力和利润率的衡量标准。

⑦敬业度在总体报酬感知与工作绩效的关系间，在工作满意度与工作绩效的关系间具有完全中介作用。这一结论表明敬业度作为一个倾向于行为的变量，在态度变量和结果变量之间起到传导机制的作用。

⑧个人—工作特征匹配对于福利感知与工作满意度的关系、对于工作条件感知与工作满意度的关系、对于职业发展感知与工作满意度的关系、对于工作关系感知与工作满意度的关系都具有正向调节作用。具体而言，当个人—工作特征匹配程度较高时，原来与工作满意度关系并不显著的福利感知呈现较为明显的正向关系，工作条件感知、职业发展感知和工作关系感知对工作满意度的作用更强；当个人—工作特征匹配程度较低时，福利感知、工作条件感知、职业发展感知和工作关系感知对工作满意度的影响更弱，最终出现福利感知对工作满意度影响不显著的情形。这一结论说明，当个人—工作特征匹配程度高时，福利的提高增强

了员工对工作的安全感和归属感，工作条件的改善有助于增强员工的荣誉感和身心健康，职业发展使员工看到了希望，工作关系又使员工感受到更多的支持，这些因素的综合作用极大地提高了员工的工作满意度。

但个人—工作特征匹配对薪酬感知与工作满意度的关系、对自主与认可感知和工作满意度的关系没有调节作用，表明不论个人—工作特征匹配程度高低，薪酬感知和自主与认可感知对工作满意度的影响都不变。这一结论虽然与假设矛盾，但也说明薪酬感知和自主与认可感知属于当下非国有企业员工的基本需要，两者对工作满意度的影响并不会因为个人与工作特征匹配程度的变化而变化。

⑨个人—工作特征匹配对薪酬感知与敬业度的关系、对工作条件感知与敬业度的关系、对工作关系感知与敬业度的关系具有增强型调节作用。即当个人—工作特征匹配程度较高时，原来与敬业度正向关系并不显著的薪酬感知对敬业度产生较为显著的正向影响，工作关系感知对敬业度的影响更强，更为有趣的是，原来与敬业度成负相关的工作条件感知却表现出较为显著的正向关系。这一结论说明，当员工感觉到个体—工作特征匹配较好时，提高薪酬感知更能满足其被社会承认的心理，改善工作条件，更有利于培养员工的愉悦情绪从而缓解其工作的疲惫感，工作关系的改善使其得到更多的安全感和工作资源，这些都促使员工更多地将精力、热情等投入到工作中，表现出更高的敬业度。

但是，个人—工作特征匹配对福利感知与敬业度的关系、自主与认可感知和敬业度的关系以及职业发展感知与敬业度的关系不具有调节作用。这一结论与假设相矛盾，反映了福利感知、自主与认可感知、职业发展感知这3项报酬对中国非国有企业员工敬业度的影响程度并不随着个人—工作特征匹配程度而变化，即不论个人—工作特征匹配如何，福利感知、自主与认可感知始终不会显著影响其敬业度，而职业发展感知始终对敬业度有显著的正向影响。

⑩个人—工作特征匹配与对工作满意度、敬业度和工作绩效及其4个维度具有显著正向影响。虽然个人—工作特征匹配对主要变量的关系并不是本研究关注的核心问题，但实证检验发现，个人—工作特征匹配对工作满意度、敬业度和工作绩效的标准化回归系数分别为 0.746（$P<0.001$）、0.573（$P<0.001$）、0.436（$P<0.001$），表明当员工个人的兴趣与能力和工作岗位的要求越契合，其工作的幸福感越高，在工作中的行为更敬业，对组织的贡献更高。这一结论与黄桂（2005）[95]、张世菊（2007）[104]、May等人（2006）[149]的研究结论一致。

7.8 本章小结

本章首先运用 SPSS 21.0 统计软件通过 565 套有效问卷对总体报酬感知及其 6 个维度、工作满意度、敬业度、个人—工作特征匹配、工作绩效及其 4 个维度等主要变量进行了相关分析和信度分析,信度分析结果显示,数据的内部一致性良好,相关系数也初步支持了本研究的假设。其次,借助 LISREL 8.70 统计工具对总体报酬感知、工作满意度、敬业度、个人—工作特征匹配、工作绩效 5 个主要变量进行了区分效度检验。结果显示,这 5 个变量反映了不同的构念,五因子基准模型的拟合度最优。在此基础上,采用多元层次回归分析的方法对所提出的假设进行了检验,并应用 LISREL 8.70 统计工具通过结构方程建模技术对有中介的模型进行了整合分析。最后对检验结果进行了汇总,讨论了假设不成立的原因,修正了本研究的初始模型。

第 8 章 提升非国有企业报酬激励效率的对策建议

本章将实证研究结果应用于非国有企业管理实践，提出现阶段非国有企业提升报酬激励效率的总体思路和对策建议。

8.1 现阶段非国有企业提升报酬激励效率的总体思路

基于前述分析和实证研究，本书认为，在当代社会背景下，个体的价值驱动力因素已从唯一走向多元，人们工作并非只是为了谋生，而是有着多样化的目标，深入了解员工的需求，明晰大多数员工所看重的报酬及其可能在各类报酬中作出的选择，进而整合各种对于员工最具吸引力的报酬要素，把有限的资金放在有价值的位置，形成大部分员工认可、成本低廉且能创造出显著价值的最优报酬方案，即把钱用在"刀刃"上，对于降低人工成本、提高人力资源效能和组织盈利能力将更有意义。杨俊青等人（2014）[317]进一步拓展了之前"以人为本的新劳动密集型战略模型"，提出非国有企业应该充分发挥薪酬的激励作用，通过提高薪酬待遇和保险福利来激发员工的积极性，进而提高其劳动生产率。本书在此思路下，根据本研究已通过验证的假设，提出现阶段非国有企业提升报酬激励效率的总体思路——实施人本管理下的以员工需求为导向的效率驱动型总体报酬战略，即综合考虑企业、员工和外部环境3个方面因素，充分理解员工内心真正的需求，整合各种报酬要素的激励效能，实现员工满意和企业投资回报最大化的双赢。

总体报酬战略的核心就是优化各种报酬要素，使企业在花费最少的情况下对员工工作积极性的促进作用最大，因而这一战略思想对当下内外交困的非国有企业转型发展无疑更加适宜，也是中国企业从依赖低劳动力成本的粗放式人力资源管理模式向依靠高素质人才的精益化人力资源管理模式转变，进而实现人力资源效能制胜与效能管理的必要选择。

8.2 提升非国有企业报酬激励效率的管理举措

现如今，人力资源管理在经历了由结果控制到过程控制的转变后，进入了投入控制的阶段。基于人本管理的以员工需求为导向的效率驱动型总体报酬战略的落地，需要将外在报酬与内在报酬统筹起来平衡设计、整合规划与协同管理，因而在实际操作的技术层面存在较大的难度，这也是非国有企业不能有效运用报酬工具提升人力资源效能的重要原因之一。本章依据实证分析结果，针对非国有企业薪酬管理实践中存在的问题，建议非国有企业在操作层面上采取以下举措提升总体报酬的激励效率。

（1）构建以人为本的企业文化，树立以员工需求为导向的"总体报酬"理念

本书实证研究结果显示，影响工作满意度和敬业度的报酬因素不仅有传统的经济报酬，还有其他非物质报酬，各种报酬要素对工作满意度和敬业度的影响程度不同；个体属性相异的员工对相同报酬的感知因需求不同也存在差异，所表现出的敬业度和工作绩效也不尽相同。由此可以推论，各类报酬组成的报酬结构将影响报酬的激励效率。此外，由于内在报酬中的职业发展与工作关系对非国有企业员工的敬业度和工作绩效影响作用最为显著，而这些内在报酬又是较为精细的对员工贡献付酬的方式，具有成本小、内容丰富的特点。因而任何企业都有一种理论上的最佳报酬组合形式，帮助企业实现两个期望：激励成本既定条件下的员工效用最大化和激励效用既定前提下的激励成本最小化。无独有偶，一些学者（张健 等，2010）[390]从经济学的角度运用消费者均衡理论推理出了与此相似的结论。可见，以员工需求为导向的总体报酬战略至少能给企业带来两个方面的优

势：一是提高组织的弹性和竞争力，原因在于总体报酬允许将各种报酬进行不同的组合，为企业针对不同细分员工创造个性化的混合报酬包提供了空间，从而更有效地满足员工的真正需要，使企业在劳动力市场竞争中更富有弹性，更具有竞争力；二是降低企业的成本，提高企业的绩效，这是因为总体报酬战略不仅能够帮助企业依据员工的需要取舍报酬要素，使企业可能实现在员工激励效果不降低前提下的适度节约相应人工成本的期望，而且更注重员工的内在驱动，对于激发员工的自主性与创新行为更有意义。

但遗憾的是，中国非国有企业对人的认识和报酬管理存在两大误区。一是把人当作"经济人"，认为人的动机来源于外在刺激，因而报酬的形式以物质性报酬为主。在物质性报酬中，各种形式的工资（如岗位工资和职务工资）所占比例较大，社会保险与各种津贴等福利较少；短期激励以奖金和绩效工资为主，长期激励的主要形式是虚拟股票，但很少有企业使用，人工成本连年上升，员工流失率居高不下，忠诚度和敬业度持续走低。二是将人视同于其他物质要素，忽视了人的主动性和差异性，陷入了报酬激励失效和激励不足的困境。鉴于此，非国有企业要提高人力资源效能和报酬的激励效率，首先，要构建"以人为本"的企业文化，并把这种文化体现在企业管理的各个方面，正如企业文化理论之父埃德加·沙因（1965）所言，成熟的个人希望自作主张，自主整合自己的生活方式与工作，因而切实把人力资源作为第一资源，尊重人、理解人、关心人、研究人，了解员工的真正需求就成为企业报酬激励的出发点和风向标；其次，树立以员工需求为导向的"总体报酬"理念，在了解个体实际需求的基础上，把握不同属性员工的偏好特点，通过优化报酬要素，将有限的资源用于满足员工的主要期望，才有可能实现员工幸福感与高效能的统一。

要更好地把握总体报酬这一概念，非国有企业需要实现两个重要的思维转变。首先，要从货币报酬思维变为总体报酬思维。美国薪酬协会第二代总体薪酬模型，包括了薪酬、福利、工作生活平衡、绩效与认可、发展与职业生涯管理5大板块。本书所建立的以中国非国有企业员工需求为导向的总体报酬模型包括了薪酬、福利、工作条件、自主与认可、职业发展和工作关系6大板块。因此，企业管理者不能再简单地关注货币报酬和福利，更要强调其他非物质性报酬。例如，工作生活平衡、自主与认可、工作关系就是较为新颖的思想。要做到工作生活平衡，就要对工作进行再设计。而随着工作生活平衡的需求越来越多，岗位设置也面临着挑战。因此，探讨薪酬福利设计和工作再造之间的关系，是十分有意义的。例如，一个人希望在家办公，那么可以增加他的工作时间，或者在维持原有工作时间的基础上，降低一定比例的报酬。同时，要让员工"聪明"工作而不是辛苦工作。"聪明"工作有两件事：团队合作和员工参与。薪酬制度要买"聪明"而不是买辛苦，买聪明就要买团队合作和员工参与。其次，要从单一的标准化思维变为个性化思维。以前人们说管理就是责任：既要满足顾客需要，也要满足员工需要，然后分享剩余价值。同样，薪酬管理也是一种责任，即满足员工需求的责任和为企业有效使用薪酬支出的责任。由于年龄、性别、地域、代际等差异，每个人的需求和关注点也各不相同，薪酬支付要满足员工的需求，个性化就比标准化更为合理。随着未来雇佣形式的不断变化，代际和地域带来的薪酬差异化也会受到越来越多的关注。

（2）设立灵活多样的报酬组合，满足不同特征员工的需求

人口统计特征变量与总体报酬感知各要素、工作满意度、敬业度、个人—工作特征匹配和工作绩效的关系表明，每个员工都是独立的个体，他们因为自身条件的不同，有着不同的需求，在工作中所表现出的工作行为和工作结果存在差异，因而就每类员工而言，运用报酬工具提升其工作满意度和敬业度的驱动组合不尽相同。迄今为止，尽管由于所选择的测量工具、研究时间和研究样本差异的缘故，学者们的研究结果并不一致，但一致的看法是，人的需求、动机、价值观和行为规范会随着社会的发展、组织的变化、以及自身的成长与发展而发生变化。因此，本研究建议非国有企业在设计优化报酬方案前，首先要通过问卷调查、访谈交流、内部数据分析等多种方式深入而持续地了解本企业员工的价值观，以明确各类员工的真正需求，再根据企业自身特点和员工的个体特征，实行模块报酬和差别激励。依据本研究的分析结果，建议非国有企业做到以下几点。

①消除性别歧视，更加关注女性的职业发展。本研究实证分析结果表明，在相同报酬情况下，女性员工由于社会角色分工不同，各项报酬感知的均值除职业发展感知一项外，均高于男性员工；工作满意度、敬业度、个人—工作特征匹配和工作绩效 4 个维度的均值都高于男性，尤其是任务绩效和学习绩效显著高于男性。因此，非国有企业没有理由歧视女性员工。倘若给予女性更多的教育培训和更广阔的职业晋升机会，她们将会给企业贡献更多的工作绩效。

②消除户籍歧视，更加关注农民工群体。在当前情况下，尽管农民工的福利

感知、工作条件感知较差，个人—工作特征匹配的程度较低，所表现出的敬业度、学习绩效和创新绩效也比较低，但其表现出的任务绩效和关系绩效较高。因此，改善农民工的福利待遇和工作条件，关注农民工的教育培训和职业发展，帮助他们融入企业和所生活的城市，他们在一如既往回报给企业更高的任务绩效和关系绩效的同时，将会提高敬业度，而且随着本身素质的提升，将贡献给企业相应的学习绩效和创新绩效。

③关注已婚员工与未婚员工的不同。已婚员工由于较重的家庭负担而对各种报酬要素期望更高，学习绩效较低，企业应该在薪酬、工作生活与平衡、职业发展、个人—工作特征匹配几个方面采取措施，促使已婚员工将压力变成学习与发展的动力，进而提高已婚员工的敬业度和绩效。而未婚员工的学习绩效较高，表明未婚员工的发展潜力较大，企业应该加强对未婚员工职业生涯的指导与规划，充分开发未婚员工的潜能，提高其工作绩效。

④更多关注研究生及以上高学历员工和初中及以下低学历员工。对于研究生及以上高学历员工，提高其自主与认可及职业发展的感知，加强个人—工作特征的匹配程度，才能做到人尽其才，激发其内在动力，提高其创新绩效；初中及以下学历的员工，由于自身能力有限，多数从事着工作条件差、收入低的体力工作，其各种报酬感知、工作满意度、敬业度和绩效都较差，对于这部分员工，企业更要关注其工作条件的改善以及薪酬水平的提高，注重员工岗位技能的培训，提高员工的工作满意度和敬业度。

⑤对不同职业阶段的员工采取差异化的激励措施。在员工的职业探索期，一方面要提高试用期的薪酬待遇和福利水平，另一方面要注重对新员工的职业引领和工作培养，使其形成合理的预期值，增强员工的归属感，减少员工的流失率；在员工职业成长期，通过提供多种学习培训机会，提高员工的内外雇佣性及个人与工作特征的匹配程度，激发员工的内在动力和工作积极性，延长员工高满意、高敬业、高绩效的黄金时段；在员工的职业高原期，采用授权、轮岗等措施增加工作的成就感、挑战性、完整性和发展性，消除员工的职业倦怠感，帮助员工不断突破职业上升的天花板；在员工职业衰退期，通过合理的福利政策、人文关怀和自主与认可计划，保持年长员工对企业的依恋感、自豪感和老有所养的安全感，提高其敬业度和工作绩效中的任务绩效与关系绩效。

（3）营造良好的人文环境，构建和谐的工作关系实证研究结果表明，工作关系感知是唯一显著影响非国有企业员工工作满意度、敬业度和工作绩效及其4个维度的报酬因素，表明在中国这个典型的以关系为导向的国度里，工作关系的改善，即良好的软工作环境对员工的幸福感、敬业度和工作绩效都有积极的促进作用。正如组织支持理论所主张的，组织支持不仅有利于提高员工的工作绩效，而且有利于员工的情感要求，融洽的工作关系，使员工感受到来自上级和同伴的支持。一方面，员工对上级产生感激之情，并通过努力工作和创造高绩效来回报上级的知遇之恩，对组织产生心理归属感，并支持同事更好地完成工作；另一方面，员工感到自己的能力得到认可和尊重，对组织产生积极的情感，做出更高的绩效。员工每天有1/3及以上的时间在企业度过，如果企业能努力营造一个积极向上、互相支持、互相关心的工作氛围，给员工搭建一个拥有愉悦心情和能够尽量施展才华的舞台，使员工对企业有一种家的感觉，被理解和认同、受尊重和信任、允许犯错和失败，就能促进员工的胜任感、成就感和积极的工作情绪，使其快乐而努力地工作。

（4）关心员工成长，重视员工教育培训和职业生涯规划，培养员工敬业度

职业发展感知对员工的工作满意度、敬业度和学习绩效均有显著的正向作用，与员工的任务绩效、关系绩效和创新绩效显著正相关，表明非国有企业的青壮年员工（本研究的样本90%年龄在40岁以下）更希望通过企业的培育提升人力资本，为日后发展提供更多的机会。这一结论与韬睿咨询公司的调查结果一致。韬睿咨询公司对中国员工的调研结果显示，学习、发展机遇、有竞争力的底薪，依次是大多数员工选择雇主、是否留任和投入工作的主要影响因素。韬睿咨询公司资深咨询顾问陈国涛先生对这一结论的看法是："中国是全球增长最快的经济体之一，中国员工最重视寻找掌握新知识和技能的机会，以此保持自己的竞争力，也更容易找到工作。员工也渴望能与公司一起发展、成长。优厚的薪酬虽可吸引人才，但雇主努力为员工提供良好的学习和事业发展机遇才是挽留优秀人才和驱使他们为企业作出重要贡献的关键因素。"

实际上，有针对性的培训、为员工量身定制职业发展路径，不仅有利于提高员工的可雇佣性，开发员工的潜能，满足员工自我实现的需要；更有利于塑造优秀的企业文化，增强企业凝聚力，促进企业学习，提高企业创新能力和竞争能力，满足组织发展的需要。管理实践中，华为技术有限公司和连续几年获得亚洲最佳雇主第一名的上海波特曼丽嘉酒店等企业都为员工设计了多通道成才途径，

在成就员工的同时成就了企业。目前,中国非国有企业普遍存在培训经费投入较低、培训计划执行不好、培训内容不受欢迎、培训效果不显著的问题,严重影响了员工素质和生产率的提高。对此,本书建议非国有企业首先要拓宽视野,放弃小农意识,重视员工教育培训和职业生涯规划,通过增加员工培养的投入,让员工感受到组织的重视与支持,进而提高员工对本职工作的理解与认同;通过帮助员工确立清晰的目标,鼓励员工与企业共同成长,让每个员工都看到未来,实现他们的梦想,进而激发内在动力,提高敬业度和工作绩效。其次,非国有企业要完善培训计划,加强执行力度,将培训内容与员工的可雇佣性相结合,提高培训对绩效的影响作用。从国家层面来讲,通过税收减免、财政支持等政策引导,促进非国有企业加大培训教育投入,这不仅有助于减轻非国有企业过重的负担,使非国有企业能够养精蓄锐,而且对于提高国民素质,进而提高全社会生产力水平意义重大。

(5) 提高薪酬水平,建立公正的分配机制

薪酬虽然对敬业度和工作绩效的正向影响不显著,但它是显著影响非国有企业员工工作满意度的首要因素,与敬业度和工作绩效也显著正相关,是吸引并留住员工的前提条件。一方面,薪酬水平是工作成就的信号,表明个人绩效与他人相比处于何种地位,而且内在激励和外在激励通过公平感促使员工形成满意;另一方面,内在激励和外在报酬对促进人员创新行为有互补的交互效应,即当外在报酬水平较高时,内在激励对创新行为的积极影响更加突出,而且在实施高水平外在报酬的同时加大内在激励,强化两者对于创新行为的正向互补效应,化解外在报酬可能带来的对创新行为的"过度侵蚀效应"(曾湘泉 等,2008)[391],可见,薪酬水平与公平感的提高对员工的幸福感和敬业度都有积极的影响。但长期以来,中国非国有企业确定员工工资标准主要是依据公司历史水平和参照同类企业经验数据进行,普遍低于国有企业和全国平均水平。在企业内部,非国有企业多实行岗位工资,管理者与一线员工差距较大,加剧了员工的不公平感,而员工工资与企业利润脱钩,又降低了员工的归属感和责任感。因此,提高员工的薪酬感知是非国有企业必须认真考虑的一个因素。本书建议非国有企业在财力允许的情况下,首先,应该提升员工尤其是一线员工的工资,即使经济困难,员工的工资最低也应该与同行业现行的薪资水平保持一致;其次,本着公平性原则,"控高提低",缩小企业内部收入差距,尤其使那些绩效好的员工感觉公平;最后,

建立一套公平合理、公开透明和公正合法的薪酬管理制度，确保薪酬政策和期望绩效的沟通无误，以使薪酬的信号功能和引导功能得到充分发挥。

此外，提高非国有企业员工的薪酬水平和公平感，还需要政府作出努力。一方面，行业薪酬差距过大是当前薪酬分配秩序的突出问题。这一问题是导致社会冲突加剧的主要原因，因此政府需要深化收入分配制度改革，不仅通过规范垄断行业薪酬分配缩小行业收入差距，而且要通过完善初次分配的法律法规，提高劳动报酬在国民收入中的比例，促进初次分配向企业一线职工倾斜，实现工资水平与 GDP 的同步增长。另一方面，还要通过舆论宣传，加强执法监督等手段，在全社会营造公平、公正的就业环境和工作环境。

（6）建立全面自主与认可的激励体系

自主与认可是显著影响非国有企业员工工作满意度的第二重要因子，与员工敬业度和工作绩效显著正相关，反映了非国有企业员工较为强烈的社交、归属、尊重和自我实现等方面的需要。此外，自主与认可感知并不受人口统计特征变量和个人—工作特征匹配的影响，说明这一报酬因素是所有员工的基本需求。因此，企业应该通过倡导自由、诚信的企业文化，加强员工的责任感和信任感；根据工作特征，因地制宜地引入弹性工作时间、弹性休假等制度，通过"认可积分""名誉奖励""及时赞赏"（包括非正式的赞赏和正式的赞赏）"关注员工福祉"等方法建立全面的自主与认可的激励体系，让每个员工都感觉到自己是独特的、被关心的、甚至富有魅力、对企业很珍贵、很有价值，从而激励员工开发潜能、创造高绩效。

（7）进一步完善社会保险福利制度

本研究中非国有企业员工福利感知与其工作满意度、敬业度的关系不显著，可能是由于以下原因造成：一是中国社会保险制度尚不完善，影响了非国有企业员工对社会福利的感知，比如保险缴费额较高，企业难以承受，现实中很多非国有企业尤其是中小非国有企业并未为员工缴纳五险一金，或只缴纳了工伤保险和养老保险，导致员工对福利的感知较差；二是社会保险类福利对于员工的实际效用具有时间延迟性，其费用还需要企业和员工按一定比例共同支付，很可能导致员工将福利作为一种当前损失，而非长期收益，对企业在社会保险福利方面的支付效率产生了严重影响，致使现实中存在着当企业按照相关要求为员工上保险时，员工辞职率上升的现象；三是保险的可移性与员工的流动性不够匹配，城镇与农村养老医疗的双轨制等，使非国有企业员工尤其是农村户籍的员工对社会保险福利的关心度较低。因此，中国的社会福利制度尚需从缴费额、移转性等方面进一步完善。企业涉及员工的福利体系既要切合员工的需要、设计合理，又要保证清晰明了、公平公正和操作易行。

（8）加强个人工作特征的匹配

个人—工作特征的匹配程度不仅对员工工作满意度、敬业度和工作绩效有直接影响，而且对报酬要素与工作满意度的关系、报酬要素与敬业度的关系具有正向或增强型调节作用。因此，在可能的情况下，根据员工的特点和工作特征，加强相互间的匹配，通过授权、培训等提高员工在工作中的自主性、威信和影响力以及胜任力，通过氛围营造提高员工工作的愉悦性，增强同等报酬对员工的激励作用，达到事半功倍的效果。具体而言，对于个人—工作特征匹配度低的员工，首先要发挥自主与认可报酬要素的激励作用，使员工能有尊严地工作，再通过职业发展报酬要素，逐渐改善员工个人—工作特征的匹配程度，适当提高薪酬感知，但要控制在一定的范围内，以免影响员工的敬业度。对于个人—工作特征匹配度高的员工，首先通过改善工作条件、和谐工作关系与增强组织支持等报酬要素的提高促进员工的工作满意度和敬业度，再通过教育培训投入的增加、职业发展路径的明晰培养员工的内在动机，促进工作满意度向敬业度的转化，提高员工的创新绩效。

8.3　本章小结

基于实证研究结果，本章提出非国有企业在转型发展时期充分发挥人力资源管理效能、提升报酬激励效率的总体思路是，即选择人本管理下的以员工需求为导向的效能驱动型总体报酬战略。在具体操作层面上，为非国有企业提出了8条管理建议：构建以人为本的企业文化，树立以员工需求为导向的"总体报酬"理念；设立灵活多样的报酬组合，满足不同特征员工的需求；营造良好的人文环境，构建和谐的工作关系；关心员工成长，重视员工教育培训和职业生涯规划，培养员工敬业度；提高薪酬水平，建立公正的分配机制；建立全面认可的激励体系；进一步完善社会保险福利制度；加强个人与工作特征的匹配。

第 9 章 结论与展望

9.1 研究结论与贡献

中国社会正处于转型发展的关键时期,效率驱动增长是经济持续发展的必然选择(索洛,1956[31];吴敬琏,2011[32];蔡昉,2013[33])。非国有企业是中国经济的重要组成部分,自 2003 年以来,面临着全国性的"用工荒"、劳资关系冲突和劳动生产率居世界较低水平的问题,陷入了人工成本持续增长,员工工作满意度和敬业度持续下降的两难境地。这就意味着非国有企业长期赖以生存与发展的盈利模式——依靠压低工资获得竞争优势和提高利润已难以为继,转型发展势在必行。在"人口红利"已经消失,"未富先老"已经来临的社会环境中,如何提升员工劳动生产率,实现效率驱动?如何在人工成本受限的情况下提高报酬的激励效率,就成为非国有企业必须认真思考的问题,也是理论界始终探索的热点问题。本研究以近年来风行薪酬领域的"总体报酬"为切入点,以非国有企业员工为研究对象,考察现阶段中国非国有企业员工总体报酬构成,探讨在总体报酬框架下,不同报酬要素对员工工作满意度、敬业度和工作绩效的影响机制,旨在建立与非国有企业员工需求相匹配的总体报酬体系,构建总体报酬感知与工作满意度、敬业度和工作绩效的关系模型,发现促进员工工作满意度和敬业度共同提高的报酬要素,为非国有企业运用报酬工具提升员工幸福感和人力资源效能的统一提供管理参考。这一研究成果对于拓展激励理论,丰富总体报酬理论、工作满意度理论、敬业度理论和工作绩效理论,帮助非国有企业解决"用工荒",激励员工积极性,进而实现中国经济社会发展新常态,持续推进工业化、城镇化、信息化与农业现代化具有重要的理论价值和现实意义。

确定研究主题后,本研究在清晰界定"总体报酬""总体报酬感知""工作满意度""敬业度""个人—工作特征匹配"和"工作绩效"等概念的基础上,首先,沿循心理学中的个体"认知—态度—行为—结果"经典研究框架,引入人—组织匹配理论构建了以员工需求为导向的总体报酬感知、工作满意度、敬业度、个人—工作特征匹配和工作绩效的关系模型,并通过文献梳理,运用现代激励理论、社会交换理论、资源保存理论和自我决定理论等理论,以及实证研究已经得出的结论推演了模型中各变量间关系的假设。其次,以美国第二代总体报酬模型为蓝本,结合对非国有企业员工的访谈调查,提出了中国非国有企业总体报酬结构模型,开发了总体报酬的操作性定义及总体报酬感知测量问卷,精简了韩翼(2006)开发的工作绩效调查问卷,选择了测量敬业度、工作满意度和个人—工作特征匹配的工具。再次,采用配套问卷的调查方法在全国 25 个省份 149 个非国有企业进行了调查,以有效避免数据同源性误差和社会赞许性误差。最后,运用描述性统计分析、因子分析、结构方程模型、独立样本 t 检验、单因素方差分析和回归分析等方法对回收的 565 份有效调查数据进行了研究,形成如下主要结论。

①非国有企业总体报酬可以划分为 6 个维度,即薪酬、福利、工作条件、自主与认可、职业发展和工作关系。其中,薪酬、福利和工作条件属于外在报酬,自主与认可、职业发展和工作关系属于内在报酬。所开发的总体报酬感知测量工具共有 32 条测量项目,其中薪酬感知 7 项、福利感知 3 项、工作条件感知 5 项、自主与认可感知 8 项、职业发展感知 5 项、工作关系感知 4 项,量表具有良好的信度和效度。该量表的 Cronbach's α 系数分别是:总量表 0.95、薪酬感知分量表 0.90、福利感知分量表 0.70、工作条件感知分量表 0.84、自主与认可感知分量表 0.89、职业发展感知分量表 0.89、工作关系感知分量表 0.80。各测量条款的临界比值达到了 0.001 水平下的显著,各项拟合指标均符合标准,$\chi^2/df = 3.73$,GFI = 0.90,NFI = 0.90,CFI = 0.93,NNFI = 0.92,PMSEA = 0.075。以上指标达到了科学研究的要求,表明总体报酬测量模型具有适配的拟合结果,因而本研究的六因子模型具有良好的结构效度,所提出的总体报酬的操作性定义具有一定的

科学性与合理性，为总体报酬中国情境下的深入研究打下了基础。

②敬业度是工作绩效的"催化剂"，总体报酬感知和工作满意度通过敬业度的完全中介作用影响工作绩效。总体报酬感知和工作满意度是一种态度变量，敬业度是一种行为变量，工作绩效是一种结果变量。依据激励理论和自我决定理论，企业付给员工的报酬首先使员工形成对报酬的感知，进而形成一种对工作的态度，这种态度只有引起内在动机，才会产生行为，再形成绩效。敬业度在总体报酬感知（工作满意度）与工作绩效的关系间具有完全中介作用。这一结论澄清了在中国情境下，工作满意度与敬业度、工作绩效的关系，表明工作幸福感是员工敬业的基础，工作幸福感向工作绩效的转化还依赖于敬业行为的催化。换言之，敬业度是工作绩效的催化剂。本研究构建的"总体报酬感知（工作满意度）—敬业度—工作绩效"的研究路径，不仅为报酬的作用机制提供了新的理论视角，对报酬影响过程的深化具有理论建构意义，而且打开了美国薪酬协会第二代总体报酬模型中关于工作满意度和敬业度的黑箱，解决了现有文献中关于工作满意度与工作绩效关系的争论，揭示了"快乐的员工就是高效率的员工"这一因果关系形成的机理。

③个人—工作特征匹配对报酬感知与工作满意度的关系、报酬感知与敬业度的关系具有调节作用。本研究将个人—工作特征匹配变量融入到"总体报酬感知—工作满意度"与"总体报酬感知—敬业度"的关系中考察，发现个人—工作特征匹配对报酬感知中的福利感知、工作条件感知、职业发展感知、工作关系感知与工作满意度间的关系有正向增强型调节作用，对薪酬感知、工作关系感知两个要素与敬业度的关系具有正向增强型调节作用，而对总体报酬感知中的工作条件感知与敬业度的关系具有反向的增强型调节作用。这一研究表明，影响员工行为和结果的因素除了来自周围的环境因素和个人特征外，还有来自个人与环境互动的影响。员工与其所从事工作特征的匹配程度不仅影响员工的态度和行为，而且员工个人—工作特征匹配程度越高，外在报酬感知就越可能引起其内心的满足和内在的动机，其工作满意度和敬业度也越高。这一研究注重了总体报酬感知研究的情境化，透析了总体报酬感知各维度与工作满意度、敬业度关系的边界条件。此外，现有的研究更多地讨论个人—工作特征匹配对员工动机行为和目标实现的直接影响，有关个人—工作特征匹配调节作用的研究还很少见。本研究基于人—组织匹配理论，检验了个人—工作特征匹配对报酬感知作用的调节机制，在

很大程度上弥补了人与环境匹配调节效应检验的研究不足，为将来相关方面的研究开拓了新的途径。

④总体报酬感知各维度对工作满意度的影响存在差异。多元回归分析结果表明，薪酬感知是影响中国非国有企业员工工作满意度的最重要的报酬因素（$\beta = 0.320^{***}$），其次是自主与认可感知（$\beta = 0.249^{***}$），之后依次是工作关系感知（$\beta = 0.20^{***}$）、职业发展感知（$\beta = 0.156^{***}$）和工作条件感知（$\beta = 0.119^{***}$），福利感知对员工工作满意度的影响不显著（$\beta = 0.04$, $n.s.$）。这一结论与访谈结果基本一致，实现了对赫茨伯格双因素理论跨文化应用的拓展。双因素理论认为，薪金、人际关系和工作条件都是保健因素，只有那些满足人们高层次需要的因素才是激励因素。但对于中国非国有企业员工来说，激励因素既包括高层次需要，也包括低层次需要，说明对个体的激励因素会因为政治、经济和文化的不同而存在差异，不能一概而论。因此，在运用西方人力资源理论解决中国问题时应该结合中国的情境加以修正。

⑤总体报酬感知各维度对敬业度和工作绩效的影响存在差异。社会交换理论认为，当个体从组织中得到期望的报酬后，会依据互惠、理性、利他主义及群体利益等交换原则表现出组织期望的行为和结果。但由于员工需求的差异，各种报酬对员工的激励不同，只有那些满足员工内在需求的报酬才会形成内在动机，进而转化成行为，产生绩效。对中国非国有企业员工而言，工作关系感知是影响其敬业度最重要的因素（$\beta = 0.203^{***}$），其次是职业发展感知（$\beta = 0.156^{***}$），而薪酬感知（$\beta = 0.003$）、福利感知（$\beta = 0.003$）、工作条件感知（$\beta = -0.043$）和自主与认可感知（$\beta = 0.045$）对敬业度没有显著影响；同样，工作关系感知是影响员工工作绩效的最重要因素（$\beta = 0.220^{**}$），其次是职业发展感知（$\beta = 0.121^{*}$），其余报酬感知对工作绩效没有显著影响。这一结论不仅从另一个侧面验证了杨付等人（2012）[344]的观点，即中国是一个典型的关系导向的社会，而且从关注和满足员工需求的视角综合考量了总体报酬感知各要素对敬业度和工作绩效的影响作用，推进了敬业度与工作绩效前因变量的研究，拓宽了敬业度和工作绩效的研究领域，找到了一条运用报酬感知工具，在保证同等人工成本情况下，提升员工敬业度和工作绩效的有效途径。

⑥独立样本 t 检验和单因子方差分析表明，非国有企业员工的人口统计特征对主要变量在某些方面有显著影响，反映了员工个人特征是影响其报酬偏好、态

度和行为及结果的重要因素。具体结论如下。

第一,女性员工的学习绩效和任务绩效显著高于男性员工,反映了女性员工更愿意通过学习掌握工作技能并按照岗位要求完成工作任务。

第二,户籍对福利感知、工作条件感知和敬业度有显著影响。农村户口员工福利感知、工作条件感知和敬业度的均值分别低于城市户口员工的0.344、0.193和0.124,因而消除用工歧视、提高农民工的福利和改善其工作条件是深化户籍制度改革的一项重要任务。

第三,婚姻对学习绩效有显著影响。未婚员工学习绩效均值高于已婚员工0.139。

第四,年龄对薪酬感知、福利感知、职业发展感知、个人—工作特征匹配、工作满意度、敬业度和学习绩效均有显著影响。总体而言,薪酬感知、福利感知、职业发展感知、个人—工作特征匹配、工作满意度、敬业度和绩效随着年龄的增长呈先升后降的关系。25~29岁年龄段是员工工作的黄金期,这一阶段员工的个人—工作特征匹配度、工作满意度、敬业度和学习绩效最高。

第五,学历对福利感知、工作条件感知、职业发展感知、个人—工作特征匹配、工作满意度和学习绩效均有显著影响。总的来说,福利感知、工作条件感知、学习绩效随着学历的提高而上升,职业发展感知、个人—工作特征匹配和工作满意度随着学历的上升先升后降,本科学历员工的个人—工作特征匹配程度最高,工作满意度也最高。

第六,工龄对薪酬感知、福利感知、工作条件感知、敬业度和关系绩效均有显著影响。整体而言,员工对外在报酬感知随着工龄的延长而提高,而敬业度和关系绩效随着工龄的增长先升后降,5~10年工龄的员工敬业度和关系绩效最高。

总之,以上结果表明,每个员工都是独立的个体,对报酬有着不同的偏好,其敬业度和工作绩效会随着年龄和工龄的变化而变化。这一研究区别于以往的分离式研究,综合考察了个人特征对工作满意度、敬业度和工作绩效的影响,为非国有企业针对员工特征实行自助式的弹性薪酬制度和职业生涯规划,并有效增强员工的幸福感和提高报酬的激励效率,提供了理论基础。

⑦非国有企业员工的总体报酬感知水平差异较大,整体处于一般水平,同时,员工的工作满意度一般,个人—工作特征匹配状况一般,而敬业度和工作绩

效处于较好水平。

第一，总体报酬感知一般，均值为3.685，以均值从高到低对总体报酬感知6个因子排序，依次为：工作关系感知（3.979）、工作条件感知（3.784）、福利感知（3.732）、自主与认可感知（3.577）、薪酬感知（3.545）与职业发展感知（3.49），反映了非国有企业员工内在报酬感知较差的客观现实。

第二，工作满意度一般，均值为3.629。对薪酬的满意程度最低（M=3.51），对福利的工作满意度较低（M=3.53），对工作与生活兼顾的满意度也不高（M=3.55），而对工作关系的满意程度较高（M=3.90）。

第三，个人—工作特征匹配均值为3.709，各测量题项的均值在3.60~3.89，差异不大。其中，工作的稳定程度最好，工作中的威信和影响力、工作的负荷两项匹配度最低，工作对个人能力的提升以及工作的挑战性匹配度较低。反映了在当前劳动力市场上，员工对工作的选择有较大的自主权，但从工作中获得的意义感和责任感较小，弱化了员工工作的内在动力。

第四，敬业度较高，均值为4.033。按照均值由大到小对6个维度排序为：任务中心（4.14）、效能感（4.104）、积极坚持（4.094）、活力（3.979）、价值内化（3.93）、和主动参与（3.92）。说明非国有企业员工对工作不仅具有良好的胜任能力，而且持续投入的程度较高。但相对来说，对工作和组织缺乏自内而外的认同。

第五，工作绩效较好，均值为4.159。4个维度按照均值由大到小排序，依次为：关系绩效（4.304）、任务绩效（4.206）、学习绩效（4.144）和创新绩效（3.984）。可见，非国有企业员工的关系绩效较高，创新绩效较低。各测量题项的均值在3.92~4.44，差异较大。其中，均值最高的是"管理人员不在场也能按指令做事"（4.44），均值最低的是"为新想法争取资源"（3.90）。进一步说明，非国有企业要转变盈利模式，必须依靠创新提高效率，亟待提高员工的创新能力。

9.2 研究局限

尽管在研究设计和数据调查的过程中，本研究尽可能遵循科学研究的范式，并取得了令人欣喜的成果，基本达到了研究的目的，但由于资源有限，仍然存在着许多不足之处，比较突出的研究局限体现在以下4个方面。

第一，为了避免社会赞许性误差和同源数据可能引起的共同方法差异，本研究采用配套问卷通过直接领导和下属员工多来源收集数据，提高了研究结论的可靠性。但由于人力和财力的限制，采用了方便抽样（Convenient Sampling）技术而非随机抽样（Random Sampling）技术，使得研究结论的可推广性受到局限。此外，本书针对非国有企业面临的问题开展研究，研究对象为非国有企业员工，依此得出的研究结论是否适用于国有企业，还需要进一步探讨，原因在于一些学者认为不同所有制形式的企业薪酬结构不同，因此影响员工对薪酬的态度，但Susan等人（2012）[275]对来自亚美尼亚、哈萨克斯坦、吉尔吉斯斯坦、俄罗斯和塞尔维亚5个国家不同行业的9400份数据实证分析表明，企业性质对员工的报酬期望与工作满意度并没有显著影响。

第二，虽然本研究基于心理学中的"认知—态度—行为—结果"经典研究框架构建了总体报酬感知对工作绩效作用机制的整合模型，推断并验证了工作满意度通过敬业度的中介作用影响工作绩效，但由于时间限制，用来自同一时间点的横截面数据而非面板数据验证变量间的因果关系显得不够充分，难以有效反映研究的阶段特征。自我知觉理论（Self-Perception Theory）认为，态度不是指导行动的工具，而是一种很随意的言语陈述，人们倾向于在事实发生之后找出一种听起来合理的答案，用态度使已经发生的事实具有意义（Bem，1972）[392]。自我知觉理论得到了广泛的支持，认为"行为—态度之间的关系"较"传统的态度—行为正相关的关系"更为有力，且当态度不够清晰、模棱两可时尤其如此（罗宾斯等，2008）[23]。方来坛等人（2011）[131]基于角色理论，采用横截面数据验证了"敬业度—工作绩效—工作满意度"的关系模型。因此，工作满意度、工作绩效哪个是因、哪个是果还需要进一步检验。

第三，本研究依据理论和已有研究成果逻辑推演的假设并未得到全部支持，虽然也尝试对不成立的假设进行了解释，但其内在原因还需要深入探究。

第四，总体报酬是一个内涵极其丰富的概念，随着社会的发展和个体需求的变化，报酬的内容也将随之而变。因此，对于总体报酬内涵、结构及影响结果的研究不可避免地带有一定的地域性、文化性和时代性。此外，本研究对总体报酬感知的前因变量只是简单地分析了人口统计特征的影响，并未从心理特征等方面进行深入的研究；在报酬的构成上，仅考虑了个体报酬部分，并未探讨集体报酬对员工态度和行为可能带来的影响。而现实中，由于团队的存在，确实有集体报酬的形式，而且这种形式的报酬不仅会因为同事压力和团队成员的重复博弈而影响员工的态度与行为（甄朝党 等 2005）[42]，而且有可能促进员工协同合作，降低生产成本和提高企业利润，这一点已在 1938 年由约瑟夫·F. 斯坎伦实施的针对团体激励的薪酬计划获得成功而得到证实（何燕珍，2002）[393]。

9.3　未来展望

中国企业已进入人力资源效能制胜与效能管理的时代（彭剑锋，2014）[394]，综合考虑员工的需求偏好和企业的资产结构，充分发挥各类报酬的激励作用是非国有企业提升人力资源效能的有效途径。本研究以员工需求为导向，在总体报酬框架下探讨了各类报酬要素对员工工作绩效的影响机制，表明各类报酬要素对员工的工作满意度、敬业度和工作绩效的影响程度不同，非国有企业可以通过优化报酬要素，促进员工工作满意度向敬业度转化，实现相同人工成本下的人力资源高效能和员工满意度的统一。科学研究无止境，针对本研究存在的局限，后续的研究可以沿着以下 4 个方向进行更多的发展和突破。

第一，为了提高研究结论的信度和效度，未来的研究需要在样本的选择上，采取规范的随机抽样技术进一步扩大样本量来证实本研究的结论。同时，将样本的选择扩大到国有企业，通过对来自国有企业与非国有企业调查数据的实证分析结果比较，进一步提高研究结论的应用范围。

第二，为了更准确地检验研究变量之间的因果关系，后续的研究可以采用纵向研究设计，通过收集多时间点的数据来检验本书的理论模型。

第三，对于研究中不成立的研究假设，可以从各种报酬类型的交互效应以及个人心理特征的调节效应两个方面进行深入研究，以进一步解释其中的原因。

第四，在报酬管理领域，往往实践先于理论，推动着理论不断向前发展（何燕珍，2002）[393]。因此，未来关于报酬的研究还需要随着时空的变化不断深入与发展；此外，从注重个体性和事务性等方面的日常行政监督逐渐转向团队性和战略性等方面的规划调控，将是现代薪酬管理在管理层次上的突破（李宝元，2012）[395]，也是今后研究的一个方向。因此，未来的研究应该扩大报酬的范围，注重集体报酬与团队氛围对员工态度和行为的影响。

附　　录

附录1　调查问卷1

尊敬的先生/女士：

您好！非常感谢您在百忙中填写这份问卷。

本次调查所收集到的数据仅限于研究使用，不会涉及您与企业之间的利害关系，并且会为您严格保密。恳请您给予协助，据实填写。如您需要本调查的分析结果或有其他要求，请与我们联系，我们十分乐意为您效劳。

联系人：王红芳

Email：13303464617@163.com

一、下面的描述反映了您对目前工作与所得报酬的评价。请根据您对所在企业的感受，选择合适的评分。分数越大，表示您越同意所选择的评价。请在对应的数字上打"√"。

题项	很差	比较差	一般	比较好	很好
1. 在工作中表达意见和参与企业决策的程度	1	2	3	4	5
2. 工作成绩得到单位和领导的认可程度	1	2	3	4	5
3. 工资薪酬与同行业水平相比情况	1	2	3	4	5
4. 工作单位的待遇情况	1	2	3	4	5
5. 公司内的薪酬差距	1	2	3	4	5
6. 企业缴纳养老、医疗、失业保险的情况	1	2	3	4	5

续表

题 项	很差	比较差	一般	比较好	很好
7. 企业缴纳住房公积金的情况	1	2	3	4	5
8. 工作环境与条件的安全性	1	2	3	4	5
9. 与同事的关系融洽和谐情况	1	2	3	4	5
10. 在企业拥有良好的发展前途	1	2	3	4	5
11. 企业招聘与职位晋升公平合理情况	1	2	3	4	5
12. 企业领导重视年轻人才培养情况	1	2	3	4	5
13. 企业的培训工作效果	1	2	3	4	5
14. 工作岗位与学历、专业资格类别符合程度	1	2	3	4	5
15. 工作中发挥您能力和潜能的程度	1	2	3	4	5
16. 工作岗位和氛围与您个性特点的符合程度	1	2	3	4	5
17. 总的来说，您对自己的工作（职务、收入、声誉等）感到满意	1	2	3	4	5

二、个人基本情况

1. 性别（　）A. 男　B. 女　　　　　2. 户籍（　）A. 城市户口　B. 农村户口

3. 年龄（　）A. 20 岁以下　　B. 20~29 岁　　C. 30~34 岁　　D. 35~40 岁　　E. 41~50 岁
F. 51 岁以上

4. 婚姻状况（　）A. 已婚　B. 未婚

5. 您所在企业（　）A. 个人独资　　B. 合伙企业　　C. 有限责任公司　　D. 股份有限公司　　E. 其他

6. 受教育程度（　）
A. 初中及以下　　B. 高中或职中　　C. 大专或高职　　D. 本科　　E. 研究生及以上

7. 您的工作年限：_____年	8. 您在本企业的工作年限：_____年
9. 每周工作天数：_____天	10. 每天应工作时间：_____小时

11. 您每月全部的奖金福利_____元
A. 2000 元及以下　　B. 2001 元~3000 元　　C. 3000 元~5000 元　　D. 5001 元~8000 元
E. 8001 元~10000 元　　F. 10001 元~15000 元　　G. 15000 元以上

12. 您的入职来源（　）
A. 大学高职院校毕业生　　B. 中学职业高中毕业生　　C. 离职后前来应聘
D. 本省农民工　　　　　　E. 外省农民工　　　　　　F. 无工作或长期待业

续表

13. 您的工作性质（　）
 A. 生产工人　　　B. 营销人员　　　C. 中高层管理干部　　　D. 一般管理人员
 E. 技术人员　　　F. 后勤服务人员　　G. 其他（请填写）＿＿＿＿＿＿

14. 您所在企业拥有的员工总数（　）
 A. 不到100人　　B. 101～300人　　C. 301～500人　　　D. 501～1000人
 E. 1001～1500人　F. 1501～2000人　G. 2000人以上

15. 您公司所属的行业（　）
 □农、林、牧、渔业　　　　　　□采矿业　　　　　　　□制造业
 □建筑业　　　　　　　　　　　□批发和零售业　　　　□住宿和餐饮业
 □居民服务和其他服务业　　　　□房地产业　　　　　　□金融业
 □信息传输、计算机服务和软件业　　　　　　　　　　　□租赁和商务服务业
 □卫生、社会保障和社会福利业　　　　　　　　　　　　□教育
 □文化、体育和娱乐业　　　　　　　　　　　　　　　　□交通运输、仓储和邮电业
 □科学研究、技术服务和地质勘察业
 □其他行业（请注明：　　　　　　　　　　　　　）
 若企业从事多种行业，请在最重要的前三（至五）个行业的序号前，按重要性标出1、2、3、4、5，填在□处。

感谢您耐心填写完调查问卷，祝您工作愉快，幸福安康！

附录2　调查问卷2

尊敬的先生/女士：

您好！非常感谢您在百忙中填写这份问卷。

本问卷是国家自然科学基金项目《我国非国有企业薪酬、盈利与吸纳农业劳动力研究——非国有企业管理方式转变与劳动就业管理基础理论的发展》（项目编号：71373149）和教育部人文社科规划项目《总体报酬及其结构对员工工作绩效与幸福感的影响研究》（项目编号：16YJA630051）的部分调查问卷，恳请您给予协助，据实填写。本次调查所收集到的数据仅限于研究使用，不会涉及您与企业之间的利害关系，并且会为您严格保密。如您需要本调查的分析结果或有其他要求，请与我们联系，我们十分乐意为您效劳。

联系人：王红芳
Email：13303464617@163.com

第一部分　企业基本信息（请企业人事主管填写）

（请您根据贵企业的实际情况填写数字或画"√"）

本企业所在地	省　　　市　　　县（市、区）		企业名称	
注册时间			注册资金	万元
2013年资产总额	万元		2013年营业收入	万元
2013年工资总额	万元		2013年福利总额	万元
2013年奖金总额	万元		2013年劳动力总成本	万元
2013年员工总数	人		2013年农民工总数	人
本企业类型	A. 个人独资企业　B. 合伙企业　C. 有限责任公司　D. 股份有限公司　E. 外资企业　F. 其他（请注明：　　　　　　　　）			
公司在行业中属于	A. 大型　　B. 偏大型　　C. 中型　　D. 偏小型　　E. 小型			
公司所处发展阶段	A. 创业阶段　B. 成长阶段　C. 成熟阶段　D. 衰退阶段　E. 转型阶段			
行业竞争程度	A. 很激烈　B. 较激烈　　C. 一般　　D. 不太激烈　E. 很少竞争			
行业技术变革	A. 很快　　B. 比较快　　C. 一般　　D. 比较慢　　E. 很慢			
市场竞争地位	A. 市场领导者（在行业中占有最大的市场份额，最强的实力，有一定的垄断权） B. 市场挑战者（在行业中举足轻重，有重要影响，不满足现状，扮演挑战角色） C. 市场追随者（行业中处于中间，维持现状，注意市场动向，紧跟市场方向） D. 市场补缺者（在行业中占有较低市场份额，选择较小市场）			
企业所属行业	□农、林、牧、渔业　　　　　□采矿业　　　　　　　□制造业 □建筑业　　　　　　　　　　□批发和零售业　　　　□住宿和餐饮业 □居民服务和其他服务业　　　□房地产　　　　　　　□金融业 □信息传输、计算机服务和软件业　　□租赁和商务服务业 □卫生、社会保障和社会福利业　　　□教育 □文化、体育和娱乐业　　　　　　　□交通运输、仓储和邮电业 □科学研究、技术服务和地质勘察业 □其他行业（请注明：　　　　　　　　　　　　） 　　若企业从事多种行业，请在最重要的前三（至五）个行业的序号前，按重要性标出1、2、3、4、5，填在□处。			

第二部分　员工敬业度和工作绩效调查问卷（请员工的主管填写）

该部分问卷填写有关事项说明如下：

1. 本问卷仅供学术研究使用。您的认真填写对科研项目的完成有重要意义。请您根据自己的真实看法填写。

2. 每位上级评价 1~5 位员工，即每位上级填写 1~5 张问卷；

3. 高层可以评价中层，中层可以评价一般员工和基层管理人员，基层管理人员可以评价一般员工。

4. 上级评价的问卷和员工的自评问卷必须相对应。若一个主管评价三位员工 A、B 和 C，那么上级对 A 员工的评价问卷必须与 A 员工的自评问卷（即第三部分问卷）相对应，如下图所示。

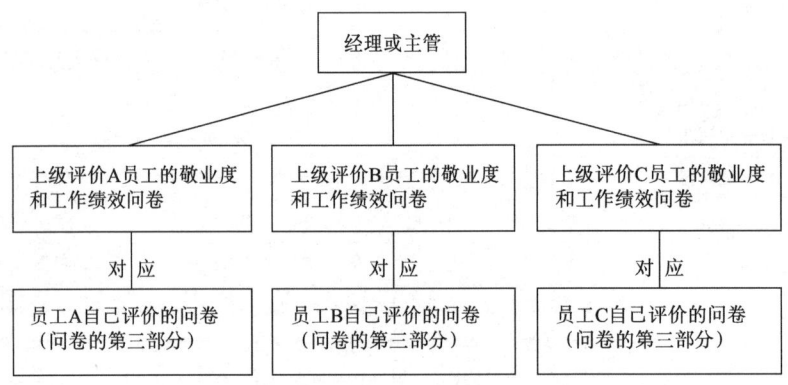

5. 对"＿＿＿＿"类的题目，需要您填写文字和数字；

6. 对"（　　）"类的题目，需要您进行 A、B、C、D 的选择；

7. 对表格中的打分题目，每题只选一个答案，请您凭直觉尽快在相应的分值下面打"√"，尽量少选"一般"、"不确定"或"中等"。对从未思考过的问题，也尽可能作出选择，请不要遗漏。

一、员工敬业度情况（请员工的上级填写）

该员工	完全不符合	较不符合	不确定	比较符合	完全符合
1. 总是尽自己全部的力量克服工作上的困难	1	2	3	4	5
2. 经常主动帮助同事解决工作上的困难	1	2	3	4	5
3. 总是主动将自己的工作经验毫无保留地传授给新同事	1	2	3	4	5

续表

该员工	完全不符合	较不符合	不确定	比较符合	完全符合
4. 严格遵守单位的规章制度	1	2	3	4	5
5. 承诺做出高品质的工作	1	2	3	4	5
6. 每天上班工作都表现得很愉快	1	2	3	4	5
7. 工作时充满激情	1	2	3	4	5
8. 每天尽全力工作	1	2	3	4	5
9. 能够连续工作很长时间而不厌倦	1	2	3	4	5
10. 愿意承担有挑战性的工作	1	2	3	4	5
11. 总是主动搜集工作所需的相关信息或学习工作技能	1	2	3	4	5
12. 经常主动对工作方法或制度规范提出改进建议	1	2	3	4	5
13. 能够对同事或上级充分表达自己的思想与感情	1	2	3	4	5
14. 认为自己是对公司非常有价值的人	1	2	3	4	5
15. 用赞美的语言描述自己的工作	1	2	3	4	5
16. 主动向顾客介绍公司的产品和服务	1	2	3	4	5
17. 知道自己的工作对公司目标的实现起着重要的作用	1	2	3	4	5
18. 对外界高度评价所在的公司	1	2	3	4	5
19. 总能按上级要求，高标准、严要求地完成工作	1	2	3	4	5
20. 工作时充满自信，精神状态良好	1	2	3	4	5
21. 每天的工作能够发挥其特长	1	2	3	4	5
22. 具有高度的工作责任感，勇于面对工作中遇到的困难	1	2	3	4	5
23. 即使工作不顺利，也能坚定不移地完成既定的工作任务，从不放弃	1	2	3	4	5

二、员工工作绩效情况（请员工的上级填写）

该员工	从来没有	基本没有	不清楚	有时如此	经常如此
1. 即使管理人员不在场，也能按照指令做事	1	2	3	4	5
2. 在团队中，经常协助上级做事	1	2	3	4	5
3. 始终维护上级的决策	1	2	3	4	5

非国有企业员工总体报酬及其结构对工作绩效的影响研究

续表

该员工	从来没有	基本没有	不清楚	有时如此	经常如此
4. 工作时经常和其他部门同事扯皮	1	2	3	4	5
5. 经常支持并鼓励同一级别的同事	1	2	3	4	5
6. 自愿做许多有利于公司利益的工作	1	2	3	4	5
7. 很注意个人形象，举止礼貌且有修养	1	2	3	4	5
8. 密切关注工作中的重要细节	1	2	3	4	5
9. 能够履行工作说明书中的职责	1	2	3	4	5
10. 能够按照自己期望的方式按时完成工作任务	1	2	3	4	5
11. 能够实现团队或部门设置的目标	1	2	3	4	5
12. 工作效率明显提高	1	2	3	4	5
13. 口头交流技能很强	1	2	3	4	5
14. 具有较好的与工作相关的专业知识和技能	1	2	3	4	5
15. 重视通过学习，积累经验，提高工作效率	1	2	3	4	5
16. 通过学习掌握了专业知识和技能	1	2	3	4	5
17. 通过学习能够更好地履行岗位职责	1	2	3	4	5
18. 运用学到的知识解决工作中遇到的问题	1	2	3	4	5
19. 认为学习对提高工作绩效没有帮助	1	2	3	4	5
20. 总是寻求应用新的流程、技术与方法	1	2	3	4	5
21. 经常提出有创意的点子和想法	1	2	3	4	5
22. 经常与别人沟通并推销自己的新想法	1	2	3	4	5
23. 为了实现新想法，想办法争取所需资源	1	2	3	4	5
24. 为了实现新想法，制定合适的计划和规划	1	2	3	4	5
25. 整体而言，是一个具有创新精神的人	1	2	3	4	5

三、主管个人基本情况

1. 性别（ ） A. 男　B. 女　　　　　　　2. 户籍（ ） A. 城市户口　B. 农村户口

3. 年龄（ ） A. 20 岁以下　　B. 20～29 岁　　C. 30～34 岁　　D. 35～39 岁　　E. 40～49 岁
　　F. 50 岁以上

4. 婚姻状况（ ） A. 已婚　B. 未婚　　　　5. 血型（ ）

续表

6. 受教育程度（　　）

A. 初中及以下　　B. 高中或职中　　C. 大专或高职　　D. 本科　　E. 研究生及以上

7. 工作年限：　　　　年	8. 本企业的工作年限：＿＿＿＿年
9. 每周工作天数：　　　天	10. 每天应工作时间：　　　小时
11. 平均每天工作时间：　　　小时	12. 月工资：　　　元
13. 福利：　　　元/月	14. 奖金：　　　元/月

15. 工作性质（　　）　　A. 生产部门　　B. 营销部门　　C. 职能部门

　　　　　　　　　　　D. 技术部门　　E. 后勤服务部门　　F. 其他＿＿＿＿

16. 工作职务（　　）

A. 基层管理人员　　B. 中层管理人员　　C. 高层管理人员

17. 您的劳动报酬构成有哪些？请按照您认为的重要性排序（　　　　　　）

A. 基本工资　　B. 绩效工资　　C. 学历工资　　D. 津贴和补贴　　E. 工龄工资

F. 劳动保护　　G. 社会保险　　H. 企业年金　　I. 公积金　　J. 带薪休假

K. 奖金　　L. 家庭照顾　　M. 教育培训　　N. 职业指导　　O. 利润分享

P. 企业股份　　Q. 其他（请填写）：＿＿＿＿＿＿＿＿＿＿

18. 公司为您足额缴纳的保险险种有（可多选）：（　　　　　　）

A. 养老保险　　B. 医疗保险　　C. 失业保险　　D. 生育保险　　E. 工伤保险

19. 您的薪酬能及时发放吗？（　　）

A. 能　　　B. 基本能　　　C. 经常拖欠

20. 当您出色完成任务时，您最希望获得的奖励是（请排序）：（　　　　　　）

A. 薪酬提高　　B. 职位晋升　　C. 在同事面前得到表扬　　D. 被人尊重

E. 领导认可　　F. 旅游休假　　G. 得到向往已久的培训机会

21. 您认为敬业的员工有什么样的特征？（请回答）

第三部分　请企业员工填写

本问卷仅供学术研究使用。您的认真填写对科研项目的完成有重要意义，请据实逐项填写。

一、下面的描述反映了您对目前工作与所得报酬的评价。请根据您对所在企业的感受，选择合适的评分。分数越大，表示您越同意所选择的评价。请在对应的数字上画"√"。

题 项	很差	比较差	一般	比较好	很好
1. 基本工资逐年稳定上涨	1	2	3	4	5
2. 工资水平与个人技能匹配程度	1	2	3	4	5
3. 工资水平与同行业企业相比	1	2	3	4	5
4. 工资水平与工作量相符程度	1	2	3	4	5
5. 公司对加班工资的计算与给付情况	1	2	3	4	5
6. 当月的绩效奖与工作绩效挂钩情况	1	2	3	4	5
7. 年终奖与工作绩效挂钩情况	1	2	3	4	5
8. 个人薪酬与企业利润挂钩情况	1	2	3	4	5
9. 对薪酬的满意程度	1	2	3	4	5
10. 公司足额为员工缴纳五险一金	1	2	3	4	5
11. 公司为员工缴纳其他社会保险情况	1	2	3	4	5
12. 公司保证员工工间休息的情况	1	2	3	4	5
13. 公司保证员工节假日休息的情况	1	2	3	4	5
14. 公司员工的住房福利情况	1	2	3	4	5
15. 公司有关节假日福利等的发放情况	1	2	3	4	5
16. 对公司福利发放的满意程度	1	2	3	4	5
17. 对目前工作负荷大小的感觉	1	2	3	4	5
18. 目前工作的稳定性	1	2	3	4	5
19. 个人能力及特长在工作中的发挥情况	1	2	3	4	5
20. 工作对个人能力提升的情况	1	2	3	4	5
21. 在工作中的威信和影响力	1	2	3	4	5
22. 所从事工作的挑战性	1	2	3	4	5
23. 目前工作令我愉快的程度	1	2	3	4	5

续表

题 项	很差	比较差	一般	比较好	很好
24. 公司使命和目标使我觉得自己工作的重要程度	1	2	3	4	5
25. 在工作中的自主程度	1	2	3	4	5
26. 对目前工作本身的满意程度	1	2	3	4	5
27. 工作环境的安全性	1	2	3	4	5
28. 工作环境的舒适性	1	2	3	4	5
29. 公司休息场所的舒适性	1	2	3	4	5
30. 工作时间的灵活性	1	2	3	4	5
31. 公司所在地交通和通讯便利程度	1	2	3	4	5
32. 对工作条件的满意程度	1	2	3	4	5
33. 带薪假期的执行情况	1	2	3	4	5
34. 工作中个人的身心健康情况	1	2	3	4	5
35. 工作场所的灵活性	1	2	3	4	5
36. 公司对我家庭的关照（子女、老人）	1	2	3	4	5
37. 工作与家庭生活兼顾的情况	1	2	3	4	5
38. 公司目标与个人目标的一致性	1	2	3	4	5
39. 考核标准易于达到的程度	1	2	3	4	5
40. 受到上司表扬或额外奖励的机会	1	2	3	4	5
41. 参与管理或提出建议的可能性	1	2	3	4	5
42. 工作中个人的意见得到反馈的情况	1	2	3	4	5
43. 对工作认可方面的满意程度	1	2	3	4	5
44. 公司资助或支持的学习进修培训	1	2	3	4	5
45. 轮岗或在更高级别岗位实习机会	1	2	3	4	5
46. 公司组织的培训项目或课程	1	2	3	4	5
47. 在公司中的晋升机会	1	2	3	4	5
48. 公司提供的未来晋升阶梯或路径	1	2	3	4	5
49. 对工作与职业发展的满意程度	1	2	3	4	5
50. 工作需要时，主管能给予的有价值的帮助	1	2	3	4	5
51. 主管对员工个人情况的关心程度	1	2	3	4	5
52. 与同事之间关系的融洽程度	1	2	3	4	5
53. 工作发展受到同事鼓励的情况	1	2	3	4	5
54. 对工作关系的满意程度	1	2	3	4	5

■ 非国有企业员工总体报酬及其结构对工作绩效的影响研究

四、个人基本情况

| 1. 性别（ ）A. 男 B. 女 | 2. 户籍（ ）A. 城市户口 B. 农村户口 |

3. 年龄（ ）A. 25 岁以下   B. 25~29 岁   C. 30~34 岁   D. 35~39 岁   E. 40~44 岁   F. 45~49 岁   G. 50~54 岁   H. 55 岁及以上

| 4. 婚姻状况（ ）A. 已婚 B. 未婚 | 5. 血型（ ） |

6. 受教育程度（ ）
 A. 初中及以下   B. 高中或职中   C. 大专或高职   D. 本科   E. 研究生及以上

7. 工作年限：_____年	8. 您在本企业的工作年限：_____年
9. 每周工作天数：_____天	10. 每天应工作时间：_____小时
11. 平均每天工作时间：_____小时	12. 月固定工资：_____元
13. 福利：_____元/月	14. 奖金：_____元/月

15. 工作性质（ ）A. 生产工人   B. 营销人员   C. 管理人员   D. 技术人员
    E. 后勤服务人员   F. 其他（请填写）_____

16. 工作职务（ ）A. 一般员工   B. 部门主管   C. 公司经理   D. 高层管理人员

17. 您的劳动报酬构成有哪些？请按照您认为的重要性排序（   ）
    A. 基本工资   B. 绩效工资   C. 学历工资   D. 津贴和补贴   E. 工龄工资   F. 劳动保护   G. 社会保险   H. 企业年金   I. 公积金   J. 带薪休假   K. 奖金   L. 家庭财务援助   M. 教育培训
    N. 职业指导   O. 分红   P. 企业股份   Q. 其他（请填写）_____

18. 公司为您足额缴纳的保险险种有（可多选）：（   ）
    A. 养老保险   B. 医疗保险   C. 失业保险   D. 生育保险   E. 工伤保险

19. 您的薪酬能及时发放吗？（ ） A. 能   B. 基本能   C. 经常拖欠

20. 当您出色完成任务时，您最希望获得的奖励是（请排序）：（   ）
    A. 薪酬提高   B. 职位晋升   C. 在同事面前得到表扬   D. 被人尊重
    E. 领导认可   F. 旅游休假   G. 得到向往已久的培训机会

21. 您认为什么样的员工是敬业的员工？（请回答）

感谢您耐心填写完调查问卷，祝您工作愉快，幸福安康！

参考文献

[1] 杨俊青. 我国非国有企业人力资源管理战略与二元经济结构转化 [M]. 北京：经济科学出版社，2010.

[2] 苏明，赵曙明. 构建面向全球化的中国人力资源管理理论——赵曙明教授访谈 [J]. 管理科学，2014（2）：103-107.

[3] G. C. Homans. Social Behavior as Exchange [J]. American Journal of Sociology，1958：597-606.

[4] P. Blau. Exchange and Power in Power in Social Life [M]. New York：Wiley，1964.

[5] 唐鑛. 转型与创新：从人力资源管理到战略劳动关系管理 [J]. 学海（南京），2014（5）：56-60.

[6] B. Gerhart, G. T. Milkovich. Employee Compensation：Research and Practice [J]. Handbook of Industrial Research，1993，8（2）：301-315.

[7] B. Gerhart, S. Rynes. Compensation：Theory, Evidence and Strategic Implication [M]. City of Thousand Oaks：SAGE Publications，2003.

[8] D. Kahneman, A. Tversky. Prospect Theory：An Analysis of Decision under Risk [J]. Econometrica，1979，47（2）：263-291.

[9] R. Thaler. Mental Accounting Matters [J]. Journal of Behavior Decision Making，1999，12（3）：183-206.

[10] 贺伟，龙立荣，赵海霞. 员工心理账户视角的薪酬心理折扣研究 [J]. 中国工业经济，2011（1）：99-108.

[11] 龙立荣，祖伟，贺伟. 员工对企业经济性薪酬的内隐分类与偏好研究 [J]. 科学学与科学技术管理，2010（10）：154-162.

[12] 美国薪酬协会. 整体薪酬手册——人力资源专家的综合指引 [M].

朱飞,译. 北京：企业管理出版社, 2012：3-6.

[13] 谢西庆, 王晓晖. 国有企业和民营企业员工工作满意度影响因素的比较分析 [J]. 学术研究, 2012 (10)：89-93.

[14] 王凌云, 刘洪. 我国不同所有制企业薪酬体系比较研究 [J]. 商业经济与管理, 2007 (9)：37-41.

[15] M. E. Graham, T. M. Welbourne. Gain Sharing and Woman's and men's Relative Pay Satisfaction [J]. Journal of Organizational Behavior, 1999 (20)：1027-1042.

[16] 刘志强. 谁得到了满意的工作回报——工作回报满意度影响因素的实证研究 [J]. 山西财经大学学报, 2014 (4)：81-93.

[17] F. Herzberg, B. Mausner, B. Snyderman. The Motivation to Work [M]. 2nd ed. City of New York：Wiley, 1959.

[18] E. A. Locke. What is job Satisfaction? Organizational Behavior and Human Light at the End of the Tunnel [J]. Psychological Science, 1969 (1) 4：240-246.

[19] E. E. Lawler. Pay and Organizational Effectiveness：A Psychological View [M]. City of New York：McGraw Hill, 1971.

[20] T. A. Judge, C. J. Thoresen, J. E. Bono, et al. The Job Satisfaction – Job Performance Relationship：A Qualitative and Quantitative Review [J]. Psychological Bulletin, 2001, 127 (3)：376-407.

[21] J. K. Harter, F. L. Schmidt, T. L. Hayes. Business – unit – level Relationship between Employee Satisfaction, Employee Engagement, and Business outcome：A Meta – Analysis [J]. Journal of Applied Psychology, 2002, 87 (2)：268-279.

[22] 韩翼. 工作绩效与工作满意度、组织承诺和目标定向的关系 [J]. 心理学报, 2008, 40 (1)：84-91.

[23] 斯蒂芬·P. 罗宾斯, 蒂莫西·A. 贾奇. 组织行为学 [M]. 李原, 孙建敏, 译. 12版. 北京：中国人民大学出版社, 2008：80.

[24] V. H. Vroom. Work and Motivation [M]. Oxford：Wiley, 1964：47-51.

[25] 马明, 陈方英, 孟华, 等. 员工满意度与敬业度关系实证研究——以饭店企业为例 [J]. 管理世界, 2005 (11)：120-126.

[26] 斯蒂芬·P. 罗宾斯. 组织行为学 [M]. 孙建敏, 李原, 译. 7版. 北京：中国人民大学出版社, 2002：151.

[27] M. L. Williams, M. A. Mc Daniel, N. Y. Nguyen. A Meta-analysis of the Antecedents and Consequences of Pay Level Satisfaction [J]. Journal of Applied Psychology, 2006, 91 (2): 392-413.

[28] 胡怀邦. 中国经济增长、中等收入陷阱与改革战略 [J]. 金融监管研究, 2013 (7): 1-25.

[29] 蔡昉, 如何跨越"中等收入陷阱" [EB/OL]. (2012-11-10) [2018-2-21]. http://finance.sina.com.cn/review/hgds/20121110/044113633539.shtml.

[30] 李实, 万海远. 劳动力市场培育与中等收入陷阱：评《中国劳动力市场发展报告2011—2013》[J]. 经济研究, 2014 (4): 187-191.

[31] 戴维·罗默. 高级宏观经济学 [M]. 王根蓓, 译. 3版. 上海：上海财经大学出版社, 2009: 18-20.

[32] 吴敬琏. 2012年中国必须要真正转变经济发展方式 [EB/OL]. (2011-11-2) [2015-2-21]. https://finance.qq.com/a/20111112/001294.htm.

[33] 蔡昉. 人口红利拐点已现 [EB/OL]. (2013-01-28) [2014-12-21]. http://finance.sina.com.cn/review/hgds/20130128/040514418515.shtml.

[34] 杨宜勇. 深入推进总体性收入分配改革 [EB/OL]. (2013-04-03) [2014-12-20]. http://theory.people.com.cn/n/2013/0403/c40531-21008772.html.

[35] 杨俊青. 非国有企业战略选择与二元经济结构转化 [J]. 经济管理, 2007 (19): 29-36.

[36] 加里·德勒斯. 人力资源管理 [M]. 6版. 北京：中国人民大学出版社, 2002: 18-19.

[37] 茉莉·盖博尔, 唐·洛曼. 缩小员工敬业度的差距 [M]. 王成慧, 范军, 杨静雯, 译. 北京：电子工业出版社, 2014.

[38] 朱飞, 文跃然. 战略性人力资源管理系统重构——基于外部劳动力市场主导的雇佣关系模式 [M]. 北京：企业管理出版社, 2013: 119.

[39] 熊通成, 曾湘泉, 谢奇志. 总体报酬模型. 薪酬管理的最新理论与实践 [J]. 中国劳动, 2008 (9): 39-42.

[40] C. S. Armstrong, R. Vashishtha. Executive Stock Options, Differential Risk-taking Incentives, and Firm Value [J]. Jounal of Financial Economica, 2012, 104 (1): 70-88.

[41] 李燕萍,施丹. 全面报酬理论的研究进展:基于国际比较的视角 [C] //中国管理现代化研究会. 第三届中国管理学年会——公共管理分会场论文集. 2008 (12).

[42] 甄朝党,张肖虎,杨桂红. 薪酬合约的激励有效性研究——一个理论综述 [J]. 中国工业经济, 2005 (10):66-72.

[43] 亚当·斯密. 国民财富的性质和原因的研究 [M]. 郭大力,王亚南,译. 北京商务印书馆, 1972; 大卫·李嘉图. 政治经济学及赋税原理 [M]. 北京:商务印书馆, 1989.

[44] 阿弗里德·马歇尔. 经济学原理 [M]. 北京:商务印书馆, 1981.

[45] 聂志红. 股权激励的理论基础及其性质探析 [J]. 现代管理科学, 2008 (10):41-43.

[46] T. W. Schultz, Capital Formation by Education [J]. The Journal of Political Economy, 1960, 69 (6):571-583.

[47] 杨业芳. 西方效率工资理论综述 [D]. 北京:中国人民大学, 2004:6-12.

[48] 加里·斯坦利·贝克尔. 家庭论 [M]. 王献生,王宇,译. 北京:商务印书馆, 2005.

[49] 马丁·L. 威茨曼,分享经济——用分享制代替工资制 [M]. 北京:中国经济出版社, 1986.

[50] R. A. Easterlin. Life Cycle Happiness and Its Sources:Intersections of Psychology, Economics and Demography [J]. Journal of Economic Psychology, 2006 (4):463-482.

[51] 道格拉斯·麦格雷戈. 企业的人性面 [M]. 韩卉,译. 北京:中国人民大学出版社, 2008.

[52] 弗雷德里克·温斯洛·泰勒. 科学管理原理 [M]. 北京:北京大学出版社, 2014.

[53] 亨利·劳·甘特. 劳动、工资和利润 [M]. 纽约:工程杂志公司, 1916.

[54] F. Herzberg. Work and the Nature of Man [M]. New York:Thomas Y. Crowell, 1966.

[55] J. S. Adams. Towards An Understanding of Inequity [J]. The Journal of Abnormal and Social Psychology, 1963, 67 (5): 422 - 436.

[56] 约翰·E. 特鲁普曼. 薪酬方案——如何制定员工激励机制 [M]. 胡零, 刘智勇, 译. 上海: 上海交通大学出版社, 2002: 134 - 138.

[57] 约瑟夫·J. 马尔托奇奥诺. 战略薪酬: 人力资源管理方法: [M]. 杨东涛, 译. 2 版. 北京: 社会科学文献出版社, 2001.

[58] 宋洪峰. 总报酬模型的力量 [J]. 企业管理, 2007 (10): 91 - 93.

[59] R. Kantor, T. Kao. Total Rewards, Clarity from Confusion and Chaos [J]. World at Work Journal, 2004 (3): 7 - 15.

[60] R. J. Long. Strategic Compensation in Canada [M]. 3rd ed. Toronto: Thomson Nelson, 2006.

[61] G. T. Milkovich, J. M. Newman, N. D. Cole. Compensation [M]. 1st Canadian ed. Toronto: McGraw - Hill Ryerson, 2005.

[62] S. St - Onge, R. Thériault. Gestion de la rémunération: théorie et pratique [M]. 2nd ed. Montréal: Gaëtan Morin, 2006.

[63] 迈克尔·阿姆斯特朗. 员工薪酬管理与实践手册 [M]. 李剑锋, 译. 北京: 中国财政经济出版社, 2008: 10.

[64] V. Christian, S. St - Onge, É. Robineau. An Analysis of The Relation between Personality and Attractiveness of Total Rewards Components [J]. Relations Industrielles, 2008, 63 (3): 425 - 453.

[65] C. Senik. When Information Dominates Comparison: A Panel Data Analysis Using Russian Subjective Data [J]. Journal of Public Economics, 2008, 88 (20): 99 - 133.

[66] N. Kristensen N. Westergard - Nielsen. Job Satisfaction and Co - Worker Wages: Status or Signal? [J]. Economic Journal, 2009, 119: 430 - 447.

[67] W. Gao, R. Smyth. Job Satisfaction and Relative Income in Economic Transition: Status or Signal? The Case of Urban China [J]. China Economic Review, 2010, 21 (3): 442 - 455.

[68] V. D. Kosteas. Job Satisfaction and Promotions [J]. Industrial Relations, 2011, 50 (1): 174 - 194.

[69] S. J. Linz. A. Semykina. What Makes Workers Happy? Anticipated Rewards and Job Satisfaction [J]. Industrial Relations, 2012, 51 (4): 811-844.

[70] 赵曙明. 中国人力资源管理三十年的转变历程与展望 [J]. 南京社会科学, 2009 (1): 7-11.

[71] 朱晓妹. 基于心理契约的薪酬模式研究 [M]. 北京: 知识产权出版社, 2008: 40.

[72] 吴志华. 知识员工管理: 全面报酬与全面激励 [J]. 人才开发, 2003 (12): 1-4.

[73] 冉棋文. 全面薪酬战略——知识型员工激励机制 [J]. 西南交通大学学报（社会科学版）, 2004 (1): 37-41.

[74] 刘爱东. 全面薪酬体系初探 [J]. 中国人力资源开发, 2004 (3): 20-22.

[75] 刘爱军, 王锐. 再析薪酬含义 [J]. 中国人力资源开发, 2010 (1): 99-103.

[76] 贺伟, 龙立荣. 实际收入水平、收入内部比较与员工薪酬满意度的关系——传统性和部门规模的调节作用 [J]. 管理世界, 2011 (4): 98-110.

[77] B. Gerhart, T. G. Milkovich. Employee compensation: Research and Practice [Z]. Handbook of Industrial Research, 1997, 8 (2): 301-315.

[78] C. C. Chen, C. M. Ford, G. F. Farris. Do Rewards Benefit the Organization? The Effects of Reward Types and The Perceptions of Diverse R&D Professionals [J]. Transactions on Engineering Management, 1999, 46 (1): 47-55.

[79] S. O'Neal. The Phenomenon of Total Rewards [J]. ACA Journal, 1998, 7 (3): 1-6.

[80] J. W. Medcof, S. Rumpel. High Technology Workers and Total Rewards [J]. Journal of High Technology Management Research, 2007 (3): 18-27.

[81] 吴叔平, 虞俊健. 股权激励——企业长期激励制度研究与实践 [M]. 上海: 上海远东出版社, 2000.

[82] 湛新民, 张凡. 薪酬设计技巧 [M]. 广州: 广东经济出版社, 2002.

[83] A. S. Tsui, D. Wang, Y. Zhang, et al. Employment Relationship with Chinese Middle Managers: Exploring differences between state-owned and non-state-

owned firms [M] // A. S. Tsui, C. M. Lau. The Management of Enterprises in the People's Republic of China. Boston: Kluwer Academic Press, 2002.

[84] 贺伟,龙立荣. 基于需求层次理论的薪酬分类与员工偏好研究 [J]. 商业经济与管理,2010 (5): 41-49.

[85] H. R. Markus, S. kitayama. Culture and The Self: Implications for Coganition, Emotion, and Motivation [J]. Psychologicl Review, 1991, 98: 224-253.

[86] R. E. Quinn, K. S. Cameron. Diagnosing and Changing Organizational Culture [M]. New York: John Wiley & Sons. Inc., 2005.

[87] 赵曙明. 人力资源管理理论研究新进展评析与未来展望 [J]. 外国经济与管理,2011, 33 (1): 1-10.

[88] R. Hoppock, Job Satisfaction [M]. Oxford: Harper& Brothers Publishers, 1935: 8-21.

[89] A. C. Keller, N. K. semmer. Changes in Situational and Dispositional Factions as Predictors of Job Satisfaction [J]. Journal of Vocational Behavior, 2013, 83 (1).

[90] A. Sousa-Poza, A. A. Sousa-Poza. Well-being at Work: A Cross-national Analysis of the Levels and Determinants of Job Satisfaction [J]. Journal of Socio-econimi, 2000, 29 (6): 517-538.

[91] 叶仁荪,王玉芹,林泽炎. 工作满意度、组织承诺对国企员工离职倾向的实证研究 [J]. 管理世界,2005 (3): 122-125.

[92] 范皑皑,丁小浩,教育、工作自主性与工作满意度 [J]. 清华大学教育,2007 (6): 40-47.

[93] E. A. Locke. The Nature and Causes of Job Satisfaction [M]. //M. D. Dunnette. Handbook of Industrial and Organizational Psychology. Chicago: Rand McNally, 1976: 1297-1349.

[94] S. P. Brown. R. A. Peterson. Effect of Effort on Sales Performance and Job Satisfaction [J]. Journal of Marketing, 1994 (58): 70-80.

[95] 黄桂. 员工满意度影响因素的实证研究 [J]. 管理世界,2005 (11): 67-69.

[96] 刘凤瑜,张金成. 员工工作满意度调查问卷的有效性及民营企业员工

工作满意度响因素研究 [J]. 南开管理评论, 2004, 7 (3): 92-104.

[97] 古继宝, 李妍. 企业文化的激励功能及其对员工工作满意度影响研究 [J]. 管理学报, 2009, 6 (9): 1274-1278.

[98] 谢西庆, 王晓晖. 国有企业和民营企业员工工作满意度影响因素的比较分析 [J]. 学术研究, 2012 (10): 89-93.

[99] 孙永正. 农民工工作满意度实证分析 [J]. 中国农业经济, 2006 (1): 42-48.

[100] 刘爱玉, 陈彦勋. 工作满意度: 农民工与城镇工人的比较 [J]. 江苏行政学院学报, 2011 (3): 63-68.

[101] 黄莼. 农民工满意度研究——基于福建省船舶制造业的实证研究 [D]. 福州: 福建农林大学, 2011.

[102] 景勤娟, 宋绍富, 卢砚青. 新生代农民工就业差异及满意度研究——来自河北、山西、陕西三省356位农民工的调查数据 [J]. 中国人力资源开发, 2014 (5): 71-77.

[103] S. A. Drakopoulos, I. Theodossiou. Job Satisfaction and Target Earnings [J]. Journal of Economic Psychology, 1997 (18).

[104] 张士菊, 廖建桥. 员工工作满意度各维度对整体满意度的影响研究 [J]. 科学学与科学技术管理, 2007 (8): 184-188.

[105] 才国伟, 刘剑雄. 归因、自主权与工作满意度 [J]. 管理世界, 2013 (1): 133-167.

[106] T. A. Judge, D. Heller, R. Klinger. The Dispositional Sources of Job Satisfaction Comparative Test [J]. Applied Psychology, 2008, 57 (3): 361-372.

[107] 柯江林, 孙健敏. 心理资本对工作满意度、组织承诺与离职倾向的影响 [J]. 经济与管理研究, 2014 (1): 121-128.

[108] 林善浪, 李龙新, 林玉妹, 等. 社会资本、劳动权益保障对农民工工作满意度的影响——基于福建农村的问卷调查 [J]. 福建论坛（人文社会科学版）, 2012 (11): 135-140.

[109] 胡翔, 李燕萍, 李泓锦. 新生代员工: 心态积极还是忿忿难平？——基于工作价值观的满意感产生机制研究 [J]. 经济管理, 2014, 36 (7): 69-79.

[110] R. Loi, J. Yang, J. M. Didfendorff, Four - factor Justice and Daily Job Satisfaction: A multilevel investigation [J]. Journal of Applied Psychology, 2009, 94 (3): 770 - 781.

[111] 李双燕, 万迪昉. 互惠对工作要求——工作满意度曲线关系的调节作用 [J]. 南开管理评论, 2008 (11): 103 - 109.

[112] 陈利军, 李刚. 民营企业组织公正与工作满意度之关系的实证分析——以新疆为例 [J]. 中央财经大学学报, 2009 (8): 75 - 79.

[113] 王炳成, 薪酬公平、人格特质与工作满意度关系研究 [J]. 科研管理, 2011 (3): 91 - 100.

[114] S. S. Masterson, K. Lewis, B. M. Goldman, et al. Integrating Justice and Social Exchange: The Differing Effects of Fair Procedures and Treatment on Work Relationships [J]. Academy of anagement Journal, 2000, 43 (4): 738 - 748.

[115] N. F. Piercy, D. W. Cravens, N. Lane, et al. Driving Organizational Citizenship Behaviors and Salesperson in - role Behavior Performance: The Role of Management Control and Perceived Organizational Support [J]. Journal of the Academy of Marketing Science, 2006, 34 (2): 242 - 262.

[116] R. B. Harris, K. J. Harris, P. Harvey, A Test of Competing Models of the Relationships Among Perceptions of Organizational Politics, Perceived Organizational Support, and Individual Outcomese [J]. Journal of Social Psychology, 2007, 147 (6): 631 - 655.

[117] L. A. Muse, C. L. Stamper, Perceived Organizational Support: Evidence for a Mediated Association with Work Performance [J]. Journal of Managerial Issues, 2007, 19 (4): 517 - 535.

[118] 张宁俊, 周灿, 张家瑞. 服务企业主管支持感与员工工作满意度关系调查 [J]. 经济纵横, 2011 (7): 109 - 112.

[119] 张秋惠, 赵晓波. 授权对员工满意度、感知顾客满意度影响研究——以餐饮业一线员工为例 [J]. 中国人力资源开发, 2012 (2): 106 - 109.

[120] 张振刚, 余传鹏, 林春培. 企业履行社会责任对员工工作满意度的影响 [J]. 经济管理, 2012, 34 (3): 76 - 82.

[121] 王红芳, 杨俊青. 员工总体报酬、要求—能力匹配对工作满意度的影

响——以非国有企业为例 [J]. 经济问题, 2015 (5): 73 - 78.

[122] 杨倩, 冯佳慧, 郭亮. 人岗匹配对员工工作绩效的影响研究——工作满意度的中介作用 [J]. 西安工业大学学报, 2015, 35 (3): 227 - 234.

[123] 张昱, 杨彩云. 社会资本对新生代农民工就业质量的影响分析——基于上海市的调查数据 [J]. 华东理工大学学报 (社科版), 2011 (5): 9 - 20.

[124] 奚玉芹, 戴昌钧, 杨慧辉. 人—组织价值观匹配、工作满意和离职倾向 [J]. 南京社会科学, 2014 (1): 38 - 47.

[125] 汪伟, 姜和忠, 徐卫星. 工作满意度与敬业度对员工工作绩效影响的实证研究——基于SG集团的研究 [C]. 中国管理学年会. 组织行为与人力资源管理分会场论文集, 2011 (9).

[126] 芦慧, 陈红, 徐琴. 员工满意度与敬业度的现状分析——以L公司为例 [J]. 华东经济管理, 2012, 26 (2): 123 - 125.

[127] J. BenSon, M. Brown. Generations at Work: Are There Differences and Do They Matter? [J]. The International Journal of Human Resource Management, 2011, 22 (9): 1843 - 1865.

[128] 沈峥嵘, 王二平. 关系绩效研究 [J]. 心理科学进展, 2004 (6): 924 - 931.

[129] L. W. Poter, E. E. Lawler. The Effect of Performance on Job Satisfaction [J]. Industrial Relations, 1967, 7 (1): 20 - 28.

[130] E. L. Deci, R. M. Ryan. The General Causality Orientations Scale: Self - determination in personality [J]. Journal of Research in Personality, 1985 (19): 109 - 134.

[131] 方来坛, 时勘, 张风华, 等. 员工敬业度、工作绩效与工作满意度的关系研究 [J]. 管理评论, 2011, 23 (12): 108 - 115.

[132] J. E. Sheridan, J. W. Slocum. The Direction of The Causal Relationship between Job Satisfaction and Work Performance [J]. Orgnizational Behavior and Human Perform - ance, 1975, 14: 159 - 172.

[133] M. T. Iaffadano, P. M. Muchinsky. Job Satisfation and Job Performance: A meta - analysis [J]. Psychologyical Bulletin, 1985 (97): 251 - 273.

[134] 慧调艳, 杨乃定. 工作满意度与绩效关系研究 [J]. 软科学, 2006,

20(4): 62-65.

[135] P. F. 德鲁克. 管理的实践——德鲁克管理经典（中英文双语典藏版）[M]. 齐若兰, 译. 北京: 机械工业出版社, 2006.

[136] Ing-Chung Huang, Pei-Wen Huang, Yi-Jung Chen. A Study of Taiwan's Travel Agent Salary System: An Agency Theory Perspective [J]. Tourism Management, 2004 (25): 483-490.

[137] W. A. Kahn. Psychological Conditions of Personal Engagement and Disengagement at Work [J]. Academy of Management Journal, 1990, 33 (4): 692-724.

[138] C. Maslach, M. P. Leiter. The Truth About Burnout [M]. San Francisco: Jossey-Bass Publishers, 1997: 1-175.

[139] C. Maslach, J. Goldberg. Prevention of Burnout: New perspectives [J]. Applied & Preventive Psychology, 1998 (7): 63-64.

[140] C. Maslach, W. B. Schaufeli, M. P. Leiter. Job burnout [J]. Annual Review of Psychology, 2001, 52 (3): 397-422.

[141] W. H. Macey, W. B. Schneider, The Meaning of Employee Engagement [J]. Industrial and Organizational Psychology, 2008, 1: 3-30.

[142] A. P. Brief, H. M. Weiss. Organizational Behavior: Affect in the Workplace [J]. Annual Review of Psychology, 2002 (53): 279-307.

[143] S. Langelaan, A. B. Bakker, D. L. Van, et al. Burnout and Work Engagement Do Individual Difference Make a Difference? [J]. Personality and Individual Differences, 2006, 40 (3): 521-532.

[144] 谢文辉. 敬业 [M]. 北京: 中国商业出版社, 2006: 30-31.

[145] J. Nakamura, M. Csikszentmihalyi. The Concept of Flow [M]. Handbook of positive psychology, 2003: 89-105.

[146] T. W. Britt, A. B. Amy. P. Bartone. Deriving Benefits from Stressful Events: The Role of Engagement in Meaningful Work and Handiness [J]. Journal of Occupational Health Psychology, 2001, 6 (1): 53-63.

[147] W. B. Schaufeli, M. Salanova, V. Gonzalez-Roma, et al. The Measurement of Engagement and Burnout: A Two Sample Confirmatory Factor Analytic Approach [J]. Journal of Happiness Studies, 2002 (3): 71-92.

[148] A. Shirom. Feeling Vigorous at Work? The Construct of Vigor and The Study of Positive Affect in Organizations [J]. Research in Organizational Stress and Well-being, 2003 (3): 135-165.

[149] D. R. May, R. L. Gilson, L. Harter. The Psychological Conditions of Meaningfulness, Safety, and Availability and The Engagement of the Human Spirit at Work [J]. Journal of Occupational and Organizationgal Psychology, 2004, 77 (1): 11-37.

[150] D. Robinson, S. Perryman, S. Hayday. The Drivers of Employee Engagement [R]. Institute of Employment Studies (IES) Report 408, 2004.

[151] A. M. Saks. Antecedents and Consquences of Employee Engagement [J]. Journal of Managerial Psychology, 2006, 21 (7): 600-619.

[152] Employ Engagement: The Employee Side of the Human Sigma Equation, 5-15-2001 [http://www.gallup.com]; Towers Perrin Study Identifies Factors That Create Engagement and Drive Performance in Today's Workforce, New York, 8-25-2003 [http://www.towersperrin.com]; Employee Engagement Index: Breakdown of questions, 2002-03 Accountability Report [http://www.vancity.com]

[153] W. B. Schaufeli, M. Salanova, V. Gonzalez-Roma, at al. The Measurement of Engagement and Burnout: A Two Sample Confirmatory Factor Analytic Approach [J]. Journal of Happiness Studies, 2004 (3): 71-92.

[154] 曾晖, 赵黎明. 企业员工敬业度的结构模型研究 [J]. 心理科学, 2009a, 32 (1): 231-235.

[155] H. J. Kim, K. H. Shin, N. Swanger. Burnout and Engagement: A Comparative Analysis Using the Big Five Personality Dimensions [J]. International Journal of Hospitality Management, 2009, 28: 96-104.

[156] N. P. Rothbard. Enriching or Depleting? The Dynamics of Engagement in Work and Family Roles [J]. Administrative Science Quarterly, 2001, 46 (4): 655-684.

[157] W. B. Schaufeli, A. B. Bakker, M. Salanova. The Measurement of Work Engagement with a Short Questionnaire: A Cross-national Study [J]. Educational and Psychology Measurement, 2006, 66 (4): 707-716.

[158] 周文斌, 张萍, 蒋明雅. 中国企业新生代员工的敬业度研究——基于薪酬满意度视角 [J]. 经济管理, 2013 (10): 77-88.

[159] 陈方英. 基于委托—代理理论的饭店企业员工敬业度提升模式研究 [J]. 旅游学刊, 2007 (12): 71-79.

[160] 孙卫敏, 吕翠. 组织支持感与员工敬业度关系 [J]. 北京理工大学学报 (社会科学版), 2012, 14 (4): 67-73.

[161] K. Hulkko-Nyman, D. Sarti, A. Hakonen, et al. Total Rewards Perception and Work Engagement in Elder-care Organizations [J]. International Studies of Management and Organization, 2012, 42 (1): 24-49.

[162] A. Van den Broeck, M. Vansteenkistet, H. De Witte, et al. Explaining the Relationships between Job Characteristics, Burnout, and Engagement: The Role of Basic Psychological Need Satisfaclion [J]. Work & Stress, 2008, 22 (3): 277-294.

[163] J. K. Harter, F. L. Schmidt, T. L. Hayes. Business-unit-level Relationship between Employee Satisfaction, Employee Engagement, and Business Outcomes: A Meta-analysis [J]. Journal of Applied Psychology, 2002, 87 (2): 268-279.

[164] 杨红明, 刘耀忠. 工作特征对知识员工敬业度作用的实证研究: 基于内在动机视角 [J]. 科技管理研究, 2012 (11): 169-174.

[165] S. Rothmann, J. Joubert. Job Demands, Job Resources, Burnout and Work Engagement of Managers at a Platinum Mine in the North West Province [J]. South African Journal of Business Management, 2007, 38: 49-61.

[166] M. S. Christian, J. E. Slaughter. Work Engagement: A Meta-analytic Review and Directions for Research in an Emerging Area [R]. Proceedings of the Sixty-Sisth Annual Meeting of the Academy of Management, ISSN 1543-8643, 2007.

[167] 卢纪华, 陈丽莉, 赵希男. 组织支持感、组织承诺与知识型员工敬业度的关系研究 [J]. 科学学与科学技术管理, 2013, 34 (1): 147-153.

[168] 张轶文, 甘怡群. 中文版 Utrech 工作投入量表 UWES 的信效度检验 [J]. 中国临床心理学杂志, 2005, 13 (3): 268-270.

[169] 黄志坚. 动漫人才全面报酬、敬业度和绩效之间的作用关系 [J]. 科技管理研究, 2013, 35 (4): 165-170.

[170] W. B. Schaufeli, A. B. Bakker. Job Demands, Job Resources, and Their Relationship with Burnout and Engagement: A multi sample study [J]. Journal of Organizational Behavior, 2004, 25: 293-315.

[171] 赵欣艳, 孙洁. 员工敬业度研究综述与展望 [J]. 北京邮电大学学报 (社会科学版), 2010, 12 (5): 92-98.

[172] U. E. Hallberg, G. Johansson, W. B. Schaufeli. Type a Behavior and Work Situation: Associations with Burnout and Work Engagement [J]. Scandinavian Journal of Psychology, 2007, 48: 135-142.

[173] B. S. Wilmar, B. B. Amold. The Measurement of Work Engagement with a Short Questionnaire a Cross-national Study [J]. Educational and Psychological Measurement, 2006, 66 (4): 701-716.

[174] 温碧燕. 有满意的员工就会有满意的顾客吗?——员工敬业度的影响 [J]. 旅游学刊, 2011, 26 (5): 68-76.

[175] C. F. Mills. Employee Engagement in the Wireless Industry: A validity study [D]. Minneapo-lis Capella University, 2005.

[176] 刘小平, 邓靖松. 员工敬业度的理论研究综述 [J]. 软科学, 2009, 23 (10): 107-110.

[177] 杨红明, 廖建桥. 员工敬业度研究现状探析与未来展望 [J]. 外国经济与管理, 2009, 31 (5): 45-59.

[178] 高建丽, 孙明贵. 员工敬业理论研究梳理及展望 [J]. 技术经济与管理, 2014 (8): 37-42.

[179] 方来坛, 时堪, 张风华. 员工敬业度的研究述评 [J]. 管理评论, 2010 (5): 47-55.

[180] 杨杰, 方俐洛, 凌文铨. 绩效评价若干问题 [J]. 应用心理学, 2006, 6 (2): 53-58.

[181] K. R. Murphy. Dimensions of Job Performance [C] //R. F. Dillon, J. W. Pellegrino. Testing: Theoretical and Applied Perspectives. NewYork: Prager, 1989: 218-247.

[182] J. P. Campbell. Modeling the Performance Prediction Problem in Industrial and Organizationzl Psychology [M] //M. D. Dunnette, L. M. Hough. Handbook of In-

dustrial and Organizational Psychology. 2ed. Palo Alto: Consulting Psychologists Press, 1990: 687 - 732.

[183] 孙健敏, 焦长泉. 对管理者工作绩效结构的探索性研究 [J]. 人类工效学, 2002, 8 (3): 1 - 10.

[184] E. D. Pulakos, N. Scmmit, D. W. Dorsey, et al. Predicting Adaptive Performance: Further Test of a Model of Adapt Ability [J]. Human Performance, 2000, 15 (4): 299 - 323.

[185] 付亚和, 许玉林. 绩效管理 [M]. 上海: 复旦大学出版社, 2003: 11.

[186] R. D. Jr. Bretz, G. T. Milkovich, W. Read. The Current State of Performance Appraisal Research and Practice: Concerns, Directions, and Implications [R]. Ithaca: Cornell University, 1992.

[187] S. J. Motowidlo, W. C. Borman, M. J. Schmit. A Theory of Individual Differences in Task and Contextual Performance [J]. Human Performance, 1997 (10): 71 - 83.

[188] W. C. Bormann, S. J. Motowidio. Expanding the Criterion Dimain to Include Elements of Contextual Pebermance [M]. Personnel Selection in Organzations. San Francisco: Jossass, 1993: 71 - 98.

[189] J. R. Van Scotter, S. J. Motowidlo. Interpersonel Facilitation and Job Dedication as Separate Facets of Contextual Performance [J]. Journal of Applied Psychology, 1996, 81: 525 - 531.

[190] W. C. Bormann, S. J. Motowidio. Expanding the Criterion Dimain to Include Elements of Contextual Pebermance [M]. Personnel Selection in Organzations. San Francisco: Jossass, 1993: 71 - 98.

[191] M. London, E. M. Mone. Continous Learning [M] //D. R. Ilgen, E. D. Pulakoas. The Changing Nature of Performance: Implications for Staffing, Motivation, and Development. San Franciso: jossey - Bass, 1999: 21 - 55.

[192] O. Janssen, N. W. Van Yperen. Employee's Goal Orientations, the Quality of Leader - member Exchange, and the Outcomes of Job Performance and Job Satisfaction [J]. Academy of Management Journal, 2004, 27 (3): 368 - 384.

[193] 温志毅. 工作绩效的四因素结构模型 [J]. 首都师范大学学报（社

会科学版),2005 (5): 105-111.

[194] 韩翼. 雇员工作绩效结构模型构建与实证研究 [D]. 华中科技大学, 2006: 68.

[195] R. L. Miller, M. A. Griffin, P. M. Hart. Personality and Organizational Health: The Role of Conscientiousness [J]. Work and Stress, 1999, 13 (1): 7-19.

[196] T. R. Mitchell, D. Daniels, Motivation [M] //W. C. Borman, D. R. Ilgen, R. J. Klimoski, et al. Handbook of Psychology, Industrial and Organizational Psychology: vol. 12, Hoboken: John Wiley & Sons, Inc., 2003: 225-254.

[197] S. Sonnentag, M. Frese. Performance Concepts and Performance Theory [J]. Psychological Management of Individual Performance, 2002 (23): 3-25.

[198] 蔡永红, 林崇德. 学生评价教师绩效的结构验证性因素分析 [J]. 心理学报, 2003, 35 (3): 362-369.

[199] J. S. Motowidlo, Job Performance [M] // W. C. Borman, D. R. Ilgen, R. J. Klimoki, et al. Handbook of Psyehology, Industrial and Organizational Psychology: vol. 12. Hoboken: John Wiley & Sons, Inc., 2003: 39-53.

[200] F. Luthans, C. M. Youssef. Human, Social, and Now Positive Psychological Capital Management: Investing in People for Competitive Advantage [J]. Organizational Dynamics, 2004, 33 (2): 143-160.

[201] J. B. Avey, R. J. Reichard, F. Luthans, et al. Meta-analysis of the Iimpact of Positive Psychological Capital on Employee Attitudes Behaviors, and Performance [J]. Human Resource Development Quarterly, 2011, 22 (2): 127-152.

[202] 仲理峰. 心理资本对员工的工作绩效、组织承诺及组织公民行为的影响 [J]. 心理学报, 2007, 39 (2): 328-334.

[203] 李磊, 尚玉钒, 席酉民, 等. 变革型领导与下属工作绩效及组织承诺: 心理资本的中介作用 [J]. 管理学报, 2012, 9 (5): 685-691.

[204] J. H. Dulebohn, S. E. Werling. Compensation Research Past, Present, and Future [J]. Human Resource Management Review, 2007, 17 (2): 191-207.

[205] S. Werner, S. G. Ward. Recent Compensation Research: An Eclectic Review [J]. Human Resource Management Review, 2004, 14 (2): 201-227.

[206] J. Greenberg. Creating Unfairness by Mandating Fair Procedures: The

Hidden Hazards of a Pay – for – performance Plan [J]. Human Resource Management Review, 2003 (68): 285 – 297.

[207] 树友林. 内生性视角下高管权力、薪酬与公司绩效关系研究 [J]. 江苏社会科学, 2012 (3): 96 – 100.

[208] 吴联生, 林景艺, 王亚平. 薪酬外部公平性、股权性质与公司业绩 [J]. 管理世界, 2010 (3): 117 – 126.

[209] T. M. Amabile, B. A. Hennessey, B. S. Grossman. Social Influences on Creativity: the Effects of Contracted – for Reward [J]. Journal of Personality and Social Psychology, 1986, 50: 14 – 23.

[210] 张瑞君, 李小荣, 许年行. 货币薪酬能激励高管承担风险吗? [J]. 经济理论与经济管理, 2013 (8): 84 – 100.

[211] 冯根福, 赵珏航. 管理者薪酬、在职消费与公司绩效——基于合作博弈的分析视角 [J]. 中国工业经济, 2012 (6): 147 – 158.

[212] J. W. Medcof, S. Rumpel. High Technology workers and Total Rewards [J]. Journal of High Technology Management Research, 2007 (3): 18 – 27.

[213] 曾湘泉, 周禹. 薪酬激励与创新行为关系的实证研究 [J]. 中国人民大学学报, 2008 (5): 86 – 93.

[214] J. Kochanski, P. Mastropolo, G. Ledford. People Solutions for R&D [J]. Research Teclinology Management, 2003, 5 (2): 59 – 61.

[215] 陈葵, 张一纯. 工作环境、工作压力与激励绩效关联性研究 [J]. 产业与科技论坛, 2007 (6): 120 – 121.

[216] R. J. Riggle, D. R. Edmondson, J. D. Hansen. A Meta – analysis of the Relationship between Perceived Organizational Support and Job Outcomes: 20 Years of Research [J]. Journal of Business Research, 2009, 62 (10): 1027 – 1030.

[217] 吴敏, 刘主军, 吴继红. 变革型领导、心理授权与绩效的关系研究 [J]. 软科学, 2009, 29 (1): 111 – 117.

[218] 仲理峰, 王震, 李梅, 等. 变革型领导、心理资本对员工工作绩效的影响研究 [J]. 管理学报, 2013, 10 (4): 536 – 544.

[219] 王震, 宋萌, 孙健敏. 主管支持员工能让组织收益吗?——主管组织化身的调节作用 [J]. 经济管理, 2014 (3): 77 – 86.

［220］R. P. Settoon, N. Bennett, R. C. Liden. Social Exchange in Organizations: Perceived Organizational Support, Eader – member Exchange, and Employee Reciprocity［J］. Journal of Applied Psychology, 1996, 81（3）: 219 – 227.

［221］储成祥, 高倩, 毛慧琴. 个人与组织匹配对工作绩效影响的实证研究——以通信企业为例［J］. 劳动经济和劳动关系, 2014（2）: 62 – 70.

［222］曲庆, 高昂, 个人—组织价值观契合如何影响员工的态度和绩效——基于竞争价值观模型的实验研究［J］. 南开管理评论, 2013（5）: 4 – 15.

［223］J. R Hackman, G. R. Oldham. Motivation through the Design of Work: Test of a Theory［J］. Organizational Behavior and Human Performance, 1976（16）: 250 – 279.

［224］Tyagi Pradeep. The Effects on Stressful Organizational Conditions on Salesperson Work Motivation［J］. Journal of the Academy of Marketing Science, 1985, 13（1）: 290 – 309.

［225］D. N. Stone, E. L. Deci, R. M. Ryan. Beyond Talk: Creating Autonomous Motivation through Self – determination Theory［J］. Journal of General Management, 2009, 34（3）: 75 – 91.

［226］王忠, 熊立国, 郭欢. 知识员工创造力人格、工作特征与个人创新绩效［J］. 商业研究, 2014（5）: 108 – 114; 王富祥. 工作特征对组织公民行为的影响分析［J］. 科学与管理, 2006（6）: 92 – 93.

［227］J. A. Algera. Objective and Perceived Task Characteristics as a Determinant of Reactions by Task Performance［J］. Journal of Occupational Psychology, 1983（56）: 95 – 107.

［228］P. M. Janssen, Jan de Jonge, A. B. Bakker. Specific Determinants of Intrinsic Work Motivation, Burnout and Turnover Intentions a Study among Nurses［J］. Journal of Advanced Nursing, 1999, 29（6）: 1360 – 1369.

［229］杨红明. 基于工作特征的企事业单位员工内在动机和敬业度作用机制研究［D］. 武汉: 华中科技大学, 2010.

［230］F. P. Morgeson, M. A. Campion, Work Design［M］//W. Borman, D. Ilgen, R. Klimoski. Handbook of Psychology: Industrial and Organizational Psychology, 2003, 12: 423 – 452.

[231] R. F. Piccolo, J. A. Knippenberg, M. L. Schippers, et al. Transformational and Transactional Leadership and Innovation Behavior: The Moderating Role of Core Job Characteristics [J]. Academy of Journal Management, 2006, 49 (2): 327-340.

[232] Chiu Su-Fen, Chen Hsiao-Lan. The Mediating Role of Job Involvement in the Relationship Between Job Characteristics and Organizational Citizenship Behavior [J]. Social Behavior and Personality, 2005, 33 (6): 523-540.

[233] R. Saavedra, S. K. Kwun. Affective States in Job Characteristics Theory [J]. Journal of Organizational Behavior, 2000 (21): 131-146.

[234] M. Fishbein, A. Icek. Belief, Attitude, Intention, and Behavior: An Introduction to Theory and Research [M]. Massachusetts: Addison—Wesley Publishing Co., Inc., 1975.

[235] 杨俊青, 潘泰萍. 我国非国有企业组织与治理结构的现状、问题与趋势 [J]. 生产力研究, 2005 (3): 178-181.

[236] A. S. Tsui, J. L. Farh. Where Guanxi matters: Relational demography and Guanxi in the Chinese context [J]. Work and Occupation, 1997, 24 (1): 56-79.

[237] 徐正光. 工厂工人的工作满意及其相关因素之探讨 [J]. 中央研究院民族学研究所专刊, 1977: 143-156.

[238] R. W. Lent, S. D. Brown. Integrating Person and Situation Perspectives on Work Satisfaction: A social-cognitive view [J]. Journal of Vocational Behavior, 2006 (69): 236-247.

[239] D. Robinson, S. Perryman, S. Hayday. The Drivers of Employee Engagement [R]. Institue of Employment Studies (IES) Report 408, 2004.

[240] A. Shirom. Feeling Vigorous at Work? The Construct of Vigor and the Study of Positive Affect in Organizations [C] //D. Ganster, P. L. Perrewe. Research in Organizational Stress and Well-being. london: JAI Press, 2003 (3): 135-165.

[241] 刘雪梅. 员工满意度和敬业度之辨 [J]. 当代经理人, 2003 (10): 68-70.

[242] 陆路, 董淑芬, 张军. 影响企业员工敬业因素调查及提升策略研究 [J]. 中国劳动关系学院学报, 2013, 27 (3): 61-66.

[243] 曾晖,赵黎明. 酒店服务行业员工敬业度特征与绩效研究 [J]. 北京工商大学学报(社会科学版),2009b,24 (4): 96 – 100.

[244] A. D. Newman, T. Kinney, L. J. Farr. Job Performance Ratings [M] //J. C. Tomas, M. Hersen. Comprehensive Handbook of Psyehological Assessment: vol. 4. Nen York: John Vliey & Sons, Inc. , 2004.

[245] 韩翼. 雇员工作绩效结构模型构建与实证研究 [D]. 武汉:华中科技大学,2006,78.

[246] 陈亮,段兴民. 基于行为的工作绩效结构理论研究述评 [J]. 科研管理,2008,29 (2): 133 – 141.

[247] J. R. Hackman, G. R. Oldham. Development of the Job Diagnostic Survey [J]. Journal of Applied Psychology, 1975, 60: 159 – 170.

[248] C. A. O'Reilly, J. Chatman, D. F. Caldwell. People and Organizational Culture: A Profile Comparison Approach to Assessing Person – Organization Fit [J]. Academy of Management Journal, 1991, 34 (3): 487 – 516.

[249] B. Schneider, H. W. Goldstein. The ASA framework: An Update [J]. Personnel Psychology, 1995, 48: 747 – 773.

[250] J. R. Edwards. Person – job Fit: A Conceptual Integration, Literature Review and Methodological Critique [J]. International Review of Industrial Organizational Psychology, 1999 (6): 283 – 357.

[251] G. S. Becker. Investment in Human Capital: A Theoretical Analysis [J]. The Journal of Political Economy, 1962, 70 (5): 9 – 49.

[252] 俞文钊. 现代激励理论与应用 [M]. 大连:东北财经大学出版社,2006: 17 – 18.

[253] 张剑,张微,宋亚辉. 自我决定理论的发展及研究进展评述 [J]. 北京科技大学学报(社会科学版),2011 (4): 131 – 137.

[254] E. L. Deci. Intrinsic Motivation [M]. City of New York: Plenmu, 1975.

[255] E. L. Deci, R. M. Ryan. The Empirical Exploration of Intrinsic Motivational Processes [C] //L. Berkowitz. Advances in Experimental Social Psychology. New York: Academic Press, 1980: 39 – 80.

[256] E. L. Deci, R. M. Ryan. The "what" and "why" of Goal Pursuits: Hu-

man Needs and the Self – determination of Behavior [J]. Psychological Inquiry, 2000 (11): 227 – 268.

[257] E. L. Deci, R. M. Ryan. The General Gausality Orientations Scale: Self – determination Personality [J]. Journal of Research in Personality, 1985 (19): 109 – 134.

[258] E. L. Deci, R. M. Ryan. Handbook of Self – determination Research [M]. New York: The University of Rochester Press, 2002.

[259] G. C. Homans. Social Behavior as Exchange [J]. American Journal of Sociology, 1958: 597 – 606.

[260] P. M. Blau. Justice in social exchange [J]. Sociological Inquiry, 1964, 34 (2): 193 – 206.

[261] S. E. Hobfoll. Conservation of Resources: A New Attempt at Conceptualizing Stress [J]. American Psychologist, 1989, 44 (3): 513 – 524.

[262] S. E. Hobfoll, A. Shirom. Conservation of Resources Theory: Applications to Stress and Management in the Workplace [M] // R. T. Golembiewski. Handbook of organization behavior. New York: Dekker, 2000: 57 – 81.

[263] 瞿皎皎, 曹霞, 崔勋. 基于资源保存理论的组织政治知觉对国有企业员工工作绩效的影响机理研究 [J]. 管理学报, 2014, 6: 852 – 860.

[264] E. Demerouti, A. B. Bakker, F. Nachreiner, et al. The Job Demands – resources Model of Burnout [J]. Journal of Applied Psychology, 2001, 86 (3): 499 – 512.

[265] P. M. Muchinsky, C. J. Monahan. What Is Person – environment Congruence? Supplementary Versus Complementary Models of Fit [J]. Journal of Vocational Behavior, 1987, 31: 268 – 277.

[266] D. M. Cable, T. A. Judge. Pay Preferences and Job Search Decisions: A person – organization Fit perspective [J]. Personnel Psychology, 1994, 47: 317 – 348.

[267] B. Schneider, H. W. Goldstein. The ASA framework: An Update [J]. Personnel Psychology, 1995, 48: 747 – 773.

[268] C. Maslach, W. B. Schaufeli, M. P. Leiter. Job Burnout [J]. Annual Review of Psychology, 2001, 52 (1): 397 – 422.

[269] 杨菊兰, 杨俊青. 员工整体薪酬感知结构化及其对组织认同的影响——基于双因素理论的解释 [J]. 经济管理, 2015 (11): 63-73.

[270] E. E. Lawler III. Creating a New Employment Deal: Total Rewards and The New Workforce [J]. Organizational Dynamics, 2011, 40 (7): 302-309.

[271] C. Robert, T. M. Probst, J. J. Martocchio, et al. Empowerment and Continuous Improvement in the United States, Mexico, Poland and India: Predicting Fit on the basis of the dimensions of power distance and Individualism [J]. Journal of Applied Psychology, 2000, 85 (5): 643-658.

[272] B. J. Hoffman, D. J. Woehr. A Quantitative Review of the Relationship between Person-organization Fit and Behavioral Outcomes [J]. Journal of Vocational Behavior, 2006, 68 (3): 389-399.

[273] A. L. Kristof. Person-Organization Fit: An Integrative Review of Its Conceptualization, Measurement, and Implications [J]. Personnel Psychology, 1996, 49 (1): 1-49.

[274] R. A. Easterlin, Life Cycle Happiness and Its Sources: Intersections of Psychology, Economics and Demography [J]. Journal of Economic Psychology, 2006 (4): 463-482.

[275] J. L. Susan, A. Semykian. What Makes Workers Happy? Anticipated Rewards and Job Satisfaction [J]. Industrial Relations, 2012, 51 (4): 811-844.

[276] A. Malka, J. A. Chatman. Intrinsic and Extrinsic Work Orientations as Moderators of the Effect of Annual Income on Subjective Well-being: A Longitudinal Study [J]. Personality and Social Psychology Bulletin, 2003, 29 (6): 737-746.

[277] T. E. Becker. Potential Problems in the Statistical Control of Variables in Organizational Research: Aqualitative Analysis with Recommendations [J]. Organizational Research Methods, 2005, 8: 274-289.

[278] P. E. Spector, M. T. Brannick. Methodological Urban Legends: The Misuse of Statistical Control Variables [J]. Organizational Research Methods, 2011, 14: 287-305.

[279] L. S. Aiken, S. G. West. Multiple Regression: Testing and interpreting interactions [M]. Newbury Park: Sage, 1991.

[280] 文跃然, 张兰. 全面薪酬的新实践——认可奖励计划 [J]. 企业管理, 2009（3）: 16-19.

[281] 温忠麟, 侯杰泰, 张雷. 调节效应与中介效应的比较和应用 [J]. 心理学报 2005, 37（2）: 268-274.

[282] J. Cohen, P. Cohen, S. G. West, et al. Applied Multiple Regression/Correlation Analysis for the Behavioral Sciences [M]. 3rd ed. Hillsdale: Erlbaum, 2003.

[283] S. John, S. Dow, W. B. James, et al. Pay Perception and Their Relationships with Cooperation, Commitment, and Intent to Quit [J]. International. Studies of Management & Oranization, 2012, 42（1）: 68-86.

[284] R. W. Brislin. Translation and Content Analysis of Oral and Written Materials [C] //H. C. Triandis, W. W. Lamber. Handbook of cross-cultural psychology. Boston: Allyn & Bacon, 1980: 349-444.

[285] 张勉, 李海, 魏钧, 等. 交叉影响还是直接影响? 工作—家庭冲突的影响机制 [J]. 心理学报, 2011（5）: 573-588.

[286] L. J. Cronbach. Coefficient Alpha and Internal Sructure of Tests [J]. Psychometrika, 1951, 16: 297-334.

[287] 孙国强, 管理研究方法 [M]. 上海: 上海人民出版社, 2011: 100-102.

[288] S. L. Crites, Jr. L. R. Fabrigar, R. E. Petty. Measureing the Affective and Cognitive Properties of Attitudes: Conceptual and Methodological Issues [J]. Personality and Social Psychology Bulletin, 1994（12）: 619-634.

[289] 曹威麟, 陈文江. 心理契约研究述评 [J]. 管理学报, 2007, 4（5）: 682-687.

[290] J. S. Adams. Inequity in Social Exchange [C] //L. Berkowitz. Advance in Experimental Social Psychology. New York: Academic Press, 1965: 267-289.

[291] K. M. Sheldon, T. Kasser. Pursuing Personal Goals: Skills Enable Progress but Not All Progress is Beneficial [J]. Personality and Social Psychology Bulletin, 1998（24）: 1319-1331.

[292] 郑伯埙. 差序格局与华人组织行为 [J]. 本土心理学研究, 1995（3）: 142-219.

［293］罗家德，王竟. 圈子理论——以社会网的视角分析中国人的组织行为［J］. 战略管理，2010，2（1）：12-24.

［294］陶厚永，李薇，陈建安，等. 领导——追随行为互动研究：对偶心理定位的视角［J］. 中国工业经济，2014（12）：104-117.

［295］D. P. Lepak, S. A. Snell, The Human Resource Architecture: Toward a Theory of Human Capital Allocation and Development. Academy of Management Review［J］. 1999, 24（1）：31-48；D. P. Lepak, S. A. Snell, Examining the Human Resource Architecture: The Relationships among Human Capital, Employment, and Human Resource Configurations［J］. Journal of Management, 2002, 28（4）：517-543.

［296］刘军，章凯，仲理峰. 工作团队差序氛围的形成与影响：基于追踪数据的实证分析［J］. 管理世界，2009（8）：92-101.

［297］姜定宇，张菀真. 华人差序式领导与部属效能［J］. 本土心理学研究，2010（33）：109-177.

［298］J. J. Li, L. Poppo, K. Z. Zhou. Relational Mechanisms, Formal Contracts, and Local Knowledge Acquisition by International Subsidiaries［J］. Strategic Management Journal, 2010, 31（4）：349-370.

［299］M. Wong. Guanxi Management as Complex Adaptive Systems: A Case Study of Taiwanese ODI in China［J］. Journal of Business Ethics, 2010, 91（3）：419-432.

［300］陈戈，储小平. 差序制度结构与中国管理革命——以李宁公司的发展变革为例［J］. 中国社会科学辑刊，2008（4）：1-28.

［301］M. E. Brown, L. K. Treviño. Ethical Leadership: A Review and Future Directions［J］. The Leadership Quarterly, 2006, 17（6）：595-616.

［302］J. C. Meister, K. Willyerd. Mentoring Millennial［J］. HarvardBusiness Review, 2010, 88（5）：68-72.

［303］侯烜方，李燕萍，涂乙冬. 新生代工作价值观结构、测量及对绩效影响［J］. 心理学报，2014（6）：823-840.

［304］刘苹. 感知差异在人力资本投资与员工工作满意度关系中的调节作用分析［J］. 四川大学学报（哲学社会科学版），2014（4）：109-116.

[305] 孙健敏, 陆欣欣, 孙嘉卿. 组织支持感与工作投入的曲线关系及其边界条件 [J]. 管理科学, 2015, 28 (2): 93-102.

[306] S. E. Hobfoll, A. Shirom. Conservation of Resources Theory: Applications to Stress and Management in the Workplace [M] // R. T. Golembiewski. Handbook of Organization Behavior, New York: Dekker, 2000: 57-81.

[307] W. B. Schaufeli, A. B. Bakker, M. Salanovam. The Measurement of Work Engagement with a Short Questionnaire a Cross-national Study [J]. Educational and psychological measurement, 2004 (66): 701-716.

[308] S. S. Brooks. Non-Cash Ways to Compensate Employees [J]. HR Magazine, 1994, 4.

[309] 曹敏, K. Hsee Christopher, 吴冲锋. 货币激励的非连贯性以及次优性 [J]. 上海经济研究, 2002 (12): 34-42.

[310] 李鸿雁, 吴小节, 基于 SET 理论的知识型员工敬业度、工作能力与绩效关系研究 [J]. 科技管理研究, 2014, 47 (7): 222-228.

[311] E. Lane Robert. The Market Experience [M]. Cambridge, Eng.: Cambridge University Press, 1991.

[312] G. S. Becker. Investment in Human Captial: A Theoretical Analysis [J]. Journal of Economy, 1962, 70 (5): 9-49.

[313] A. S. Winston, J. E. Baker. Behavior Analytic Studies of Creativity: A Critical Review [J]. The Behavior Analyst, 1985 (8): 191-205.

[314] M. R. Edwards. Measuring Creativity at Work: Developing a Reward-for-creativity Policy [J]. Journal of Creative Behavior, 1989 (23): 26-37.

[315] R. Eisenberger, J. Cameron. Detrimental Effects of Rewards: Reality of Myth? [J]. American Psychologist, 1996 (51): 1153-1166.

[316] 杨俊青. 非完全古典假设下的非国有企业与二元经济结构转化 [M]. 北京: 经济科学出版社, 2005: 138-148.

[317] 杨俊青, 鲁云鹏, 王红芳. 非国有企业吸纳劳动力与城镇化的战略模型 [J]. 经济管理, 2014, 36 (10): 136-146.

[318] M. E. Barnard, R. A. Rodgers. How Are Internally Oriented HRM Policies Related to High-performance Work Practices, Evidence from Singapore [J]. In-

ternational Journal of Human Resource Management, 2000, 11 (6): 1017-1046.

[319] M. A. Huselid. The Impact of Human Resource Management Practices on Turnover, Productivity, and Corporate Financial Performance [J]. Academy of Management Journal, 1995, 38: 635-672.

[320] E. L. Deci. Effects of Externally Mediated Re-wards on Intrinsic Motivation [J]. Journal of Personality and Social Psychology, 1971, 18: 105-115.

[321] L. Weber, K. Mayer. Transaction Cost Economics and the Cognitive Perspective: Investigating the Sources & Governance of Interpretive Uncertainty [J]. Academy of Management Review 2014, 39 (3): 344-363.

[322] W. G. Ouchi. Markets, Bureaucracies and Clans [M]. Administrative Science Quarterly, 1980: 129-141.

[323] H. Liao, K. Toya, D. P. Lepak, et al. Do They See Eye to Eye? Management and Employee Perspectives of High-performance Work Systems and Influence Processes on Service Quality [J]. Journal of Applied Psychology, 2009, 94 (2): 371-391.

[324] M. Ehrnrooth, I. Björkman. An Integrative HRM Process Theorization: Beyond Signalling Effects and Mutual Gains [J]. Journal of Management Studies, 2012, 49 (6): 1109-1135.

[325] B. Fredrickson. The Value of Positive Emotions [J]. American Scientist, 2003 (6): 330-335.

[326] 王大悟. 员工满意度、顾客满意度的另类思考 [J]. 旅游学刊, 2004, 19 (2): 66-69.

[327] S. Rabiniowitz, D. T. Hall. Organizational Research on Job Involvement [J]. Psychological Bulletin, 1977, 84: 265-288.

[328] 蔡丽玲. 同事评价、同事公平与知识共享及个人创新的关系研究 [D]. 杭州: 浙江大学, 2014: 63-123.

[329] L. J. Williams, S. E. Anderson. Job Satisfaction and Organizational Commitments as Predictors of Organizational Citizenship and In-role Behaviors [J]. Journal of Management, 1991, 17: 601-617.

[330] J. R. Van Scotter. Relationships of Task Performance and Contextual Per-

formance with Turnover, Job satisfaction, and Affective Commitment [J]. Human Resource Management Review, 2000, 10 (1): 79-95.

[331] W. A. Kahn. To be Fully There: Psychological presence at work [J]. Human Relations, 1992, 45 (4): 321-329.

[332] T. W. Britt, A. B. Adler, P. Bartone. Deriving Benefits from Stressful Events: The Role of Engagement in Meaningful Work and Hardiness [J]. Journal of Occupational Health Psychology, 2001, 6 (1): 53-63.

[333] R. Wellins, J. Concelman. Engagement and Transformational Leadership [J]. Journal of Occupational Health Psychology, 2007, 12 (2): 135-141.

[334] C. H. Chuang, H. Liao. Strategic Human Resource Management in Service Context: Taking Care of Business by Taking Care of Employees and Customers [J]. Personnel Psychology, 2010, 63 (1): 153-196.

[335] R. R. Kehoe, P. M. Wright. The Impact of High-performance Human Resource Practices on Employees' Attitudes and Behaviors, Journal of Management [J]. 2013, 39 (2): 366-391.

[336] J. G. Messersmith, P. C. Patel, D. P. Lepak, et al. Unlocking the Black Box: Exploring the Link Between High-performance Work Systems and Performance [J]. Journal of Applied Psychology, 2011, 96 (6): 1105-1118.

[337] 黄志坚. 全面报酬、敬业度和绩效的作用关系研究：基于动漫技能人才的实证 [D]. 武汉：武汉大学，2010：123-129.

[338] 陈志霞，陈剑峰. 组织支持感影响工作绩效的直接与间接效应 [J]. 工业工程与管理，2008 (1)：99-104.

[339] 施丹. 科技活动人员的全面报酬、工作动机和创造力的作用关系研究 [D]. 武汉：武汉大学，2009.

[340] R. M. Ryan, E. L. Deci. Self-determination Theory and The Facilitation of Intrinsic Motivation, Social Development, and Well-being [J]. American Psychologist, 2000, 55 (1): 68-78.

[341] E. L. Deci. Effects of Externally Mediated Rewards on Intrinsic Motivation [J]. Journal of Personality and Social Psychology, 1971, 18: 105-115; E. L. Deci, R. M. Ryan. The General Causality Orientations Scale: Self-determination

in personality [J]. Journal Of Research In Personality, 1985 (19): 109 – 134.

[342] W. Mischel. Toward an Integrative Science of the Person [J]. Annual Review of Psychology, 2004, 55 (1): 1 – 22.

[343] R. W. Woodman, J. E. Sawyer, R. W. Griffin. Toward a Theory of Organizational Creativity [J]. Academy of Management Review, 1993, 18 (2): 293 – 321.

[344] 杨付, 张丽华. 团队成员认知风格对创新行为的影响: 团队心理安全感和工作单位结构的调节作用 [J]. 南开管理评论, 2012, 15 (5): 13 – 25.

[345] 陈晓萍, 徐淑英, 樊景立. 组织与管理研究的实证方法 [M]. 北京: 北京大学出版社, 2010: 161 – 175.

[346] G. A. Churchill. A Paradigm for Developing Better Measures of Marketing Constructs [J]. Journal of Marketing Research, 1979, 16: 64 – 79.

[347] T. R. Hinkin. A Review of Scale Development Practices in the Study of Organizations [J]. Journal of Management, 1995, 21 (5): 967 – 988.

[348] 冯缙, 秦启文. 工作满意度研究述评 [J]. 心理科学, 2009, 32 (4): 900 – 902.

[349] P. E. Spector. Measurement of Human Service Staff Satisfaction: Development of the Job Satisfaction Survey [J]. American Journal of Community Psychology, 1985 (13): 693 – 713.

[350] M. S. Christian, J. E. Slaughter. Work Engagement: A Meta – analytic Review and Directions for Research in an Emerging area [C]. Academy of Management. The Sixty – Sixth Annual Meeting of the Academy of Management, 2007.

[351] 李锐, 凌文铨. 工作投入研究的现状 [J]. 心理科学进展, 2007, 123 (2): 366 – 372

[352] 曾晖, 赵黎明. 酒店服务行业员工敬业度特征与绩效研究 [J]. 北京工商大学学报 (社会科学版), 2009, 24 (4): 96 – 100.

[353] 吴文婷. 涉农企业员工组织承诺与敬业度关系的实证研究 [J]. 华中农业大学学报 (社会科学版), 2010 (2): 55 – 59.

[354] 马志强, 杨晓静, 朱永跃. 主管承诺与员工敬业度关系实证研究 [J]. 技术经济与管理, 2012 (12): 64 – 67.

[355] D. Chan. Functional Relations among Constructs in the Same Content Do-

main at Different Levels of Analysis: A typology of Composition Model [J]. Journal of Applied Psychology, 1998, 83: 234 - 246.

[356] 韩翼. 雇员工作绩效结构模型构建与实证研究 [D]. 武汉: 华中科技大学, 2006: 162 - 164.

[357] S. G. Scott, R. A. Bruce. Determinants of Innovation Behavior: A Path Model of Individual Innovation in the Workplace [J]. Academy of Management Journal, 1994, 37 (3): 580 - 607.

[358] J. R. Edwards. Person – job fit: A Conceptual Integration, Literature Review and Methodological Critique [J]. International Review of Industrial Organizational Psychology, 1991 (6): 283 - 357.

[359] H. P. Sims, A. D. Szilagyi, R. T. Keller. The Measurement of Job Characteristics [J]. Academy of Management Journal, 1976, 19: 195 - 212.

[360] 杨红明. 基于工作特征的企事业单位员工内在动机和敬业度作用机制研究 [D]. 武汉: 华中科技大学, 2010.

[361] 黄芳铭. 结构方程模式理论与应用 [M]. 北京: 中国税务出版社, 2005.

[362] A. Bryman, D. Cramer. Quantitative Data Analysis with SPSS for Windows [M]. London: Routhledge, 1997.

[363] H. F. Kasier, Little Jiffy. Mark IV [J]. Educational and Psychological Measurement, 1974, 34: 111 - 117.

[364] 吴明隆. 问卷统计分析实务——SPSS 操作与应用 [M]. 重庆: 重庆大学出版社, 2010: 217.

[365] 吴明隆. 结构方程模型检验——AMOS 的操作与应用 [M]. 第2版, 重庆: 重庆大学出版社, 2012: 130.

[366] 温忠麟, 张雷, 侯杰泰, 等. 中介效应检验程序及其应用 [J]. 心理学报, 2004, 36 (5): 614 - 620.

[367] 庄玉梅. 企业内部社会资本对员工绩效影响研究 [D]. 济南: 山东大学, 2011: 123.

[368] L. J. Cronbach. Coefficient Alpha and Internal Structure of Tests [J]. Psychometrika, 1951, 16: 297 - 334.

[369] Y. Baruch, K. Wheeler, X. Zhao. Performance – related Pay in Chinese Professional Sports [J]. International Journal of Human Resource of Management, 2004, 15 (1): 245 – 259.

[370] J. Save – Soderbergh. Essays on Gender Differences in Economic Decision Making [D]. Stockholm: Stockholm Uniwersity, 2003.

[371] K. E. Lawton, S. Chernyshenkoo. Examining Determinants of Employee Benefit Preferences: Joint Effects of Personality, Work Values, and Demographics [J]. Pacific Journal of Human Resources, 2008, 46 (2): 220 – 240.

[372] 张贵群, 方卫华. 北京市科技工作者工作满意度现状及差异分析——基于人口统计特征变量的实证 [J]. 北京航空航天大学学报（社会科学版）, 2013 (6): 1 – 7.

[373] C. K. Cheung, S. A. Scherling. Job Satisfaction, Work Values, and Sex Differences in Taiwan's Organizations [J]. Journal of Psychology, 1999, 133 (5): 563 – 575.

[374] E. M. Weiss, G. Kemmler, E. A. Deisenhammer, et al. Sex Differences in Cognitive Function [J]. Personality and Individual Differences, 2003 (9): 863 – 875.

[375] G. S. Becker. A Treatise on the Family [M]. Cambridge, Mass. Havard University Press, 1981.

[376] S. Shellenbarger. More Job Seeks Put Family Needs First [N]. Wall Street Journal 1991 – 11 – 15.

[377] 龙立荣, 邱功英. 基于员工偏好的福利分类及其影响因素研究 [J]. 管理学报, 2013, 10 (1): 84 – 90.

[378] H. K. Gardner, F. Gino, B. R. Staats. Dynamically Integrating Knowledge in Teams: Transforming Resources into Performance [J]. Academy of Management, 2012, 55 (1): 998 – 1022.

[379] M. A. Cronin, L. R. Weingart. Representational Gaps. Information Processing and Conflict in Functionally Diverse Teams [J]. Academy of Management Review, 2007, 32: 761 – 773.

[380] 刘敏, 高腾飞. 年龄对员工敬业度影响的实证分析 [J]. 西北师大学报（社会科学版）, 2014, 51 (4): 133 – 138.

[381] F. L. Schmidt, J. E. Hunter. The Validity and Practical and Theoretical Implications of 85 Years of Research Finding [J]. Psychological Bulletin, 1998 (9): 262-274.

[382] J. H. Dulebohn. Employee Benefits: Literature Review and Emerging Issues [J]. Human Resource Management Review, 2008, 10: 1-17.

[383] 赵剑治, 陆铭. 关系对农村收入差距的贡献及其地区差异——一项基于回归的分解分析 [J]. 经济学 (季刊), 2009 (1): 363-390.

[384] 周志新, 陈晓阳, 杨同卫. 医师职业精神培育的影响因素研究——基于薪酬满意度视角的实证探索 [J]. 经济管理, 2014 (2): 168-178.

[385] 龙立荣, 祖伟, 赵海霞. 转型期我国员工经济性薪酬偏好探析 [J]. 科技管理研究, 2010 (24): 149-152.

[386] 杨付, 刘军, 张丽华. 精神型领导、战略共识与员工职业发展: 战略柔性的调节作用 [J]. 管理世界, 2014 (10): 100-113, 171.

[387] 徐云杰. 社会调查设计与数据分析——从立题到发表 [M]. 重庆: 重庆大学出版社, 2011: 151.

[388] R. M. Baron, D. A. Kenny. The Moderator-mediator Variable Distinction in Social Psychological Research: Conceptual, strategic, and statistical considerations [J]. Journal of Personality and Social Psychology, 1986, 51: 1173-1182.

[389] 罗胜强, 姜嬿. 调节变量和中介变量 [M] //陈晓萍, 徐淑英, 樊景立. 组织与管理研究的实证方法. 北京: 北京大学出版社, 2008: 312-329.

[390] 张健, 张再生, 赵丽华. 基于全面薪酬的科技工作者激励组合优化研究 [J]. 软科学, 2010, 24 (12): 27-29.

[391] 曾湘泉, 周禹. 薪酬激励与创新行为关系的实证研究 [J]. 中国人民大学学报, 2008 (5): 86-93.

[392] D. J. Bem. Self-Perception Theory [M] //L. Berkowitz. Advances in Experimental Social Psychology. New York: Academic Press, 1972, 6: 1-62.

[393] 何燕珍. 企业薪酬管理发展脉络考察 [J]. 外国经济与管理, 2002, 24 (11): 25-30.

[394] 彭剑锋. 中国企业进入人力资源效能管理时代 [J]. 管理科学, 2014 (2): 96-102.

[395] 李宝元. 现代组织薪酬管理演化的历史脉络及前沿趋势——基于历史与逻辑相统一的文献梳理及理论透视 [J]. 财经问题研究, 2012 (7): 3-10.

[396] 斯蒂芬·P. 罗宾斯. 组织行为学: 第7版 [M]. 孙建敏, 李原, 译. 北京: 中国人民大学出版社, 2002: 151.

[397] 夏凌翔, 黄希庭. 论工作满意度与工作绩效的关系 [J]. 西南师范大学学报 (人文社会科学版), 2002, 24 (4): 32.

[398] 俞文钊. 现代激励理论应用 [M]. 大连: 东北财经大学出版社, 2006: 13.

[399] 李行健. 现代汉语规范词典 [Z]. 北京: 外语教学与研究出版社语文出版社, 2005.

后 记

  本书是在教育部人文社会科学规划项目《总体报酬及其结构对员工工作绩效与幸福感的影响研究》（16YJA630051）的资助下，对作者博士学位论文研究的扩展。

  回顾博士学习期间及博士毕业后两年内的工作与生活，真是感慨万千。

  博士学习的三年如白驹过隙，似乎获悉录取消息时的欣喜若狂仍意犹未尽，攻读学位期间的酸甜苦辣还历历在目。转眼间，博士学习的历程就到了尽头，毕业那一刻的不舍与感恩仿佛依然萦回在心头。恍惚间，博士毕业已两年有余。

  人的一生，最大的幸运莫过于遇到一位既能在学术上指引你，又能在思想上启迪你的导师。无疑，我是幸运的。感谢我的恩师杨俊青教授。他严谨求真的治学态度、渊博深厚的专业知识、温润如玉的处世原则、虚怀若谷的待人风范、爱生如子的慈爱胸怀、勤勉务实的工作作风，无时无刻不使我体会着"做人、做事、做学问"的浑然一体与博大精深，是我终生学习的楷模。在他的指导和引领下，我尝试以经济学的逻辑去思考微观企业的管理问题，研究非国有企业员工这一平凡大众群体的报酬偏好，探索社会转型期非国有企业持续高效发展的道路。我的博士学位论文不论在选题、开题还是写作，每个环节都倾注着导师的心血，论文能如期完成，我能如期毕业，无不包含着他的辛苦与期冀。博士毕业之后两年内学术研究的点滴进步也离不开他的指导与帮助。

  尽管我的博士生涯开启较晚，但博士阶段的学术训练与思维养成使我受益余生。感谢在博士学习阶段为我传道授业解惑的赵国浩教授、孙国强教授、张所地教授、郭淑芬教授等导师组的老师们，他们对科学研究的执着与求真对我影响至深。在博士论文开题和预答辩中，他们提出的宝贵建议使我茅塞顿开，深受启发。

■ 非国有企业员工总体报酬及其结构对工作绩效的影响研究

  本书的完成还得到了很多良师益友的帮助。我要衷心感谢博士学位论文开题答辩和预答辩时美国匹兹堡大学的 Jennifer Shang 教授、首都经贸大学的高闯教授、太原理工大学的牛冲槐教授等人的悉心指教，感谢五位论文匿名评审专家所提出的建设性帮助，感谢论文答辩专家中国社会科学院工业经济研究所李海舰教授等专家们的真知灼见；感谢相关领域的研究者们，他们的研究成果为本项目的研究奠定了扎实的理论基础；感谢帮助完成问卷调查的朋友们和素不相识的被调查者们，他们的全力支持和有效填答为项目的研究结论提供了有力的数据支持。感谢学校的同事在写作过程中给予的无私帮助和支持。感谢杨门大家庭的师弟师妹们所提出的宝贵意见。

  感谢我的家人！感谢母亲、先生和女儿的理解与支持，他们为我创造了良好的学习环境，让我在毫无任何压力的情况下醉心于学术研究，他们是我坚强的后盾和疲倦时能够安心停靠的港湾。

  特别感谢我所服务的山西财经大学，从硕士到博士乃至十余年的教职，使我不断成长。博士毕业那一年（2015 年）的 9 月，学校派我去北京大学光华管理学院访学一年，这不仅圆了我珍藏于心底的"北大梦"，而且让我有机会徜徉于未名湖畔、博雅塔旁、藏书千万的图书馆内、温馨明亮的教室和百年讲堂，与先哲对话，听大师教诲。北京大学处处洋溢的人文情怀，促使我深入思考管理的真谛——兼顾组织绩效与员工幸福的提升！于是有了开展"总体报酬及其结构对员工工作绩效与幸福感的影响研究"的想法，并着手撰写项目申报书。在北大访学的那一年，住的是集体宿舍，四人一间、高低床，重温学生时代的生活，单纯而有趣。宿舍临近圆明园的东门，买了圆明园的月票，每日步行横穿园子去上课，阅尽这座皇家园林的四季美景。园子里的天鹅、牡丹、夏荷、冬梅、银杏树……一草一木见证了我匆匆求学的脚步。今年又有幸公派前往爱尔兰科克大学访学半年，身处异国他乡，更能体会到祖国富强与学校发展带给我的骄傲。欣逢中国共产党第十九次全国代表大会召开，遥祝我的祖国与学校越来越好！

  我无以回报，惟有更加努力。这部以博士论文为基础，对教育部人文社会科学规划基金项目《总体报酬及其结构对员工工作绩效与幸福感的影响研究》的阶段性研究成果撰写而成的著作，以及为即将开展的国家社会科学基金项目《新经济背景下我国企业内部个别协议及其作用机制的多层次研究》（17BGL109）所做的努力，算是我向所有我爱的人交上的一份答卷。

路漫漫其修远兮，吾将上下而求索。惟有如此，才能回报培育我的山西财经大学和所有爱我的人们！

作者

于爱尔兰科克的雨夜

（Apartment 2，Granary Hall，Rutland street）

2017年10月9日星期一